ROSEN

Robert Markley

ROSEN

Der Praxis-Ratgeber

Arten und Sorten

Verwendung

Gestaltung

Pflege

BLV

Inhalt

**Geschichte und Herkunft
unserer Gartenrosen**   **6**
Symbolpflanze Rose ⸻ 8

Die Rose aus botanischer Sicht   **9**
Bestandteile der Rose ⸻ 10

**Wichtige Rosengruppen –
bewährte Rosensorten**   **12**
Rosenzüchtung –
    Quelle der Sortenvielfalt ⸻ 13
Alte und Englische Rosen,
    Romantische Nostalgierosen ⸻ 17
Kletterrosen und Rambler ⸻ 26
Strauch- und Wildrosen ⸻ 33
Rosen als Flächendecker ⸻ 42
Rosen für Beetpflanzungen ⸻ 50
Stammrosen ⸻ 61

**Königin der Vielfalt – bewährte
Rosensorten für alle Fälle**   **66**
Hitzetolerante Rosen ⸻ 67
Rosen für halbschattige Lagen ⸻ 69
Rosen für regenreiche Regionen ⸻ 71
Rosen für Hanglagen ⸻ 72
Rosen als Pollenspender ⸻ 73
Rosenrhythmen bringen jeden Garten
    in Schwung ⸻ 74
Sehr frostharte Rosen ⸻ 76
Duftrosen ⸻ 77
Die Hagebutte fällt nicht weit von der Rose ⸻ 79
Rosenhecken entdecken ⸻ 81
Herbstfärbung bei Rosen – Farbenspiel
    im Verborgenen ⸻ 82
Rosen für Gefäße – Kübel, Tröge,
    Ampeln, Kästen ⸻ 83
Schnittrosen aus dem eigenen Garten ⸻ 89

Gestalten mit Rosen & Co. 92

Farbenlehre _____ 93
Welche Stauden passen zu Rosen? _____ 95
Welche Clematis-Arten und -Sorten
   passen zu Rosen? _____ 99
Welche Sommerblumen passen zu Rosen? ____ 101
Welche Laubgehölze passen zu Rosen? _____ 102
Welche Nadelgehölze passen zu Rosen? _____ 105
Welche Gräser und Bambusse
   passen zu Rosen? _____ 108

Die Praxis – Rosen hegen und pflegen 110

Wie werden Rosen angeboten? _____ 111
Pflanzzeiten _____ 112
Wo man Rosen kaufen kann _____ 113
Wie erkennt man Qualität? _____ 114
Die Wahl des richtigen Standorts _____ 115
Wie pflanzt man Rosen? _____ 118
Düngen mit Augenmaß _____ 122
Wassergaben _____ 124
Richtig mulchen _____ 125
Mehr Sortensicherheit durch
   das ADR-Prädikat _____ 126
Rosiger Pflanzenschutz mit Toleranz _____ 127
Das Schneiden der Rosen –
   der Widerspenstigen Zähmung _____ 134
Wie man Rosen sicher
   über den Winter bringt _____ 141
Spezielle Werkzeuge rund um die Rose _____ 142
Problemloses Umpflanzen
   alter Rosenstöcke _____ 143
Wie man Rosen selbst vermehrt _____ 143

Rosiger Tourismus zu schönen Rosengärten 145

Rosengärten in Deutschland _____ 146
Rosengärten im Ausland _____ 153

Anhang 155

Bezugsquellen _____ 155
Literatur _____ 155
Liebhabervereine _____ 156
Stichwortverzeichnis _____ 157

Geschichte und Herkunft unserer Gartenrosen

Rose - ein kurzes Wort für eine lange Geschichte. Keine andere Kulturpflanze der Menschheit kann auf einen Stammbaum zurückblicken, der sich bis in die Frühzeit unserer Flora vor Jahrmillionen zurückverfolgen läßt. Mühelos ließen sich über die Herkunft unserer Gartenrosen umfangreiche Bücher verfassen. Die vielen Linien der Rose gehen bis zu den Hochzeiten großer Kulturen – etwa der Chinesen, Hellenen und Römer – zurück und haben bereits vor der Geburt Christi den Grundstein für den Mythos der Rose als Königin aller Blumen gelegt.

Rosa x damascena stammt aus Syrien, ihr Name leitet sich von der syrischen Hauptstadt Damaskus her.

Die Rose gilt als die älteste und zugleich als traditionsreichste Kulturpflanze der Menschheit. Erste »rosige« Anfänge gab es, wie man durch Versteinerungen weiß, bereits vor 25 bis 30 Millionen Jahren. Die Geschichte der Rose als Gartenkulturpflanze begann jedoch erst wesentlich später. Wahrscheinlich pflanzten die Chinesen schon um 2700 Jahre v. Chr. erste Rosensträucher als Ziergehölze in ihren Gärten. Quellen aus dieser Zeit berichten jedenfalls von Rosenpflanzungen in den kaiserlichen Gärten in Peking. Noch heute erinnert *Rosa chinensis* und die aus dieser Art entstandene Gruppe der China-Rosen nicht nur wortgeschichtlich an die Wurzeln der Rosenkultur. Die Einkreuzung der aus Asien stammenden, öfterblühenden und niedrig wachsenden China-Rosen wirkte ab dem Ende des 18. Jahrhunderts in der europäischen Rosenzüchtung wie eine Frischzellenkur und schuf die Grundlage für völlig neue Farben, Formen und Düfte.

In den Jahrhunderten bevor Rosen systematisch gezüchtet wurden dominierten Auslesen und zufällig gefundene Abkömmlinge von Wildarten das rosige Angebot. Durch die leichte Vermehrbarkeit der Rosen erfolgte eine teils recht umfangreiche Rosenkultur, die allerdings weniger der Zierde als vielmehr der Herstellung von Rosenöl und -wasser diente.

Die älteste bekannte Darstellung einer Rose findet sich auf Kreta im Palast von Knossos, der das 3500 Jahre alte »Fresko mit dem blauen Vogel« beherbergt. Und bereits im 7. Jahrhundert v. Chr. bezeichnete die Dichterin Sappho in einem Gedicht die Rose als »Königin der Blumen«. Das läßt darauf schließen, daß die Rose schon in der Antike eine Sonderstellung unter den Pflanzen einnahm.

Die Rose folgte dem Lauf der Geschichte von Griechenland nach Rom. Dort spielte sie erneut eine dominante Rolle, stand sie doch oft genug im Zentrum von Exzessen und Ausschweifungen der römischen Kaiser. Unglaubliche Mengen an Rosenblüten wurden dafür gebraucht. Zur Befriedigung der Nachfrage entstanden als Zentrum des römischen Rosenanbaus die riesigen Rosenfelder im vierzig Kilometer südlich von Neapel gelegenen Paestum.

Dem ihr aus der römischen Epoche anhaftenden, zweifelhaften Ruf als »Blume des Lasters« verdankte es die Rose, daß ihr Anbau später stark zurückging. Nach Karl dem Großen überdauerte die Rose viele Jahrhunderte als Heilpflanze vornehmlich in Klöstern, bis die Kreuzritter mit *Rosa* x *damascena* aus Syrien frischen Rosenwind nach Europa brachten. »Syrien« bedeutet in etwa »Land der Rosen«, und der Name der syrischen Hauptstadt Damaskus erinnert daran. *Rosa* x *damascena* eroberte mit ihrem Duft und dem wunderbaren, aus ihren Blütenblättern gepreßten Öl ganz Europa.

Ein weiteres Mitbringsel der Kreuzfahrer aus dem Heiligen Land war ein gefüllter Abkömmling von *Rosa gallica*, aus dem mit hoher Wahrscheinlichkeit *Rosa gallica* 'Officinalis', die Apotheker-

Zu Zeiten früher Hochkulturen war die Rose Zier-, Nutz- und Symbolpflanze in einem. Heute entdecken viele Rosenfreunde die Geschichte der Rose neu.

Zahlreiche alte Baumeister haben die Symbolik der Rosenrosette aufgegriffen.

rose, hervorging. Diese karmesinrote Rose wurde ab dem 13. Jahrhundert zur wichtigsten Heil- und Kosmetikrose in Europa.

Doch nicht nur auf den Feldern, auch in der Kunst fand die Rose zu altem Glanz zurück. Martin Schongauer malte 1473 in Colmar sein Bild »Maria im Rosenhag«, auf dem er Rosen wirklichkeitsgetreu abbildete.

Ab dem späten 16. Jahrhundert sind es vor allem die flämischen und niederländischen Maler, denen üppige Rosenblüten in Stilleben neben anderen Blumen, Früchten und Gerätschaften Modell stehen. Als unbeschrittener König der Rosenmaler gilt der im 19. Jahrhundert wirkende Pierre-Joseph Redouté, ein Schützling der legendären Kaiserin und Rosenliebhaberin Joséphine.

Mit der Präsenz von *Rosa x damascena*, *Rosa chinensis* und zahlreichen heimischen Wildarten konnte die gezielte Rosenzüchtung im 18. Jahrhundert ihren Anfang nehmen. Vor allem die

Mischung aus Damescena- und China-Rosen brachte die Züchtung rasch voran, eine Vielzahl von neuen Sorten entstand. Im 19. Jahrhundert traten dann vor allem mit den Noisette-Rosen und der Bourbonrose die ersten Vorläufer unserer heutigen Edelrosen in Erscheinung. Die damaligen Züchter kreuzten mit ihnen weiter und kamen Mitte des 19. Jahrhunderts mit Bourbonsorten wie 'Souvenir de la Malmaison' dem gewünschten Ideal von üppiger Füllung, Duft und Öfterblütigkeit schon ziemlich nahe. Aus der Kombination von Bourbon- mit Portlandrosen entstanden später viele Edelrosen-Sorten.

Im 20. Jahrhundert wurde mit *Rosa-foetida*-Abkömmlingen gekreuzt, Weltrosen wie 'Gloria Dei' erblickten das Licht der Rosenwelt. Durch die Einkreuzung von asiatischen Arten, z. B. *Rosa multiflora* oder *Rosa wichuriana*, entstanden – in Verbindung mit den neuen Edelrosen – letztendlich unsere modernen, vielblütigen Beetrosen.

Symbolpflanze Rose

Keine andere Pflanze besitzt größeren Symbolcharakter als die Rose. Von kitschig bis anspruchsvoll umfaßt er alle möglichen Facetten. Wenn von Rosen die Rede ist, dreht es sich jedoch erwartungsgemäß in den meisten Fällen um das Thema Liebe. Liebespaare aller Epochen brachten und bringen mit der Sprache der Rosen ihre Gefühle zum Ausdruck. Dabei kommen alle Bestandteile der Rose zum Einsatz. Stacheln symbolisieren beispielsweise Gefahr, Blätter die Hoffnung.

Auch Verschwiegenheit gehört zum Symbolkreis der Rose. Noch heute gilt ein *sub rosa dictum*, also ein unter der Rose gesprochenes Wort, als im Vertrauen gesagt. Stuckrosen als Dekor an Decken, unter denen vertrauliche Gespräche geführt wurden, erinnern daran.

Hier ein Überblick über die Symbolik verschiedener Rosen.

Rosen und ihre Symbolik	
Damaszener-Rose *(Rosa x damascena)*	= fortdauernde Schönheit
Chinesische Rose *(Rosa chinensis)*	= ewige Schönheit
Fuchsrose *(Rosa foetida)*	= alles an Dir ist bezaubernd
Provencerose *(Rosa x centifolia)*	= Botschafter der Liebe, Mein Herz steht in Flammen, Schlichtheit
Hundsrose *(Rosa canina)*	= Schlichtheit, Freude und Schmerz in einem
Knospe der Moosrose *(Rosa x centifolia* 'Muscosa')	= Liebesgeständnis
Rosa multiflora	= Würde
Moschusrose *(Rosa moschata)*	= charmante, launische Schönheit
'Rosa Mundi' *(Rosa gallica* 'Versicolor')	= Vielfalt

Die Rose aus botanischer Sicht

Für viele Gartenfreunde ist die Rose Synonym für schönste Blütenpracht. Dabei wartet die Königin der Blumen mit weit mehr Eigenschaften auf, die die Gestaltungsvielfalt be-

trächtlich erweitern. Wer sich einmal mit den zahlreichen Stachel-, Hagebutten- und Laubformen beschäftigt hat, weiß, welcher Schatz hier im Verborgenen schlummert.

Das bläuliche Laub von *Rosa glauca*, der Hechtrose, ist ein Beispiel für die botanische Vielgestaltigkeit der Rose.

Die Rose ist ein Gehölz. Die Botanik wird mit dieser Begrifflichkeit dem Phänomen Rose jedoch nicht ganz gerecht, denn moderne Rosen weisen mit ihrer Öfterblütigkeit eine Eigenschaft auf, die kein anderes Gehölz unserer Breiten bietet. Zwar verholzen die Triebe der Rose gehölztypisch und überdauern den Winter blattlos. Bei einem entsprechenden Licht- und Wärmeangebot würden sie jedoch auch im Winter weiterwachsen (was Schnittrosen in künstlich belichteten Gewächshäusern auch tatsächlich tun). Steigen in den Wintermonaten die Temperaturen unerwartet auf frühlingshafte Werte, fangen viele Rosen an, auszutreiben. Alle anderen Gartengehölze legen im Ge-

gensatz zur Rose eine genetisch fixierte Knospenruhe ein, verfallen mehr oder weniger tief in einen Winterschlaf. Erst wenn eine ausreichende Anzahl von Froststunden die austriebhemmenden Hormone in den Knospen abgebaut hat, ist ein Austrieb möglich. Deshalb müssen z. B. Barbarazweige, die am Weihnachtsmorgen blühen sollen, vor ihrem Schnitt am 4. Dezember einige Frostnächte hinter sich gebracht haben. Sonst treiben sie in der Vase – unabhängig von Licht und Wärme – nur sehr zögerlich aus.

Die Rose entstammt der großen Familie der Rosengewächse (Rosaceae), der praktisch alle wichtigen Obstgehölze angehören, wie Apfel, Birne, Kirsche, Pflaume,

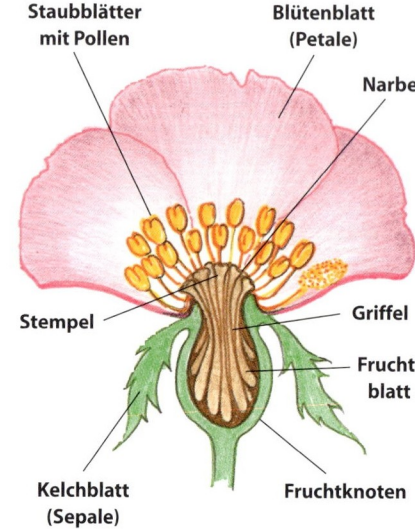

Aufbau der Rosenblüte

Pfirsich, Erdbeere, Himbeere und Brombeere, aber auch landschaftsprägende Wildgehölze wie Schlehe, Weißdorn, Vogel- und Traubenkirsche sowie Ziergehölze wie Scheinquitte, Spierstrauch, Zwergmispel, Feuerdorn und Fingerstrauch.

Bestandteile der Rose

Blüte

Die einfache Blüte der Wildrosen besitzt fünf Blütenblätter (Petalen) und fünf Kelchblätter (Sepalen). Die Stacheldrahtrose, *Rosa sericea* f. *pteracantha*, hat nur je vier Blüten- und Kelchblätter. Die Blüten aller Rosenarten sind zwittrig, d. h. die männlichen Blütenorgane (Staubblätter) und das weibliche Pendant (Stempel) befinden sich zusammen in einer Blüte.

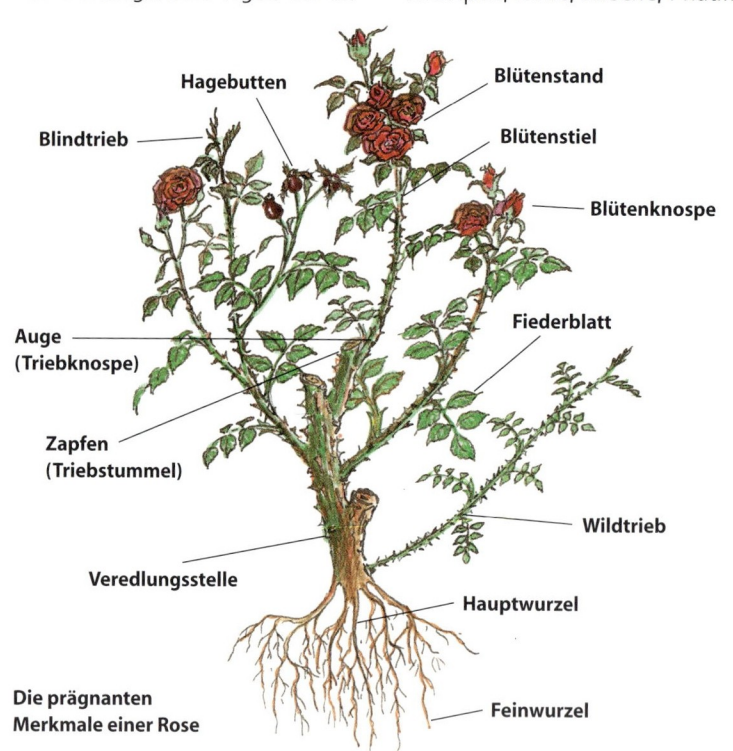

Die prägnanten Merkmale einer Rose

Wenn die Frucht einer Pflanze so wie die Hagebutte einen eigenen Namen trägt, ist das ein sicherer Beleg für ihre Bedeutung und Vielfalt.

Durch natürliche Selektion bzw. menschliche Züchtungsarbeit sind gefüllte Rosenblüten mit bis zu hundert Blütenblättern pro Blüte entstanden. Von den einfachen (ungefüllten) über die halbgefüllten bis zu den stark gefüllten Rosenblüten existieren zahllose Übergänge.

Auch die Blütenform ist sehr variabel. Flache Wildrosenblüten, hochgebaute Edelrosenblüten oder geviertelte Rosettenblüten sind nur einige Beispiele aus der Formpalette. Die Blüten der meisten Wildrosen-Arten und vieler Rosensorten entfalten sich zudem nicht einzeln, sondern zu mehreren, in Blütenständen angeordnet. Einstielige Rosenblüten sind eine Spezialität der Edelrosen.

Rosenblüten leuchten mit unzähligen Nuancen in den Hauptfarben Rot, Rosa, Gelb und Weiß. Nur Blau und Schwarz fehlen.

Frucht

Hagebutten sind Schein- bzw. Sammelfrüchte, die aus den Blüten der Rosen entstehen. In den Hagebutten reifen die eigentlichen Samen der Rose, die Nüßchen, heran. Bei den meisten gefüllten Sorten sind die Staubblätter zu Blütenblättern umgewandelt; sie bilden daher keine Hagebutten aus. Hagebutten können gelb, orange, rot, aber auch grünlich oder braun bis schwarz gefärbt sein. Die Formen variieren von kugelig bis flaschenförmig.

Blatt

Das Blatt der Rose ist unpaarig gefiedert, d. h. es besteht aus mehreren, zusammengesetzten Teilen in ungerader Anzahl: Die Fiederblätter können drei, fünf, sieben oder mehr Blättchen zählen. Botanisch werden sie als eine Einheit und nicht als Einzelblätter be-

trachtet. Je mehr Wildrosengene in eine Rose eingeflossen sind, desto mehrzähliger und kleinblättriger sind ihre Fiederblätter. Edelrosen beispielsweise besitzen im Gegensatz zu ihren wilden Ahnen deutlich größere Fiederblätter in geringerer Anzahl.

Das Laub der Rosen zeigt sich in vielen Grünabstufungen. Der Austrieb ist häufig rötlich, verfärbt sich dann aber rasch grün. Die Hechtrose, *Rosa glauca*, besitzt auffallend bläulichrotes Laub.

Stacheln

Rosen haben Stacheln und keine Dornen. Rosenstacheln sind aufsitzende, spitze Auswüchse, die sich leicht vom Trieb abbrechen lassen. Ihre Form variiert sehr stark. Sie kann borstig, flächigstachelig, gekrümmt hakig oder auch krallig sein.

Ob rauhreifüberzogen oder sonnendurchflutet – Rosenstacheln (hier: die Stacheldrahtrose) sind höchst dekorativ.

Wichtige Rosengruppen – bewährte Rosensorten

Für viele Gartenfreunde stellt sich das gigantische Sortenangebot im Bereich der Gartenrosen etwa so übersichtlich und freude-spendend dar wie die all-jährliche Lohn- bzw. Ein-kommenssteuererklärung. Ein scheinbar undurch-dringliches Dickicht, durch das unsere nachfolgende Gruppen- und Sortenüber-sicht einen breiten, leicht begehbaren Pfad schlagen will.

Einem Blütenwasserfall gleich ergießen sich die Kaskaden des Ramblers 'Bobbie James'.

Kein anderes Gehölz weist ähnlich vielfältige Wuchsformen und so unterschiedliche Eigenschaften auf wie die Rose. Die Rosengruppen geben einen ersten Hinweis darauf, welche Gestaltung mit welcher Gruppe am ehesten machbar ist. Natürlich bleibt jede Einteilung unvollkommen und starr. Einige der präsentierten Sorten könnten durchaus auch mehreren Gruppen zugeordnet werden. Die gebotene Form der Gruppierung soll aber in erster Linie nicht botanischer Wissenschaftlichkeit Genüge tun, sondern vielmehr den roseninteressierten Gartenfans die erste Richtung weisen.

Zu Beginn jedes Abschnitts werden die prinzipiellen Eigenschaften der jeweiligen Gruppen vorgestellt. Die einzelnen Sorten sind dann nach einem einheitlichen Muster beschrieben: Das **Profil** geht auf das Wesen der Sorte ein und erwähnt auch – so vorhanden – den Duft. Daten zum **Züchter**, zum Einführungsjahr oder zur **Herkunft** der Sorte bilden quasi die Personalien einer Rose. Die Blütenbeschreibung gliedert sich in **Blütenfarbe**, **Blütenfüllung** und **Blührhythmik**. (Apropos Farbangaben: Der Übersicht halber wurden die oft sehr detailreichen Farbangaben der Rosenzüchter auf Grundfarben reduziert.) Es folgen Angaben zur **Wuchshöhe** und **Wuchsform**. Der Pflanzenbedarf pro m² ist relativ zu verstehen. Hier wird eine Faustzahl genannt, die je nach Standort und Klimazone schwan-

ken kann. Die Hinweise unter **Verwendung** geben Auskunft darüber, ob sich die beschriebene Sorte beispielsweise für Hecken, Gefäße oder als Schnittrose eignet, ob sie besonders tolerant auf Klimafaktoren wie Hitze, Frost oder Regen reagiert und ob sie durch einen üppigen Hagebuttenansatz oder als Pollenquelle für Bienen, Hummeln und andere Insekten auffällt. Weitere Stichworte wie Herbstfärbung, Stammrose, Eignung für Hanglagen, Dachgärten, Kleingärten, Heidegärten, Grabstellen usw. nennen besondere Details zur Verwendung der Rose. Ein eventuell verliehenes **ADR–Prädikat** (siehe Seite 126) gibt Aufschluß über die Widerstandsfähigkeit moderner Sorten.

Die Selektion neuer Rosensorten ist ein züchterisches Dauerunterfangen, das acht und mehr Jahre in Anspruch nimmt.

Rosenzüchtung – Quelle der Sortenvielfalt

Weltweit über 30000 Rosensorten legen den Schluß nahe, daß die Züchtung neuer Rosen ein Kinderspiel sei. Tatsächlich aber ist sie weitaus komplexer und schwieriger, als es auf den ersten Blick erscheinen mag – jedenfalls kein Hobby für Ungeduldige. Ein Tip zuvor: Soll die Züchtung von Erfolg gekrönt sein, empfiehlt es sich, die Kreuzungen der Elternsorten in einem Gewächshaus auszuführen. Natürlich kann man auch im Freiland Rosen züchten, allerdings besteht dann die Gefahr, daß die Früchte der Kreuzungen, die Zucht-Hagebutten, nicht rechtzeitig ausreifen. Ohne reife Rosenfrüchte jedoch würde der Hobby- wie professionelle Züchter um den Erfolg seiner langwierigen Arbeit gebracht werden.

Ein Rosenzüchter wählt zunächst Kreuzungspartner aus, von denen zu erwarten ist, daß sie bestimmte Eigenschaften vererben werden. Die Kenntnis dieser Vererbungsmöglichkeiten setzt langjährige Erfahrung und Beobachtung voraus. Zwei Tage vor der Kreuzung schneidet der Züchter die gelben Staubgefäße der Vatersorte mit einer Schere ab und trocknet sie auf einem Schälchen unter Lichtausschluß. Am frühen Morgen des Kreuzungstages werden die Blütenblätter und Staubgefäße der halbgeöffneten Blüten

Wegweiser zu

Pralle Blütenpracht

Alte Rosen:
Gruppe älterer Sorten mit starker Blütenfülle, häufig mit Duft, meist Strauchrosen zwischen 100 und 200 cm Höhe.

Englische Rosen:
Neue Rosengruppe des Briten David Austin, starke Blütenfülle, häufig mit Duft, meist Strauchrosen zwischen 100 und 200 cm Höhe.

Romantische Nostalgierosen:
Moderne Sorten bekannter Rosenzüchter, starke Blütenfülle, häufig mit Duft, meist Edel- oder Strauchrosen von 80 bis 200 cm Höhe.

Vertikale Flächendecker

Kletterrosen:
Meist öfterblühende Rosen, bis 300 cm Höhe erreichend.

Rambler:
Meist einmalblühende Rosen, extrem starkwachsend, über 500 cm Höhe erreichend.

Solitärwuchs

Strauchrosen:
Öfterblühende Ziersträucher mit aufrechtem Wuchs und guter Widerstandskraft, teils überhängende Triebe, oft Pollenquelle und Hagebutten ansetzend, Höhe zwischen 150 und 250 cm.

Wildrosen:
Einmalblühende Sträucher mit einfacher Blüte, viele einheimische Arten, Pollenquelle, Hagebutten tragend, Höhe zwischen 100 und 300 cm.

den Rosengruppen

Horizontale Flächendecker

Flächenrosen:
Genügsame, sehr robuste Flächenbegrüner mit aufrechtem
bis überhängendem, teils flachem Wuchs, bieten oft Pollen und
Hagebutten, Höhe zwischen 50 und 130 cm.

Rugosa-Rosen:
Salztolerante, aber kalksensible Flächenrosen mit Duft, robustes
Laub, gute Frosthärte, Pollenquelle, Hagebutten tragend, Höhe
zwischen 50 und 120 cm.

Edler Beetcharakter

Beetrosen:
Kniehohe, öfterblühende Rosensträucher mit verzweigten Trieben
und zahlreichen Blütenbüscheln, Höhe zwischen 50 und 90 cm;
blütenformreichste Rosengruppe.

Zwergrosen:
Wadenhohe, öfterblühende Rosensträucher mit verzweigten Trieben und zahlreichen Blütenbüscheln, Höhe zwischen 30 und 50 cm.

Edelrosen:
Lange Blütenstiele mit einer eleganten, gefüllten, teils duftenden
Rosenblüte, öfterblühend, viele Sorten wenig widerstandsfähig,
Höhe 60 bis 120 cm.

Zierstämmchen

Stammrosen:
Keine eigenständige Rosengruppe, Sorten aller Rosenklassen
werden auf 40 cm (Fußstämme), 60 cm (Halbstämme), 90 cm
(Hochstämme) und 140 cm (Kaskadenstämme) Höhe veredelt.

der Mutterpflanzen entfernt. Jede so kastrierte Blüte der Muttersorte wird in den feinen, gelben Pollenstaub der Vatersorte getaucht.

Nach der Kreuzung schützt man die Blüten sicherheitshalber mit einem Plastikbeutel vor Fremdbestäubung. Ganz wichtig: In einem Kreuzungsbuch werden die Elternsorten der Kreuzung festgehalten, und an den bestäubten Blüten wird ein Etikett angebracht, auf dem diese ebenfalls vermerkt sind.

Ende Oktober ist Erntezeit für die Hagebutten. Sorgsam werden die rosigen »Früchte« mit einem Messer geöffnet und die Samenkerne im Gewächshaus ausgesät. Je mehr Kreuzungen vorgenommen wurden, umso höher ist später die Trefferquote bei den Sämlingen, d. h. die Wahrscheinlichkeit, vielversprechende Sämlinge zu finden, deren Weitervermehrung sich lohnt. Die Rosenschule W. Kordes' Söhne in Schleswig-Holstein bestäubt z. B. jährlich mehr als 80 000 Rosenblüten – von Anfang Mai bis Ende Juni jede einzeln in sorgsamer Handarbeit.

Im Jahr nach der Kreuzung beginnt im Februar die Keimung der Sämlinge, und ab April zeigen sich die ersten Blüten. Der langwierige Prozeß der **Selektion** beginnt. In den großen Rosenschulen verantworten erfahrene Spezialisten die Entscheidung darüber, welche Sämlinge weitervermehrt werden sollen und welche man – unwiederbringlich – fallenläßt. Natürlich verfolgen die Rosenzüchter

eine ganze Reihe von Züchtungszielen, die sich aber wohl niemals alle in einer Sorte unterbringen lassen werden. Weltrosen wie 'Gloria Dei' oder 'Schneewittchen'® sind Sternstunden der Züchtungsarbeit und eine Annäherung an das Ideal einer perfekten Rose. Geachtet wird bei der Selektion unter anderem auf attraktive Blütenformen und -farben, Witterungsunempfindlichkeit, sauberes Abblühen, formschönen Wuchs, ausreichende Wuchsvitaliät und damit einhergehende Robustheit, gute Winterhärte und, und, und …

Diese Auflistung macht deutlich, warum oft acht und mehr Jahre von der Kreuzung bis zum Verkauf einer neuen Rosensorte vergehen. Von ehemals Tausenden von Sämlingen bleibt häufig nicht einmal eine Handvoll wertvoller Neuheiten übrig, in manchen Jahren sogar keine einzige.

Eine gute Sorte allein garantiert aber noch keinen Verkaufserfolg. Die Neuheit muß in den Modegeschmack, in die Farb- und Formentrends zur Zeit ihrer Markt-

Grenzen der Schöpfung: Nur Seiden- oder Plastikrosen sind wirklich blau.

einführung passen. Diese oft kurzfristigen Trends, die über den wirtschaftlichen Erfolg einer Züchtung mitentscheiden, kann beim Beginn der langjährigen Züchtungsarbeit niemand vorhersagen. Wer weiß heute, was im Jahre 2010 »in« ist? Deshalb verfolgen die Rosenzüchter verständlicherweise immer mehrere Geschmacksrichtungen, um ihre Chancen zu erhöhen, zur richtigen Zeit auch den gewünschten Rosentyp präsentieren zu können. Das ist die Erklärung für die jährliche Fülle neuer Rosensorten.

Sortenschutz

Neue Rosen lassen sich mit dem Sortenschutz schützen, einer Art Patentschutz. Um ihn zu erlangen, können Züchter ihre Rosensorten beim Bundessortenamt in Hannover anmelden, vorausgesetzt, die neue Rosensorte ist »unterscheidbar, homogen, beständig und neu«. Registriert wird die Rose dann unter einer technischen Sortenschutz-Bezeichnung, die aber nichts mit dem späteren, eingängigen Marktnamen zu tun hat.

Blaue Rosen, schwarze Rosen

Bis zum heutigen Tag ist es den Züchtern nicht gelungen, wirklich blaue bzw. schwarze Rosen zu züchten. Es gibt hell lilafarbene bzw. sehr dunkelrote Rosensorten, die sich nur mit viel gutem Willen und reichlich Phantasie als »blau« oder »schwarz« bezeichnen lassen.

Alte und Englische Rosen, Romantische Nostalgierosen

*A*lte Rosen, Englische Rosen, Romantische Nostalgierosen – eine Begriffsfülle für Rosen, denen eines gemeinsam ist: prallste Blütenpracht und romantischer Flair. Mit der Rückbesinnung auf die »gute, alte Zeit« und der Suche nach dem Charme von Großmutters Garten begann der Triumphzug dieser Rosengruppe, die eigentlich keine ist, denn fast alle Nostalgierosen sind nichts anderes als Strauchrosen. Ihr Charisma, das unzählige Gartenfreunde betört, geht von den rosetten- und ballonartig geformten, enorm stark gefüllten Blütenbällen aus. Dazu gesellen sich weiche, warme Blütenfarben und sehr oft ein intensiver Duft. Nostalgierosen sind Rosen für die Sinne.

Alte Rosen

Vorsicht Falle! Der Begriff »Alte Rosen« bezeichnet keine überlagerten Rosenstöcke, sondern faßt Rosensorten zusammen, deren Ursprung vor das Jahr 1867 zurückreicht: Eine Rose ist eine Alte Rose, wenn es sie bereits vor 1867 gab. In jenem Jahr wurde die Sorte 'La France' eingeführt, die als erste Teehybride gilt. Sie markiert die Wende zur modernen Edelrose

mit hoher, eleganter Knospe - eine Blütenform, die mit den Rosettenblüten früherer Sorten überhaupt nichts mehr zu tun hatte.

Wir wollen hier dieser zeitlichen Akribie aber nicht bis zur letzten Konsequenz folgen, sondern fassen auch Rosen als »alt« auf, die erst Anfang des 20. Jahrhunderts das Licht der Rosenwelt erblickten, aber von der Form und vom Charakter her den »echten« Alten Rosen ähneln.

Alte Rosen wachsen meist strauchrosenartig, ihre Triebe hängen häufig nach vorne über. Sind die Blüten regenbeladen, verstärkt sich dieser fließend ausladende Charakter durch die kopflastigen Triebenden. In regenreichen Klimazonen mit hohen Niederschlagswerten kann die mangelnde Statik vieler alter Sorten jedoch auch lästig werden. Für diese Standorte bieten sich die halbgefüllten *Rosa-gallica*-Ab-

Wer ließe sich nicht gerne von Großmutters duftigem Rosengarten verführen – hier von den üppigen Blütenbällen der 'Constance Spry'?

kömmlinge 'Officinalis' und 'Versicolor' als Alternative an – zwei rosige, kulturgeschichtlich spannende Methusalems.

Alte Rosen mit Strauchrosenwuchs brauchen im Garten einen gewissen Freiraum, nicht zuletzt, um problemlos an sie herantreten und sich an ihnen mit allen Sinnen erfreuen zu können.

Hier noch eine Anmerkung zu einem gängigen Vorurteil: Alte Rosen sind nicht gesünder oder kränker als das Gros moderner Sorten auch, höchstens aufgrund ihres Lebensalters ein wenig zäher. Dennoch muß man wissen: Alter schützt vor Pilzen nicht, ihr Alter alleine garantiert diesen Rosen keine Gesundheit. Auf einen rosengerechten Standort – insbesondere für öfterblühende, stark duftende Alte Rosen – muß geachtet werden, denn sie können Sternrußtau & Co. oft nur sehr eingeschränkt trotzen. Um Enttäuschungen vorzubeugen, sollten Sie deshalb bei der Sortenauswahl besonders kritisch sein – auch in Anbetracht der Tatsache, daß die Schönheit der Alten Rosen beim Kauf ihren Preis hat.

> *Tip* Wer geschichtlich interessiert ist und noch ein ungewöhnliches Hobby sucht, dem bietet sich das Sammeln Alter Rosen an. Der eigene Garten wird zum Spiegelbild längst vergangener Epochen, zu einem Schatzkästchen seltener Arten und Sorten, zur gesammelten Kulturgeschichte.

'Ghislaine de Feligonde'

Profil: Sortentip für naturnahe Gärten, eine wiederendeckte »alte« Strauchrose mit Duft, aber ohne Stacheln. Die Blüten erstrahlen zunächst gelborange, um dann blaßrosa, fast weiß auszuklingen. Starke Hauptblüte, einzelne Nachblüten bis zum Herbst.
Züchter: Lambert 1916
Blütenfarbe: lachsrosa bis gelb
Blütenfüllung: gefüllt
Blührhythmik: öfterblühend, spätblühend
Wuchshöhe: 150 bis 200 cm
Wuchsform: überhängend
Pflanzenbedarf pro m²: 1 bis 2
Verwendung: einzeln oder gruppenweise, kaum bestachelt, für lockere Hecken, auch für Kübel, Blüten regenfest, toleriert Halbschatten, robuste Sorte für Schrebergärten, für Grabstellen, überhängend auf Mauerkronen, als Stammrose mit 90 cm Höhe.

'Gloire de Dijon'

Profil: Kletternde Teerose mit Duft und einer für Teerosen ungewöhnlich guten Frosthärte (dennoch auf Frostschutz achten). Die Blütenfarbe dieser weltweit bekannten Sorte zeigt alle Nuancen von Orange-Aprikot bis Lachsrosa.
Züchter: Jacotot 1853
Blütenfarbe: orange-aprikot bis lachsrosa
Blütenfüllung: stark gefüllt
Blührhythmik: öfterblühend
Wuchshöhe: 200 bis 300 cm
Wuchsform: überhängend

'Gloire de Dijon'

Pflanzenbedarf pro m²: 1 bis 2
Verwendung: einzeln oder gruppenweise, toleriert Halbschatten, Schnittrose, Blüten für Rosenrezepte geeignet.

'Gruß an Aachen'

Profil: Beste Beetrose unter den Alten Rosen. Ideal für kleine Rosenflächen oder Gefäße. Lieblichleichter Duft.
Züchter: Geduldig 1909
Blütenfarbe: cremefarben
Blütenfüllung: stark gefüllt
Blührhythmik: öfterblühend, starke Hauptblüte
Wuchshöhe: 40 bis 60 cm
Wuchsform: buschig
Pflanzenbedarf pro m²: 5 bis 6
Verwendung: einzeln oder gruppenweise, auch für Kübel, Schnittrose, Blüten für Rosenrezepte geeignet.

'Jacques Cartier'

Profil: Alte Rose mit üppiger Juni-blüte. Zeitiger Frühjahrsschnitt fördert geschlossen-kompakten Beetrosen-Wuchs, ansonsten als Strauchrose überhängend-locker wachsend.
Züchter: Moreau-Robert 1868
Blütenfarbe: rosa
Blütenfüllung: stark gefüllt
Blührhythmik: nachblühend
Wuchshöhe: 100 bis 150 cm
Wuchsform: überhängend
Pflanzenbedarf pro m²: 1 bis 2
Verwendung: einzeln oder grup-penweise, auch für Kübel, Schnitt-rose.

'Louise Odier'

Profil: Beste duftende Alte Strauchrose für alle Rosenein-steiger. Typisch ist das frischgrü-ne, helle Laub, das sich überra-schend gut gegen Krankheiten zu wehren weiß.
Züchter: Margottin 1851
Blütenfarbe: rosa

'Louise Odier'

Blütenfüllung: stark gefüllt
Blührhythmik: öfterblühend, starke Hauptblüte
Wuchshöhe: 150 bis 200 cm
Wuchsform: überhängend
Pflanzenbedarf pro m²: 2 bis 3
Verwendung: einzeln oder grup-penweise, toleriert Halbschatten, für Grabstellen geeignet, auch für Kübel und Tröge, Schnittrose, Blü-ten für Rosenrezepte geeignet.

'Maiden's Blush'

Profil: Alte Malerrose flämischer Meister. Ideale Bauerngartenrose, auch für dichte Rosenhecken mit dem Charme historischer Rosen-romantik geeignet.
Herkunft: unbekannt, vor 1500
Blütenfarbe: rosa
Blütenfüllung: stark gefüllt
Blührhythmik: einmalblühend
Wuchshöhe: 100 bis 150 cm
Wuchsform: überhängend
Pflanzenbedarf pro m²: 2 bis 3
Verwendung: einzeln oder grup-penweise, sehr frosthart, für Hecken, Blüten für Rosenrezepte geeignet.

Rosa centifolia 'Muscosa', Moosrose

Profil: Alte Strauchrose mit Duft, Bauerngarten- und Moosrosen-Klassiker. Moosrose deshalb, weil Blütenstiele, Fruchtknoten und Kelchblätter dicht mit moosarti-gen Drüsen überzogen sind. Mehl-tausensibel, deshalb auf rosen-geeigneten Standort achten.

'Maiden's Blush'

Herkunft: Holland 1796
Blütenfarbe: rosa
Blütenfüllung: stark gefüllt
Blührhythmik: einmalblühend
Wuchshöhe: 80 bis 100 cm
Wuchsform: überhängend
Pflanzenbedarf pro m²: 1 bis 2
Verwendung: einzeln oder grup-penweise, auch für Kübel, Schnitt-rose, Blüten für Rosenrezepte ge-eignet.

Rosa gallica 'Officinalis', Apothekerrose

Profil: Eine weltbekannte, uralte Strauchrose mit Duft. Alle ober- und unterirdischen Pflanzenteile – insbesondere die Blütenblätter – werden seit Jahrhunderten für Heil- und Kosmetikzwecke ver-wendet und waren fester Bestand-teil der Apotheken des Mittelalters.

19

Herkunft: schon vor 1310 in Kultur
Blütenfarbe: karmesinrot
Blütenfüllung: halbgefüllt
Blührhythmik: einmalblühend
Wuchshöhe: 100 bis 150 cm
Wuchsform: überhängend
Pflanzenbedarf pro m²: 1 bis 2
Verwendung: einzeln oder gruppenweise, toleriert Halbschatten, für lockere Hecken, setzt Hagebutten an, gute Pollenquelle, auch für Kübel.

Rosa gallica 'Versicolor'

Rosa gallica **'Versicolor'**

Profil: Ein Gallica-Abkömmling, der als 'Rosa Mundi' weltweite Bekanntheit erreichte. Uralte Strauchrose mit vollem Duft und blickeheischendem Farbspiel der Blüten.
Herkunft: schon vor 1581 in Kultur

Blütenfarbe: weißrosa mit karminroten Streifen
Blütenfüllung: halbgefüllt
Blührhythmik: einmalblühend
Wuchshöhe: 100 bis 150 cm
Wuchsform: überhängend
Pflanzenbedarf pro m²: 1 bis 2
Verwendung: einzeln oder gruppenweise, toleriert Halbschatten.

'Rose de Resht'

Profil: Alte, anfängersichere Beetrose mit Duft. Kompakter Wuchs, gepaart mit bester Blattrobustheit.
Herkunft: Persien, um 1950 in Europa eingeführt
Blütenfarbe: rot
Blütenfüllung: stark gefüllt
Blührhythmik: öfterblühend, starke Hauptblüte
Wuchshöhe: 80 bis 100 cm
Wuchsform: aufrecht
Pflanzenbedarf pro m²: 4-5
Verwendung: einzeln oder gruppenweise, für lockere Hecken, als Stammrose mit 60 cm Höhe, auch für Kübel und Tröge.

'Rose de Resht'

'Souvenir de la Malmaison'

'Souvenir de la Malmaison'

Profil: Beste duftende Alte Strauchrose für alle Rosenfortgeschrittenen. Sommerlange Blütenpracht mit dem Flair von Großmutters Rosengarten.
Züchter: Béluze 1843
Blütenfarbe: rosa
Blütenfüllung: stark gefüllt
Blührhythmik: nachblühend
Wuchshöhe: 80 bis 100 cm
Wuchsform: buschig
Pflanzenbedarf pro m²: 4 bis 5
Verwendung: einzeln oder gruppenweise, auch für Kübel und Tröge, Schnittrose.

'Suaveolens'

Profil: Alte Strauchrose mit süßlichem Duft. Braucht Raum zur Entfaltung, rosiger Platzhirsch mit »einmaliger« Blüte.
Herkunft: unbekannt, schon vor 1750 in Kultur
Blütenfarbe: weiß
Blütenfüllung: gefüllt

Blührhythmik: einmalblühend
Wuchshöhe: 200 bis 300 cm
Wuchsform: überhängend
Pflanzenbedarf pro m²: 1 bis 2
Verwendung: einzeln oder gruppenweise, setzt Hagebutten an.

'Trigintipetala', Ölrose

Profil: Die »Ölrose« aus Bulgarien, eine Strauchrose mit ungewöhnlich intensivem Duft. Sie übersteht unsere Winter bei entsprechendem Winterschutz.
Herkunft: Bulgarien, vor 1899 eingeführt
Blütenfarbe: rosa
Blütenfüllung: halbgefüllt
Blührhythmik: einmalblühend
Wuchshöhe: 150 bis 200 cm
Wuchsform: überhängend
Pflanzenbedarf pro m²: 1-2
Verwendung: einzeln oder gruppenweise, Südlagen ertragend, toleriert Halbschatten.

Englische Rosen (New English Roses)

Die Englischen Rosen des Züchters David Austin zählen heute zu den festen Größen im Angebot von GartenBaumschulen und GartenCentern. Dem englischen Landwirt gelang es, die Ausstrahlung und den Duft längst vergangener Rosenromantik mit den Errungenschaften der modernen Rosenzüchtung – insbesondere Öfterblütigkeit, neuen Rosenfarben und Robustheit des Laubes – zu vereinen. Das Ergebnis ist ein Sinnes-

'Abraham Darby' ®

rausch ohne Katergefahr – vorausgesetzt, man wählt die für das eigene Gartenklima passenden Sorten. Dabei behaupten sich Englische Rosen durchaus auch in ausgesprochenen Regengebieten wie dem Bergischen Land oder der Voralpenregion. Die Blüten zeigen sich trotz ihrer enormen Fülle meist erstaunlich wasserfest. Probleme bereitet jedoch zuweilen die Pflanzenstatik: Die meisten Austin-Sorten wachsen strauchrosenartig überhängend. Bei starken Regenfällen zieht das Gewicht der vollgesogenen Blüten einiger Sorten die vergleichsweise dünnen Triebe stark nach unten.

Tip Wer unter besonders vielen Niederschlägen zu leiden hat, sollte es mit den buschig bis aufrecht wachsenden Sorten versuchen, beispielsweise mit 'Mary Rose' ®.

'Abraham Darby' ®

Profil: Englische Rose mit ausgeprägtem Duft. Die Blütenfarbe changiert von Rosa über Orange bis Aprikot. Strauchrosenwuchs.
Züchter: Austin 1985
Blütenfarbe: rosa bis aprikot
Blütenfüllung: stark gefüllt
Blührhythmik: öfterblühend, starke Hauptblüte
Wuchshöhe: 150 bis 200 cm
Wuchsform: überhängend
Pflanzenbedarf pro m²: 1 bis 2
Verwendung: einzeln oder gruppenweise, auch für Kübel, Schnittrose, Blüten für Rosenrezepte geeignet.

'Charles Austin' ®

Profil: Englische Rose mit ausgeprägtem Duft. Die ungewöhnlich großen Rosettenblüten erstrahlen in einem frischen, reinen Aprikot. Strauchrosenwuchs.
Züchter: Austin 1963
Blütenfarbe: aprikot
Blütenfüllung: stark gefüllt
Blührhythmik: öfterblühend, starke Hauptblüte
Wuchshöhe: 100 bis 150 cm
Wuchsform: aufrecht
Pflanzenbedarf pro m²: 2 bis 3
Verwendung: einzeln oder gruppenweise, auch für Kübel, Schnittrose, Blüten für Rezepte geeignet.

'Constance Spry'

Profil: Einmalblühende Englische Rose der ersten Stunde mit Duft.

Die ungewöhnlich großen Blüten in Ballonform erinnern an üppige Paeonienblüten.
Züchter: Austin 1960
Blütenfarbe: rosa
Blütenfüllung: stark gefüllt
Blührhythmik: einmalblühend
Wuchshöhe: 150 bis 200 cm
Wuchsform: überhängend
Pflanzenbedarf pro m²: 1 bis 2
Verwendung: einzeln oder gruppenweise, stark bestachelt, Südlagen ertragend, für lockere Hecken, Schnittrose, Blüten für Rosenrezepte geeignet.

'Graham Thomas' ®

Profil: Beste Englische Rose mit Duft für alle Einsteiger. Ideale Austin-Sorte für unsere Klimazone. Neue Farbe innerhalb der Gruppe der stark gefüllten Rosettenrosen.
Züchter: Austin 1983
Blütenfarbe: gelb
Blütenfüllung: stark gefüllt
Blührhythmik: öfterblühend, starke Hauptblüte
Wuchshöhe: 100 bis 150 cm
Wuchsform: überhängend

'Graham Thomas' ®

Pflanzenbedarf pro m²: 1 bis 2
Verwendung: einzeln oder gruppenweise, Südlagen ertragend, toleriert Halbschatten, robuste Sorte für Schrebergärten, auch für Kübel, Schnittrose.

'Heritage' ®

'Heritage' ®

Profil: Perfekte Englische Rose mit Duft. Porzellanrosafarbene Blütenbälle thronen auf einem wuchsschönen Strauch.
Züchter: Austin 1984
Blütenfarbe: rosa
Blütenfüllung: stark gefüllt
Blührhythmik: öfterblühend, frühblühend
Wuchshöhe: 100 bis 150 cm
Wuchsform: überhängend
Pflanzenbedarf pro m²: 2 bis 3
Verwendung: einzeln oder gruppenweise, auch für Kübel, Schnittrose, Blüten für Rosenrezepte geeignet.

'Mary Rose' ®

Profil: Ungewöhnlich früh und rasch nachblühende Englische Rose. Zahlreiche, mittelgroße Blüten ab Juni, die einen leichten Wildrosenduft verströmen.
Züchter: Austin 1982
Blütenfarbe: rosa
Blütenfüllung: stark gefüllt
Blührhythmik: öfterblühend, frühblühend
Wuchshöhe: 100 bis 150 cm
Wuchsform: buschig
Pflanzenbedarf pro m²: 2 bis 3

'Mary Rose' ®

Verwendung: einzeln oder gruppenweise, Blüten regenfest, Südlagen ertragend, auch für Kübel, Schnittrose.

'Othello' ®

Profil: Ungewöhnlich große Blütenbälle voller Duft, eine außergewöhnliche, tiefrote Blütenfarbe – solche Vorzüge lohnen den erhöhten Pflegeaufwand für diese Strauchrose.

Züchter: Austin 1986
Blütenfarbe: rot
Blütenfüllung: stark gefüllt
Blührhythmik: öfterblühend, spätblühend
Wuchshöhe: 100 bis 150 cm
Wuchsform: aufrecht
Pflanzenbedarf pro m²: 1-2
Verwendung: einzeln oder gruppenweise, auch für Kübel, Schnittrose, Blüten für Rosenrezepte geeignet.

'Wife of Bath' ®

Profil: Kompakte Strauchrose für kleinere Gärten. Englische Rose mit lieblichem Duft.
Züchter: Austin 1969
Blütenfarbe: rosa
Blütenfüllung: stark gefüllt
Blührhythmik: öfterblühend, starke Hauptblüte
Wuchshöhe: 80 bis 100 cm
Wuchsform: überhängend
Pflanzenbedarf pro m²: 1-2
Verwendung: einzeln oder gruppenweise, für lockere Hecken, auch für Kübel, Schnittrose.

Romantische Nostalgierosen

Neben David Austin, dem Vater der Englischen Rosen, haben sich auch andere europäische Rosenzüchter bei ihrer Arbeit an alten Rosenbildern orientiert. Sie bieten mittlerweile eine Fülle von »neuen« Alten Rosen an, in zahlreichen Farbnuancen und Wuchsformen.

Durch kompakte Beet- und Edelrosen im Romantik-Look eröffnen sich auch neue Möglichkeiten für beengtere Gartenstandorte. Mit 'Rosarium Uetersen'® steht sogar eine enorm vitale und rosettenblütige Kletterrose zur Verfügung. Wichtige züchterische Verbesserungen gelangen bei der Stabilität des Pflanzenaufbaus und der deutlich geringeren Regenempfindlichkeit der Blütenbälle. Auch die Robustheit konnte erheblich gesteigert werden – allerdings bisweilen auf Kosten des von Romantikfreunden innig geliebten Duftes.

'Ballade' ®

Profil: Reichblühende, moderne Beetrose mit dem Flair nostalgischer Blütenformen.
Züchter: Tantau 1991
Blütenfarbe: rosa
Blütenfüllung: gefüllt

'Ballade' ®

Blührhythmik: öfterblühend, starke Hauptblüte
Wuchshöhe: 60 bis 80 cm
Wuchsform: aufrecht
Pflanzenbedarf pro m²: 5 bis 6
Verwendung: Hausgarten, einzeln oder gruppenweise, Südlagen ertragend, als Stammrose mit 90 cm Höhe, auch für Kübel.

'Bernstein Rose' ®

Profil: Bernsteingelbe Rosettenblüten krönen eine kompakt wachsende Beetrose.
Züchter: Tantau 1987
Blütenfarbe: bernstein
Blütenfüllung: stark gefüllt
Blührhythmik: öfterblühend, frühblühend
Wuchshöhe: 60 bis 80 cm
Wuchsform: buschig
Pflanzenbedarf pro m²: 5 bis 6
Verwendung: Hausgarten, einzeln oder gruppenweise, als Stammrose mit 90 cm Höhe, auch für Kübel.

'Colette' ®

Profil: Strauchrose mit Duft. Schalenförmige Blüte mit rosettenartigem Aufbau. Ideal für Kombinationen mit edlen Gartengehölzen.
Züchter: Meilland 1993
Blütenfarbe: aprikot
Blütenfüllung: stark gefüllt
Blührhythmik: öfterblühend, starke Hauptblüte
Wuchshöhe: 150 bis 200 cm
Wuchsform: überhängend

Pflanzenbedarf pro m²: 2 bis 3
Verwendung: einzeln oder gruppenweise, Südlagen ertragend, Blüten regenfest, auch für Kübel.

'Eden Rose® '85'

Profil: Sehr robuste Strauchrose mit prallen, nostalgisch anmutenden Blütenbällen in wunderschönem Rosa. Braucht einen sonnigen Standort.
Züchter: Meilland 1985
Blütenfarbe: zartrosa

'Eden Rose® '85'

Blütenfüllung: stark gefüllt
Blührhythmik: öfterblühend, spätblühend
Wuchshöhe: 150 bis 200 cm
Wuchsform: aufrecht
Pflanzenbedarf pro m²: 1 bis 2
Verwendung: Hausgarten, einzeln oder gruppenweise, Südlagen ertragend, robuste Sorte für Schrebergärten, als Stammrose mit 90 cm Höhe, auch für Kübel, Schnittrose.

'Leonardo da Vinci'®

Profil: Interessante Neuzüchtung mit herrlichen Blütenrosetten, kompaktem Beetrosenwuchs und guter Blattrobustheit. Ideal für Stammrosen. Nur leichter Duft.
Züchter: Meilland 1993
Blütenfarbe: rosa
Blütenfüllung: stark gefüllt
Blührhythmik: öfterblühend, starke Hauptblüte
Wuchshöhe: 60 bis 80 cm
Wuchsform: buschig
Pflanzenbedarf pro m²: 5 bis 6
Verwendung: einzeln oder gruppenweise, Südlagen ertragend, toleriert Halbschatten, robuste Sorte für Schrebergärten, als Stammrose mit 60 cm oder 90 cm Höhe, auch für Kübel und Tröge, Schnittrose.

'Michelangelo'®

Profil: Lieblich duftende Edelrose mit stark gefüllten Blüten für ein romantisches Gartenambiente. Blüte für Blüte ein lebendes Kunstwerk, das dem Namen des Bildhauers und Malers alle Ehre macht.
Züchter: Meilland 1997
Blütenfarbe: gelb
Blütenfüllung: stark gefüllt
Blührhythmik: öfterblühend, starke Hauptblüte
Wuchshöhe: 40 bis 60 cm
Wuchsform: aufrecht
Pflanzenbedarf pro m²: 5 bis 6
Verwendung: einzeln oder gruppenweise, auch für Kübel, Schnittrose, Blüten für Rosenrezepte geeignet.

'Nostalgie'®

'Nostalgie'®

Profil: Edelrose mit duftenden, cremeweiß-kirschfarbenen Blütenbällen. Auch als kompakte Strauchrose vielseitig einsetzbar.
Züchter: Tantau 1995
Blütenfarbe: weiß/rot
Blütenfüllung: gefüllt
Blührhythmik: öfterblühend, starke Hauptblüte
Wuchshöhe: 80 bis 100 cm
Wuchsform: aufrecht
Pflanzenbedarf pro m²: 6 bis 7
Verwendung: einzeln oder gruppenweise, als Stammrose mit 90 cm Höhe, auch für Kübel, Schnittrose, Blüten für Rosenrezepte geeignet.

'Old Port'®

Profil: Duftende Romantik, wie guter alter Portwein alle Sinne anregend. Eine moderne Edelrose mit dem Flair nostalgischer Blütenformen.
Züchter: McGredy 1994
Blütenfarbe: dunkelviolett
Blütenfüllung: stark gefüllt

Blührhythmik: öfterblühend, starke Hauptblüte
Wuchshöhe: 40 bis 60 cm
Wuchsform: aufrecht
Pflanzenbedarf pro m²: 4 bis 5
Verwendung: einzeln oder gruppenweise, auch für Kübel, Schnittrose, Blüten für Rosenrezepte geeignet.

'Polka® '91'

Profil: Ideale Strauch- und Heckenrose mit Duft und auffallend gefransten Blütenblättern. Robuste, sehr vitale Erscheinung.
Züchter: Meilland 1991
Blütenfarbe: aprikot
Blütenfüllung: stark gefüllt
Blührhythmik: öfterblühend, kontinuierlich
Wuchshöhe: 100 bis 150 cm
Wuchsform: überhängend
Pflanzenbedarf pro m²: 1 bis 2
Verwendung: einzeln oder gruppenweise, Blüten regenfest, Südlagen ertragend, toleriert Halbschatten, für lockere Hecken, auch für Kübel, Schnittrose, Blüten für Rosenrezepte geeignet.

'Polka® '91'

'Raubritter'

Profil: Unzählige, kleine Blütenbälle zieren einen mannshohen Strauch. Nicht in windstille Mehltaulagen pflanzen!
Züchter: Kordes 1936
Blütenfarbe: rosa
Blütenfüllung: stark gefüllt
Blührhythmik: einmalblühend
Wuchshöhe: 200 bis 300 cm
Wuchsform: überhängend
Pflanzenbedarf pro m²: 1 bis 2
Verwendung: einzeln oder gruppenweise, als Stammrose 90 cm oder 140 cm Höhe, auch für Kübel, Schnittrose.

'Rosarium Uetersen'®

Profil: Beste romantische Kletterrose. Bekannte und bewährte, frühblühende Sorte mit höchster Vitalität. Für zahllose Gartensituationen, Pyramiden und Säulen bestens geeignet.
Züchter: Kordes 1977
Blütenfarbe: rosa
Blütenfüllung: stark gefüllt
Blührhythmik: öfterblühend, kräftige Hauptblüte
Wuchshöhe: 200 bis 300 cm
Wuchsform: überhängend
Pflanzenbedarf pro m²: 2 bis 3
Verwendung: einzeln oder gruppenweise, sehr frosthart, Blüten regenfest, Südlagen ertragend, toleriert Halbschatten, frühblühend, robuste Sorte für Schrebergärten, überhängend auf Mauerkronen, als Stammrose mit 90 cm oder 140 cm Höhe, auch für Kübel, Schnittrose.

'Raubritter'

'Sebastian Kneipp'®

Profil: Edelrosen-Neuheit mit süßem Duft und nostalgischer Blütenform. Charismatische Sorte mit großer Zukunft.
Züchter: Kordes 1997
Blütenfarbe: cremeweiß
Blütenfüllung: stark gefüllt
Blührhythmik: öfterblühend, starke Hauptblüte
Wuchshöhe: 80 bis 100 cm
Wuchsform: aufrecht
Pflanzenbedarf pro m²: 5 bis 6
Verwendung: einzeln oder gruppenweise, Südlagen ertragend, auch für Kübel, Schnittrose, Blüten für Rosenrezepte geeignet.

'Sebastian Kneipp'®

Kletterrosen und Rambler

Kletterrosen sind bei kleinen Gärten eine lohnende Investition: Keine andere Rosengruppe bietet mehr Rosenblüten pro Gartenquadratmeter, vorausgesetzt, der rosige Klettermaxe findet auf seinem Weg nach oben Halt und Stütze. Denn hier ist der Name kein Programm: Kletterrosen können nicht wirklich selbständig klettern. Dazu fehlen ihnen die entsprechenden Hilfswerkzeuge, wie etwa Ranken oder Haftwurzeln. Im Prinzip sind Kletterrosen nichts anderes als Strauchrosen mit besonders langen Trieben, die aber in der Lage sind, ganze Hauswände unter einem rosigen Mantel zu verstecken – wenn man sie blütenfördernd führt.

Was heißt das? Die Wuchsrichtung der Triebe entscheidet über die Blühwilligkeit der Kletterrose. Ohne Führung wachsen die Triebe steil nach oben – dem Licht entgegen. Sie bilden nur wenige blütenknospentragende Seitentriebe aus. Je waagerechter hingegen ein Trieb geführt wird, desto mehr blütenreiche Seitentriebe setzt er an – ähnlich einem Obstgehölz. Binden Sie deshalb die langen Tentakeln Ihrer Rose gleich von Anfang an immer wieder in die Waagerechte. Dadurch provozieren Sie einen Saftstau in den Trieben, die sich in der Folge besser verzweigen und damit gleichmäßiger verteilen lassen.

Tip Pflanzen Sie Kletterrosen nicht zwischen zwei Fenster, sondern unter eine Fensterbank – der direkte Aufstieg ist damit automatisch blockiert. Können die Triebe aus Platzgründen nicht waagerecht geführt werden, sollten Sie sie zumindest schräg leiten. Wichtig: Führen Sie die Triebe, solange die Pflanzen noch jung und die Langtriebe biegsam sind. Ist eine Kletterrose erst einmal hochbeinig gewachsen, sind Korrekturen mühsam und bleiben fast immer ohne Erfolg. Derartige Rosen gleichen im Aufbau Kleiderständern und bieten nur in den obersten Regionen Blütenfülle.

Die Kletterkonstruktion, an die die Triebe gebunden werden, muß sehr stabil sein, weil Regen und Schnee das Gewicht von Kletterrosen um ein Vielfaches erhöhen können. Bewährt haben sich Spaliere aus Holz oder kunststoffummanteltem Draht. Ein Mindestabstand von 8 cm zwischen Wand und Gerüst sorgt für eine ausreichende Belüftung, die wiederum Mehltau- und Spinnmilbenbefall vorbeugt. Überlegen Sie unbedingt vor dem Pflanzen der Rosen genau, welche Dimensionen das Spalier haben muß. Eine nachträgliche Installation inmitten der Triebe großer Kletterrosen ist sehr mühselig und schadet den Pflanzen oft mehr, als sie ihnen hilft.

Rosen sind Sonnenanbeter, exponierte Südseiten mit enormen

Dornröschen 2000: Die Ramblerrose 'Bobbie James' umrankt das sehenswerte Rosenmuseum in Steinfurth.

Einstrahlungswerten bekommen Kletterrosen aber trotzdem häufig nicht. Der Grund: Von Haus- und Mauerwänden reflektierte Sonnenstrahlen treffen auf die empfindlichen Blattunterseiten, und der Stein speichert zusätzlich Wärme. Die Folge ist u. a. eine hohe Lufttrockenheit, die Rosenzikaden, Spinnmilben und Mehltau geradezu einlädt. Überstehende Vordächer verschärfen dieses Steppenklima zusätzlich. Ideal für Kletterrosen sind deshalb windumspielte Wände und Mauern in Südost- bzw. Südwestlage.

Tip Achten Sie beim Gestalten mit Kletterrosen auf eine kontrastreiche, harmonische Abstimmung zwischen Blütenfarbe und Wandbeschaffenheit. Rote Blüten auf Klinkersteinen oder weiße Blüten vor hellem Putz verlieren ihre Wirkung, weil sie kaum auffallen.

Eine Rosenpergola – hier mit 'Zéphirine Drouhin' – strahlt Ruhe aus, die Bank lädt auch eilige Zeitgenossen zum Verweilen ein: Mehr Romantik geht nicht.

Kletterrosen (Climber)

Unter diesem Begriff ordnen wir sehr langtriebige, meist öfterblühende Rosen ein. Aufgrund ihrer sommerlangen Blüte besitzen diese Rosen eine geringere, wenngleich vitale Wuchskraft als einmalblühende Sorten. Sie erreichen Höhen zwischen 200 und 300 cm und passen mit diesen Maßen auch noch in kleinste Gartenparadiese. Die Palette der Blütenformen variiert von einfach bis edelrosenartig. Wegen ihrer Vitalität gelten Kletterrosen als besonders robuste Rosengruppe.

Von den genannten Eigenschaften der öfterblühenden Kletterrosen lassen sich bereits die ersten Verwendungsmöglichkeiten ableiten: Sie eignen sich zur Begrünung kleinerer Torbögen und niedriger Pergolen. Zu zweit oder dritt um eine hohe Rosenpyramide, eine dekorative Gittersäule oder einen alten Baumstumpf gesetzt, bilden sie einen Blickfang erster Güte. Durch ihre effektive Raumausnutzung können sie sogar Hauswände schmücken, die ohne Vorgarten direkt an Bürgersteige grenzen. Kletterrosen sind vertikale Flächendecker par excellence. Die einzigen Voraussetzungen sind ein Pflanzloch von 40 mal 40 cm und ein tiefgründiger Boden.

Bisher eher selten werden Kletterrosen in Form freistehender Rosenwände als mannshoher Sicht- und Windschutz genutzt. Man führt die Triebe dabei beispielsweise an bereits existierenden, ausreichend stabilen Maschendrahtzäunen möglichst horizontal entlang. Eine charmante Art, die meist unattraktiven Drahtgittergeflechte zu verschönern.

'Dortmund'®

Profil: Anspruchsloser Kletter-maxe für unzählige Pflanzsitua-tionen an Wänden und Pergolen. Verträgt auch exponierte Hitze-lagen.
Züchter: Kordes 1955
Blütenfarbe: rot mit weißem Auge
Blütenfüllung: einfach
Blührhythmik: öfterblühend, starke Hauptblüte
Wuchshöhe: 200 bis 300 cm
Wuchsform: überhängend
Pflanzenbedarf pro m²: 2 bis 3
Verwendung: einzeln oder grup-penweise, sehr frosthart, Blüten regenfest, Südlagen ertragend, toleriert Halbschatten, robuste Sorte für Schrebergärten, Pollen-quelle, setzt Hagebutten an.
ADR-Prädikat: 1954

'Golden Showers'®

Profil: Beste früh- und öfterblü-hende Kletterrose in Gelb. Hübsch an Torbögen, insbesondere mit Clematis.
Züchter: Lammerts 1956
Blütenfarbe: gelb
Blütenfüllung: gefüllt
Blührhythmik: öfterblühend, starke Hauptblüte
Wuchshöhe: 200 bis 300 cm
Wuchsform: überhängend bis aufrecht
Pflanzenbedarf pro m²: 2 bis 3
Verwendung: einzeln oder grup-penweise, auch für Kübel, toleriert Halbschatten, überhängend auf Mauerkronen, als Stammrose mit 140 cm Höhe.

'Harlekin'®

Profil: Wandbegrüner mit clow-neskem Farbenspiel in weiß und rot. Kräftiger Duft.
Züchter: Kordes 1986
Blütenfarbe: weiß mit rotem Rand
Blütenfüllung: stark gefüllt
Blührhythmik: öfterblühend, starke Hauptblüte
Wuchshöhe: 200 bis 300 cm
Wuchsform: überhängend
Pflanzenbedarf pro m²: 2 bis 3
Verwendung: einzeln oder grup-penweise, Südlagen ertragend, auch für Kübel, Blüten für Rosen-rezepte geeignet.

'Golden Showers'®

'Ilse Krohn Superior'®

Profil: Beste weiße Kletterrose mit herrlichem Duft. Tausendfach bewährt für Wände, Torbögen und Pergolen. Hübscher Kontrast zwi-schen weißen Blüten und dunkel-grünem Laub.
Züchter: Kordes 1964
Blütenfarbe: weiß
Blütenfüllung: gefüllt
Blührhythmik: öfterblühend, starke Hauptblüte
Wuchshöhe: 200 bis 300 cm
Wuchsform: überhängend
Pflanzenbedarf pro m²: 2 bis 3
Verwendung: einzeln oder grup-penweise, Herbstfärbung, als Stammrose mit 140 cm Höhe, auch für Kübel, Blüten für Rosen-rezepte geeignet.

'Lawinia'®

Profil: Duftender Kletterrosen-Klassiker mit edelrosenartigen, stark gefüllten, großen Blüten. Auf rosengeeigneten Standort achten.
Züchter: Tantau 1980
Blütenfarbe: rosa
Blütenfüllung: stark gefüllt
Blührhythmik: öfterblühend, kontinuierlich
Wuchshöhe: 200 bis 300 cm
Wuchsform: überhängend
Pflanzenbedarf pro m²: 2 bis 3
Verwendung: einzeln oder grup-penweise, auch für Kübel, Blüten regenfest, Südlagen ertragend, toleriert Halbschatten, robuste Sorte für Schrebergärten, als Stammrose mit 140 cm Höhe, Blü-ten für Rosenrezepte geeignet.

'Maria Lisa'

Profil: Vitaler Wachser mit fast stachellosen Trieben. Ideale Kletterrose für Familiengärten und Kinderspielplätze.
Züchter: Liebau 1936
Blütenfarbe: rosa
Blütenfüllung: einfach
Blührhythmik: einmalblühend
Wuchshöhe: 200 bis 300 cm
Wuchsform: überhängend
Pflanzenbedarf pro m²: 2 bis 3
Verwendung: einzeln oder gruppenweise, kaum bestachelt, Südlagen ertragend.

'Morning Jewel'®

Profil: ADR-Kletterrose mit Duft, die man viel zu selten in Gärten antrifft. Robustes Pergolenwunder.

'New Dawn'

Züchter: Cocker 1968
Blütenfarbe: rosa
Blütenfüllung: halbgefüllt
Blührhythmik: öfterblühend, starke Hauptblüte
Wuchshöhe: 200 bis 300 cm
Wuchsform: überhängend
Pflanzenbedarf pro m²: 2 bis 3
Verwendung: einzeln oder gruppenweise, Pollenquelle, robuste Sorte für Schrebergärten, als Stammrose mit 140 cm Höhe.
ADR-Prädikat: 1975

'New Dawn'

Profil: Multifunktionale Kletterrose, rosiger Kletterer von Weltruf. Die porzellanfarbenen, duftenden Blüten zieren Wände, Spaliere, Pergolen und durch den farblichen Kontrast dunkle Mauern aller Art.
Züchter: Somerset 1930
Blütenfarbe: perlmutt

Blütenfüllung: gefüllt
Blührhythmik: öfterblühend, starke Hauptblüte
Wuchshöhe: 200 bis 300 cm
Wuchsform: überhängend
Pflanzenbedarf pro m²: 2 bis 3
Verwendung: einzeln oder gruppenweise, sehr frosthart, auch für Kübel und Tröge, setzt Hagebutten an, Blüten regenfest, Südlagen ertragend, toleriert Halbschatten, robuste Sorte für Schrebergärten, überhängend auf Mauerkronen, als Stammrose mit 140 cm Höhe, Schnittrose.

'Ramira'®

Profil: Sehr farbbeständige Kletterrose der modernen Generation. Die leuchtend reinrosafarbenen Blüten bleichen weder durch Sonne noch durch Regen aus.
Züchter: Kordes 1988

'Morning Jewel'®

Blütenfarbe: rosa
Blütenfüllung: gefüllt
Blührhythmik: öfterblühend, starke Hauptblüte
Wuchshöhe: 200 bis 300 cm
Wuchsform: überhängend

Pflanzenbedarf pro m²: 2 bis 3
Verwendung: einzeln oder gruppenweise, Blüten regenfest, Südlagen ertragend, toleriert Halbschatten, als Stammrose mit 140 cm Höhe, auch für Kübel.

'Santana'®

'Salita'®

Profil: Einzigartig orangefarbene Kletterrose, ein rosiger Leuchtturm selbst in kleinsten Gärten.
Züchter: Kordes 1987
Blütenfarbe: orange
Blütenfüllung: gefüllt
Blührhythmik: öfterblühend, kräftige Hauptblüte
Wuchshöhe: 200 bis 300 cm
Wuchsform: überhängend
Pflanzenbedarf pro m²: 2 bis 3
Verwendung: einzeln oder gruppenweise, Blüten regenfest, Südlagen ertragend, auch für Kübel.

'Santana'®

Profil: Für viele Rosenfreunde die beste rote Kletterrose mit zügigem Nachtrieb und höchster Farbbeständigkeit.
Züchter: Tantau 1984
Blütenfarbe: rot
Blütenfüllung: gefüllt
Blührhythmik: öfterblühend, kräftige Hauptblüte
Wuchshöhe: 200 bis 300 cm
Wuchsform: überhängend
Pflanzenbedarf pro m²: 2 bis 3
Verwendung: einzeln oder gruppenweise, Blüten regenfest, Südlagen ertragend, robuste Sorte für Schrebergärten, überhängend auf Mauerkronen, als Stammrose mit 140 cm Höhe, auch für Kübel.

Hinweis: Weitere Kletterrosen finden Sie bei den **Alten Rosen** ('Gloire de Dijon', Seite 18) und den **Romantischen Nostalgierosen** ('Rosarium Uetersen'®, Seite 25).

Rambler

Rambler sind die Lianen unter den Rosen. Die meist von Juni bis Juli (also einmal) blühenden Sorten wachsen extrem stark und erreichen spielend Höhen von über 500 cm Höhe. Mit ihren langen, weichen und relativ dünnen Trieben erklimmen sie größere Torbögen, Pergolen und Carports, wobei sie in entsprechend großer Anzahl auch leicht einen schattigen Laubengang begrünen können. Die Weichheit ihrer oft sehr wenig bestachelten Triebe strahlt sehr viel Anmut und Eleganz aus. Natürlich schmücken Rambler auch hohe Wände und Mauern – Dornröschen läßt grüßen.

In England häufig, bei uns noch selten zu sehen sind Rambler, die an dicken, in Kopfhöhe locker zwischen Pfosten gespannten Tauen wie Rosengirlanden entlangwachsen. Auch lichte Bäume werden Ramblern auf der Insel oft als Entfaltungsmöglichkeit geboten – sie erklimmen sie scheinbar mühelos bis in große Höhen. Diese Variante ist auch in unseren Breiten problemlos möglich, vorausgesetzt, das als Ramblerstütze ausgewählte Gehölz ist bereits »erwachsen« und damit entsprechend belastbar. Ideal sind tiefwurzelnde Lärchen, Kiefern oder Goldregen, die den flachwurzelnden Ramblern keine allzu große Konkurrenz bereiten.

Grundsätzlich sollten Sie beim Einsatz von Ramblern wie bei den Kletterrosen auf die Tragfähigkeit der gewählten Kletterhilfen ach-

Ideales »Rankgerüst« für Rambler: Ein alter Baumstamm mit kurzen Aststümpfen.

ten. Bedenken Sie die Zunahme des Gewichts der Pflanzen bei Nässe und planen Sie genügend Sicherheitstoleranzen ein.

Tip Öfterblühende Kletterrosen und wuchsgewaltige Rambler sind keine rivalisierenden Konkurrenten, sondern können als Partner in zahllosen Kombinationsmöglichkeiten begeistern. Wem die Einmalblütigkeit vieler Ramblersorten nicht reicht, der kann durch benachbarte *Clematis*-Wildarten die Blühzeiträume deutlich erweitern.

'Albéric Barbier'

Profil: Starkwüchsige Rosenliane, die spielend Pergolen oder lichte Bäume erklimmt. Auf luftigen Standort achten.
Züchter: Barbier 1900
Blütenfarbe: creme
Blütenfüllung: gefüllt
Blührhythmik: einmalblühend
Wuchshöhe: 300 bis 500 cm
Wuchsform: ohne Rankhilfe flachwachsend
Pflanzenbedarf pro m²: 1
Verwendung: einzeln oder gruppenweise, toleriert Halbschatten.

'Bobbie James'

Profil: Megawüchsiger Hochstapler mit Duft. Erobert in wenigen Jahren ganze Hausfronten – könnte die Dornröschen-Rose gewesen sein.
Züchter: Sunningdale Nurseries 1961
Blütenfarbe: weiß
Blütenfüllung: halbgefüllt
Blührhythmik: einmalblühend
Wuchshöhe: 300 bis 500 cm
Wuchsform: ohne Rankhilfe flachwachsend
Pflanzenbedarf pro m²: 1
Verwendung: Hausgarten, einzeln oder gruppenweise, Herbstfärbung, toleriert Halbschatten, überhängend auf Mauerkronen.

'Flammentanz' ®

Profil: Keine rote Kletterrose gilt als robuster und frosthärter als

'Flammentanz' ®

'Flammentanz'®. Einmalblühender Farbrausch, der häßliche Schuppen und Gestelle tarnt.
Züchter: Kordes 1955
Blütenfarbe: rot
Blütenfüllung: gefüllt
Blührhythmik: einmalblühend
Wuchshöhe: 300 bis 500 cm
Wuchsform: ohne Rankhilfe flachwachsend
Pflanzenbedarf pro m²: 1-2
Verwendung: einzeln oder gruppenweise, sehr frosthart, Südlagen ertragend, toleriert Halbschatten, robuste Sorte für Schrebergärten, überhängend auf Mauerkronen, als Stammrose mit 140 cm Höhe, auch für sehr große Ampeln.
ADR-Prädikat: 1952

'Paul Noël'

Profil: Lachsaprikotfarbene Lianenrose mit Duft. Reagiert mehltauempfindlich auf luftstille Standorte.
Züchter: Tanne 1913
Blütenfarbe: aprikot-rosa
Blütenfüllung: gefüllt
Blührhythmik: nachblühend
Wuchshöhe: 300 bis 500 cm
Wuchsform: ohne Rankhilfe flachwachsend
Pflanzenbedarf pro m²: 1
Verwendung: einzeln oder gruppenweise, toleriert Halbschatten, überhängend auf Mauerkronen, als Stammrose mit 90 cm oder 140 cm Höhe.

'Super Dorothy' ®

Profil: Hochstapler mit Doppelfunktion – sowohl als öfterblühender (!) Rambler als auch als bodendeckende Rose einsetzbar. Das kleine Laub signalisiert höchste Hitzeverträglichkeit.
Züchter: Hetzel 1986
Blütenfarbe: rosa
Blütenfüllung: gefüllt
Blührhythmik: öfterblühend, spätblühend
Wuchshöhe: 300 bis 500 cm
Wuchsform: ohne Rankhilfe flachwachsend
Pflanzenbedarf pro m²: 1
Verwendung: einzeln oder gruppenweise, Südlagen ertragend, toleriert Halbschatten, robuste Sorte für Schrebergärten, überhängend auf Mauerkronen, als Stammrose mit 90 cm oder 140 cm Höhe, Herbstfärbung, auch für Kübel, Tröge und große Ampeln.

'Super Dorothy' ®

'Super Excelsa' ®

Profil: Pendant zu 'Super Dorothy' ® in Karminrosa, das ihrer Schwester in nichts nachsteht. Durch Mehltaufestigkeit und Öfterblütigkeit wichtiger züchterischer Fortschritt.
Züchter: Hetzel 1986
Blütenfarbe: karminrosa
Blütenfüllung: gefüllt
Blührhythmik: öfterblühend, spätblühend
Wuchshöhe: 300 bis 500 cm
Wuchsform: ohne Rankhilfe flachwachsend
Pflanzenbedarf pro m²: 1
Verwendung: einzeln oder gruppenweise, Südlagen ertragend, toleriert Halbschatten, robuste Sorte für Schrebergärten, überhängend auf Mauerkronen, als Stammrose mit 90 cm oder 140 cm Höhe, Herbstfärbung, auch für Kübel, Tröge und große Ampeln.
ADR-Prädikat: 1991

'Venusta Pendula'

Profil: Äußerst frostharter Rambler für Torbögen und lichte Baummethusaleme.
Herkunft: unbekannt, 1928 von Kordes eingeführt
Blütenfarbe: rosa/weiß
Blütenfüllung: halbgefüllt
Blührhythmik: einmalblühend
Wuchshöhe: 300 bis 500 cm
Wuchsform: ohne Rankhilfe flachwachsend
Pflanzenbedarf pro m²: 1-2
Verwendung: einzeln oder gruppenweise, sehr frosthart, toleriert Halbschatten.

Strauch- und Wildrosen

Strauchrosen

Alle Rosen wachsen mehr oder weniger »strauchartig«.
Als Strauchrosen bezeichnet man jedoch jene Arten und Sorten, die große Ziersträucher entwickeln. Außer auf die einmalblühenden, sehr frostharten und wuchsstarken **Parkrosen** wie 'Frühlingsgold' konzentrieren wir in uns in diesem Kapitel vor allem auf die meist öfterblühenden Zierstrauchrosen. Sie sind die gartengerechtesten Strauchrosen, mit aufrechtem Wuchs und guter Widerstandskraft. Mit ihren zum Teil überhängenden Trieben erreichen sie Höhen zwischen 150 bis 250 cm, sind häufig Pollenquelle und Hagebuttenspender. Die im Gartenrahmen bleibenden Maße erklären sich aus ihrer Öfterblütigkeit - die einmalblühenden Kollegen sind deutlich wuchsvitaler. Die Blütenformen reichen von einfach bis edelrosengleich.

Strauchrosen sind die blühwilligsten Ziersträucher unserer Gärten. Von allen Rosengruppen lassen sie sich am idealsten mit anderen Ziersträuchern kombinieren. Auch viele Alte und Englische Rosen sowie Romantische Nostalgierosen sind Strauchrosen.

Durch ihren Habitus zum Solitär unter den Rosen prädestiniert, sollten Sie eine Strauchrose einzeln freistehend und gut sichtbar

Manchmal gehen Strauchrosen (hier: 'Centenaire de Lourdes') unter der eigenen Blütenlast in die Knie.

pflanzen. In größeren Gärten bietet sich eine Gruppenpflanzung an, bei der man zwei oder besser drei Rosenstöcke sehr eng zusammensetzt, um den wuchtigen Solitärcharakter eines einzigen, mächtigen Strauches zu suggerieren. Auch als farbenfrohe, sehr locker und offen wachsende Rosenzäune und -hecken sind Strauchrosen bei Gartenfreunden beliebt. (Mehr dazu siehe Seite 81ff.)

'Angela' ®

Profil: Kompaktes Blühwunder, das auch in kleinere Gärten paßt. Die locker gefüllten Schalenblüten besitzen den Charme ursprünglicher Blütenschönheit. Idealer, gartengerechter Strauchrosentip für Einsteiger.
Züchter: Kordes 1984
Blütenfarbe: altrosa
Blütenfüllung: halbgefüllt
Blührhythmik: öfterblühend, kontinuierlich
Wuchshöhe: 100 bis 150 cm
Wuchsform: buschig
Pflanzenbedarf pro m²: 2-3
Verwendung: einzeln oder gruppenweise, für lockere Hecken, Blüten regenfest, Südlagen ertragend, toleriert Halbschatten, robuste Sorte für Schrebergärten, auch für Kübel.
ADR-Prädikat: 1982

'Astrid Lindgren' ®

Profil: Robuste, sehr formschön wachsende Strauchrose, deren Maße im Rahmen bleiben. Nicht nur für Kinderbuch-Fans eine Empfehlung.
Züchter: Poulsen 1989
Blütenfarbe: rosa
Blütenfüllung: gefüllt
Blührhythmik: öfterblühend, kräftige Hauptblüte
Wuchshöhe: 100 bis 150 cm
Wuchsform: aufrecht
Pflanzenbedarf pro m²: 1-2
Verwendung: einzeln oder gruppenweise, für lockere Hecken, Blüten regenfest.

'Bischofsstadt Paderborn' ®

Profil: Leuchtendroter Strauchrosenklassiker von Reimer Kordes. Bringt Feuer in viele Gartenwinkel, beste Fernwirkung.
Züchter: Kordes 1964
Blütenfarbe: rot
Blütenfüllung: einfach
Blührhythmik: öfterblühend, kontinuierlich
Wuchshöhe: 100 bis 150 cm
Wuchsform: aufrecht

'Bischofsstadt Paderborn' ®

Pflanzenbedarf pro m²: 1 bis 2
Verwendung: einzeln oder gruppenweise, für lockere Hecken, Blüten regenfest, Südlagen ertragend, toleriert Halbschatten, robuste Sorte für Schrebergärten, Pollenquelle.
ADR-Prädikat: 1968

'Bourgogne' ®

Profil: Strauchrose mit den formschönsten Hagebutten. Die enorm vitaminreichen Früchte sind leuchtendrot und flaschenförmig, dabei dekorativ beborstet.

Züchter: Interplant 1983
Blütenfarbe: rosa
Blütenfüllung: einfach
Blührhythmik: einmalblühend
Wuchshöhe: 150 bis 200 cm
Wuchsform: überhängend
Pflanzenbedarf pro m²: 1 bis 2
Verwendung: einzeln oder gruppenweise, Südlagen ertragend, toleriert Halbschatten, Pollenquelle, setzt Hagebutten an.

'Centenaire de Lourdes'

Profil: Zu Unrecht vollkommen unterbewertete Strauchrose mit feinem Duft. Versagt auch auf weniger rosengerechten Standorten nicht.
Züchter: Delbard-Chabert 1958
Blütenfarbe: rosa
Blütenfüllung: halbgefüllt
Blührhythmik: öfterblühend, frühblühend
Wuchshöhe: 150 bis 200 cm
Wuchsform: überhängend
Pflanzenbedarf pro m²: 1 bis 2
Verwendung: einzeln oder gruppenweise, für lockere Hecken, Blüten regenfest, Südlagen ertragend, toleriert Halbschatten, für große Grabstellen, auch für Kübel, Pollenquelle.

'Dirigent' ®

Profil: Formschöne Strauchrose, mit der Roseneinsteiger nicht viel verkehrtmachen können. Wuchs schön, wenn entsprechender Freiraum zur Verfügung steht.
Züchter: Tantau 1956

'Dirigent' ®

Blütenfarbe: rot
Blütenfüllung: halbgefüllt
Blührhythmik: öfterblühend, kontinuierlich
Wuchshöhe: 150 bis 200 cm
Wuchsform: buschig
Pflanzenbedarf pro m²: 1 bis 2
Verwendung: einzeln oder gruppenweise, für lockere Hecken, Blüten regenfest, Südlagen ertragend, robuste Sorte für Schrebergärten, Pollenquelle.
ADR–Prädikat: 1958

'Dornröschenschloß Sababurg' ®

Profil: Strauchrose mit Wildrosenduft und robuster Wuchskraft. Sehr blühwillig.
Züchter: Kordes 1993
Blütenfarbe: rosa
Blütenfüllung: gefüllt
Blührhythmik: öfterblühend, starke Hauptblüte
Wuchshöhe: 100 bis 150 cm
Wuchsform: überhängend
Pflanzenbedarf pro m²: 1 bis 2
Verwendung: einzeln oder gruppenweise, für lockere Hecken, auch für Kübel.

'Ferdy' ®

Profil: Einmalblühende Strauchrose mit dekorativer Bestachelung. Nicht schneiden, nur – wenn nötig – auslichten.
Züchter: Keisei 1984
Blütenfarbe: rosa
Blütenfüllung: gefüllt
Blührhythmik: einmalblühend
Wuchshöhe: 80 bis 100 cm
Wuchsform: überhängend
Pflanzenbedarf pro m²: 1 bis 2
Verwendung: einzeln oder gruppenweise, für lockere Hecken, stark bestachelt, sehr frosthart, toleriert Halbschatten, überhängend auf Mauerkronen.

'Fontaine' ®

Profil: Eleganteste dunkelrote Strauchrose mit edelrosengleichen Blüten.
Züchter: Tantau 1969
Blütenfarbe: rot
Blütenfüllung: gefüllt
Blührhythmik: öfterblühend, starke Hauptblüte

'Dornröschenschloß Sababurg' ®

Wuchshöhe: 150 bis 200 cm
Wuchsform: aufrecht
Pflanzenbedarf pro m²: 1 bis 2
Verwendung: einzeln oder gruppenweise, Südlagen ertragend, robuste Sorte für Schrebergärten, auch für Kübel.
ADR–Prädikat: 1971

'Frühlingsgold'

'Frühlingsgold'

Profil: Duftender Frühblüher (ab Mai) mit kerniger Frosthärte. Braucht Platz, ideal für größere Gärten, typische Parkrose.
Züchter: Kordes 1937
Blütenfarbe: gelb
Blütenfüllung: einfach
Blührhythmik: einmalblühend
Wuchshöhe: 150 bis 200 cm
Wuchsform: überhängend
Pflanzenbedarf pro m²: 1 bis 2
Verwendung: einzeln oder gruppenweise, toleriert Halbschatten, für Heidegärten, Pollenquelle.

'Grandhotel' ®

Profil: Wuchsschönste dunkelrote Strauchrose mit frischgrüner Belaubung.
Züchter: McGredy 1972
Blütenfarbe: rot
Blütenfüllung: gefüllt
Blührhythmik: öfterblühend, kontinuierlich
Wuchshöhe: 150 bis 200 cm
Wuchsform: aufrecht
Pflanzenbedarf pro m²: 1-2
Verwendung: einzeln oder gruppenweise, Blüten regenfest, robuste Sorte für Schrebergärten, auch für Kübel.
ADR-Prädikat: 1977

'IGA '83 München' ®

Profil: Wird von kaum einer anderen Rose an Blattrobustheit übertroffen. Kompakter Strauch mit üppigem Hagebuttenansatz. Bei Sommerschnitt statt Hagebutten eine zweite Blüte.
Züchter: Meilland 1982
Blütenfarbe: rosa
Blütenfüllung: gefüllt
Blührhythmik: öfterblühend, starke Hauptblüte
Wuchshöhe: 80 bis 100 cm
Wuchsform: buschig
Pflanzenbedarf pro m²: 2-3
Verwendung: einzeln oder gruppenweise, für lockere Hecken, sehr frosthart, Blüten regenfest, toleriert Halbschatten, robuste Sorte für Schrebergärten, für große Grabstellen, auch für Kübel, setzt Hagebutten an.
ADR-Prädikat: 1982

'Ilse Haberland' ®

Profil: Interessante Strauchrose für alle Duft-Liebhaber.
Züchter: Kordes 1956
Blütenfarbe: lachsrosa
Blütenfüllung: gefüllt
Blührhythmik: öfterblühend, starke Hauptblüte
Wuchshöhe: 100 bis 150 cm
Wuchsform: überhängend
Pflanzenbedarf pro m²: 1 bis 2
Verwendung: Hausgarten, einzeln oder gruppenweise, für lockere Hecken, Blüten für Rosenrezepte geeignet.

'Kordes' Brillant' ®

Profil: Ein signalorangefarbener Strauchrosenklassiker mit brennender Blütenfarbe. Bietet eine schöne Herbstblüte.
Züchter: Kordes 1983
Blütenfarbe: orange
Blütenfüllung: gefüllt
Blührhythmik: öfterblühend, kräftige Hauptblüte
Wuchshöhe: 100 bis 150 cm
Wuchsform: aufrecht
Pflanzenbedarf pro m²: 1 bis 2
Verwendung: einzeln oder gruppenweise, für lockere Hecken, Blüten regenfest, Südlagen ertragend, toleriert Halbschatten.

'Lichtkönigin Lucia' ®

Profil: Beste gelbe Strauchrose, da wuchsschön, robust und enorm frosthart. Schnittrosentauglich.
Züchter: Kordes 1966

'Lichtkönigin Lucia' ®

Blütenfarbe: gelb
Blütenfüllung: gefüllt
Blührhythmik: öfterblühend, frühblühend
Wuchshöhe: 100 bis 150 cm
Wuchsform: aufrecht
Pflanzenbedarf pro m²: 1 bis 2
Verwendung: einzeln oder gruppenweise, für lockere Hecken, Blüten regenfest, Südlagen ertragend, toleriert Halbschatten, robuste Sorte für Schrebergärten auch für Kübel, Schnittrose.
ADR-Prädikat: 1968

'Marguerite Hilling'

Profil: Eine zivilisierte Wildrose, die sich viel von der ursprünglichen Art ihrer Ahnen bewahrt hat.

'Marguerite Hilling'

Züchter: Hilling 1959
Blütenfarbe: rosa
Blütenfüllung: halbgefüllt
Blührhythmik: nachblühend
Wuchshöhe: 150 bis 200 cm
Wuchsform: buschig
Pflanzenbedarf pro m²: 1-2
Verwendung: einzeln oder gruppenweise, für lockere Hecken, sehr frosthart, Blüten regenfest, toleriert Halbschatten, für Heidegärten, auch für Kübel, Pollenquelle.

'Mein schöner Garten' ®

Profil: Sehr interessante Neuheit mit lachsrosafarbenen Blüten und üppiger Vitalität.
Züchter: Kordes 1997
Blütenfarbe: rosa
Blütenfüllung: gefüllt
Blührhythmik: öfterblühend, kontinuierlich
Wuchshöhe: 100 bis 150 cm
Wuchsform: buschig
Pflanzenbedarf pro m²: 2 bis 3
Verwendung: einzeln oder gruppenweise, für lockere Hecken, Blüten regenfest, Südlagen ertragend, toleriert Halbschatten, für große Grabstellen, auch für Kübel.

'Romanze' ®

Profil: Sicher mit eine der wuchsschönsten rosafarbenen Strauchrosen.
Züchter: Tantau 1984
Blütenfarbe: rosa
Blütenfüllung: gefüllt

Blührhythmik: öfterblühend, kontinuierlich
Wuchshöhe: 100 bis 150 cm
Wuchsform: aufrecht
Pflanzenbedarf pro m²: 1 bis 2
Verwendung: einzeln oder gruppenweisel, Blüten regenfest, Südlagen ertragend, toleriert Halbschatten, robuste Sorte für Schrebergärten, für große Grabstellen, auch für Kübel.
ADR-Prädikat: 1986

'Mein schöner Garten' ®

'Schneewittchen' ®

Profil: Weltweit beste weiße Strauchrose. Ideal für die Kombination mit Stauden.
Züchter: Kordes 1958
Blütenfarbe: weiß
Blütenfüllung: gefüllt
Blührhythmik: öfterblühend, frühblühend
Wuchshöhe: 100 bis 150 cm
Wuchsform: buschig
Pflanzenbedarf pro m²: 1 bis 2
Verwendung: einzeln oder gruppenweise, für lockere Hecken, sehr

'Schneewittchen' ®

frosthart, Blüten regenfest, Südlagen ertragend, toleriert Halbschatten, robuste Sorte für Schrebergärten, für große Grabstellen, als Stammrose mit 90 cm oder 140 cm Höhe, auch für Kübel, Pollenquelle, setzt Hagebutten an.
ADR-Prädikat: 1960

Vogelpark Walsrode' ®

Profil: Problemloses Blühwunder mit porzellanrosafarbenem Blütenreichtum. Sichere Sorte für Einsteiger.

'Vogelpark Walsrode' ®

'Westerland' ®

Züchter: Kordes 1988
Blütenfarbe: rosa
Blütenfüllung: gefüllt
Blührhythmik: öfterblühend, frühblühend
Wuchshöhe: 100 bis 150 cm
Wuchsform: buschig
Pflanzenbedarf pro m²: 1 bis 2
Verwendung: einzeln oder gruppenweise, Blüten regenfest, Südlagen ertragend, robuste Sorte für Schrebergärten, auch für Kübel.
ADR-Prädikat: 1989

'Westerland' ®

Profil: Beste Strauchrose im Farbton Aprikot. Dazu gesellen sich Duft und ein formvollendeter, geschlossener Wuchs.
Züchter: Kordes 1969
Blütenfarbe: aprikot
Blütenfüllung: halbgefüllt
Blührhythmik: öfterblühend, kontinuierlich
Wuchshöhe: 150 bis 200 cm

Wuchsform: buschig
Pflanzenbedarf pro m²: 1 bis 2
Verwendung: einzeln oder gruppenweise, für lockere Hecken Blüten regenfest, Südlagen ertragend, robuste Sorte für Schrebergärten, auch für Kübel.
ADR-Prädikat: 1974

Hinweis: Weitere Strauchrosen finden sich in den folgenden Gruppen: **Alte Rosen:** 'Ghislaine de Feligonde', 'Jacques Cartier', 'Louise Odier', 'Maiden's Blush', *Rosa centifolia* 'Muscosa', *Rosa gallica* 'Officinalis', *Rosa gallica* 'Versicolor', 'Souvenir de la Malmaison', 'Suaveolens', 'Trigintipetala' (Seite 18ff.);
Englische Rosen: 'Abraham Darby'®, 'Charles Austin'®, 'Constance Spry', 'Graham Thomas'®, 'Heritage'®, 'Mary Rose'®, 'Othello'®, 'Wife of Bath' (Seite 21ff.);
Romantische Nostalgierosen: 'Colette'®, 'Eden Rose ® '85', 'Polka ® '91', 'Raubritter' (Seite 23ff.);
außerdem bei den **Wildrosen**.

Wildrosen

Wildrosen gelten ebenfalls als Strauchrosen. Insbesondere die Übergänge zu den einmalblühenden Parkrosen sind fließend (Anmerkung: Viele **Parkrosen** sind züchterisch bearbeitete, »zivilisierte« Wildrosen), so daß sich unterschiedliche Zuordnungsmöglichkeiten anbieten. Wildrosen sind aber immer einmalblühende Sträucher mit einfacher Blüte. Stammen sie aus Europa, gelten

sie als einheimische Arten. Die Wuchshöhen liegen zwischen 100 und 300 cm. Pollenbildung und Hagebuttenansatz unterstreichen den ökologischen Nutzen dieser schönen Wilden unter den Rosen.

Die oft undurchdringliche Bestachelung ungeschnittener Wildrosen bietet Vögeln und anderen Tieren zudem Schutz. Wuchsschöne, leuchtendrote Stacheln, wie sie z. B. die Stacheldrahtrose, *Rosa sericea* f. *pteracantha*, besitzt, können als zusätzliches Gestaltungselement im Garten eingeplant werden. Gleiches gilt für die flaschenförmigen Hagebutten von *Rosa moyesii* oder die schwarzen Früchte von *Rosa pim-*

pinellifolia. Die sehr vitaminreichen Hagebutten großfrüchtiger Arten wie *Rosa gallica, Rosa jundzillii* und *Rosa rubiginosa* eignen sich hervorragend für viele Hagebuttenrezepte.

Arten wie *Rosa hugonis* erweitern den jährlichen Zeitraum der Rosenblüte beträchtlich. Mitunter blühen sie bereits ab Ende April. *Rosa nitida* bezaubert zusätzlich durch rötliches Herbstlaub. Viele Wildrosen harmonieren vortrefflich mit Gräsern.

Besonders dort, wo ausreichend Licht für das Sonnenkind Rose fehlt, bieten halbschattige Lagen tolerierende, ja bevorzugende Arten wie *Rosa arvensis* und *Rosa*

Rosiger Platzhirsch sucht weite Gartenlichtung: Das gelbe Blütenmeer von *Rosa hugonis* braucht ausreichend Raum für seine ungestüme Entfaltungskraft.

majalis rosige Alternativen. Letztere begnügt sich auch mit sehr trockenen, steinreichen Bodenverhältnissen.

Rosa arvensis, **Kriechrose**

Profil: Echter Bodendecker mit urwüchsiger Kraft, der sich im Halbschatten – für Rosen sehr ungewöhnlich – pudelwohl fühlt. Heimische Wildrose.
Herkunft: Europa
Blütenfarbe: weiß
Blütenfüllung: einfach
Blührhythmik: einmalblühend
Wuchshöhe: 80 bis 100 cm
Wuchsform: flach, starkwachsend
Pflanzenbedarf pro m²: 1
Verwendung: einzeln oder gruppenweise, toleriert Halbschatten, überhängend auf Mauerkronen, setzt Hagebutten an.

Rosa canina, **Hundsrose**

Profil: Rose der Feldmark, Urahne zahlreicher Gartensorten. Anspruchslos, Blüten mit lieblichem Wildrosenduft. Heimische Wildrose.
Herkunft: Europa
Blütenfarbe: zartrosa
Blütenfüllung: einfach
Blührhythmik: einmalblühend
Wuchshöhe: 150 bis 200 cm
Wuchsform: buschig

Rosa arvensis

Pflanzenbedarf pro m²: 1 bis 2
Verwendung: einzeln oder gruppenweise, für lockere Hecken, sehr frosthart, Pollenquelle, setzt Hagebutten an.

Rosa gallica, **Essigrose**

Profil: Älteste Kulturrose, mit Duft und vitaler Ausläuferbildung. Heimische Wildrose.
Herkunft: Europa
Blütenfarbe: rosa
Blütenfüllung: einfach
Blührhythmik: einmalblühend
Wuchshöhe: 80 bis 100 cm
Wuchsform: aufrecht
Pflanzenbedarf pro m²: 1 bis 2
Verwendung: einzeln oder gruppenweise, sehr frosthart, toleriert Halbschatten, stark bestachelt, setzt Hagebutten an.

Rosa glauca, **Hechtrose**

Profil: Heimische Wildrose mit ungewöhnlicher, bläulichroter Laubfarbe (siehe Seite 11). Braucht Platz, ideal für größere Gärten.

Rosa jundzillii

Herkunft: Europa
Blütenfarbe: hellrot
Blütenfüllung: einfach
Blührhythmik: einmalblühend
Wuchshöhe: 200 bis 300 cm
Wuchsform: buschig
Pflanzenbedarf pro m²: 1 bis 2
Verwendung: einzeln oder gruppenweise, toleriert Halbschatten, setzt Hagebutten an.

Rosa hugonis, Chinesische Goldrose, Seidenrose

Profil: Bereits ab Mai blühender Sommerbote mit gelber Blütenfarbe. Erhöhten Platzbedarf beachten!
Herkunft: China/Hemsley 1899
Blütenfarbe: gelb
Blütenfüllung: einfach
Blührhythmik: einmalblühend
Wuchshöhe: 200 bis 300 cm
Wuchsform: überhängend
Pflanzenbedarf pro m²: 1 bis 2
Verwendung: einzeln oder gruppenweise, für Heidegärten, Pollenquelle, setzt Hagebutten an.

Rosa jundzillii, Rauhbblättrige Rose

Profil: Besonders ergiebige Produzentin von vitaminreichen Hagebutten. Heimische Wildrose.
Herkunft: Europa
Blütenfarbe: rosa
Blütenfüllung: einfach
Blührhythmik: einmalblühend
Wuchshöhe: 150 bis 200 cm
Wuchsform: überhängend
Pflanzenbedarf pro m²: 1 bis 2
Verwendung: einzeln oder gruppenweise, toleriert Halbschatten, Pollenquelle, setzt Hagebutten an.

Rosa majalis, Mairose, Zimtrose

Profil: Selbst im Halbschatten und auf Trockenstandorten noch prächtig gedeihende Hagebuttenrose. Heimische Wildrose.
Herkunft: Nordost-Europa
Blütenfarbe: rosa
Blütenfüllung: einfach
Blührhythmik: einmalblühend
Wuchshöhe: 150 bis 200 cm
Wuchsform: buschig
Pflanzenbedarf pro m²: 1 bis 2
Verwendung: einzeln oder gruppenweise.

Rosa moyesii, Mandarinrose

Profil: Übermannshoher und sehr breiter Strauch, der im Herbst durch seine flaschenförmigen Hagebutten auffällt und der Vogelwelt als beliebte Nahrungsquelle dient.

Rosa moyesii

Herkunft: China 1890
Blütenfarbe: rot
Blütenfüllung: einfach
Blührhythmik: einmalblühend
Wuchshöhe: 200 bis 300 cm
Wuchsform: aufrecht
Pflanzenbedarf pro m²: 1 bis 2
Verwendung: einzeln oder gruppenweise, sehr frosthart, toleriert Halbschatten, für Heidegärten, Pollenquelle, setzt Hagebutten an.

Rosa nitida, Glanzrose

Profil: Rose mit ausgeprägter Herbstfärbung, durch kniehohen Wuchs und ausgeprägte Ausläu-

Rosa nitida

ferbildung ideal für niedrige, undurchdringliche Hecken.
Herkunft: Nordamerika 1807
Blütenfarbe: rosa
Blütenfüllung: einfach
Blührhythmik: einmalblühend
Wuchshöhe: 40 bis 60 cm
Wuchsform: buschig
Pflanzenbedarf pro m²: 4 bis 5
Verwendung: einzeln oder gruppenweise, für lockere Hecken, toleriert Halbschatten, stark bestachelt, setzt bereits Ende Juni Hagebutten an (!), Herbstfärbung.

Rosa pimpinellifolia, Dünenrose, Bibernellrose

Profil: Bekannte Dünenrose, an den Küsten des Nordens landschaftsprägendes Gehölz. Die cremefarbenen, sehr zart wirkenden Blütenschalen verströmen süßen Honigduft. Heimische Wildrose.
Herkunft: Europa
Blütenfarbe: cremefarben
Blütenfüllung: einfach
Blührhythmik: einmalblühend
Wuchshöhe: 100 bis 150 cm
Wuchsform: buschig
Pflanzenbedarf pro m²: 1 bis 2
Verwendung: einzeln oder gruppenweise, toleriert Halbschatten, für lockere Hecken, für Heidegärten, stark bestachelt, Pollenquelle, setzt schwarze (!) Hagebutten an.

Rosa rubiginosa, Weinrose, Schottische Zaunrose

Profil: Bekannte Heckenrose, gutes Vogelschutzgehölz. Heimische Wildrose.
Herkunft: Europa
Blütenfarbe: rosa
Blütenfüllung: einfach
Blührhythmik: einmalblühend
Wuchshöhe: 200 bis 300 cm
Wuchsform: überhängend
Pflanzenbedarf pro m²: 1 bis 2
Verwendung: einzeln oder gruppenweise, stark bestachelt, für lockere Hecken, Pollenquelle, setzt Hagebutten an, auch für Kübel.

Rosa sericea f. *pteracantha,* Stacheldrahtrose

Profil: Megawachser mit ungemein dekorativen, leuchtendroten, flügelartigen Stacheln (siehe Seite 11). Nur für größere Gärten.
Herkunft: China 1890
Blütenfarbe: weiß
Blütenfüllung: einfach
Blührhythmik: einmalblühend
Wuchshöhe: 200 bis 300 cm
Wuchsform: aufrecht
Pflanzenbedarf pro m²: 1 bis 2
Verwendung: einzeln oder gruppenweise, sehr frosthart, toleriert Halbschatten, für Heidegärten, stark bestachelt, bietet Hagebutten.

Rosa pimpinellifolia – **zarte Blütenschalen und schwarze Hagebutten.**

Rosen als Flächendecker

Flächenrosen finden wegen ihrer Robustheit mehr und mehr Eingang in die Hausgärten.

Flächenrosen

Der Begriff Flächenrosen faßt Rosensorten zusammen, die bislang unter den Bezeichnungen **Bodendeckerrosen** und/oder **Kleinstrauchrosen** angeboten werden.

Er nennt die wesentliche Funktion dieser robusten »Schwerarbeiter« unter den Rosen: Flächen pflegeleicht, schnell und lückenlos abzudecken. Obwohl sie diese Aufgabe hervorragend erfüllen, sind die wenigsten Sorten wirklich bodendeckend, d. h. höchstens kniehoch. Deshalb ist auch der Begriff »Bodendeckerrose« unglücklich gewählt. Er wird dieser »wuchsformvariabelsten« Rosengruppe nicht gerecht, die wie keine andere Rosenklasse eine so breite Wuchstypenpalette von flachwachsend bis

steif aufrecht zeigt. Daraus ergibt sich auch ein unterschiedlicher Pflanzenbedarf pro Quadratmeter, der zwischen zwei und sechs Pflanzen schwanken kann. Die meisten Sorten wachsen jedoch niedrig-buschig in Form eines kleinen Strauches. Diese sogenannten Kleinstrauchrosen bieten sich für kleinere Gärten als Alternative zu ihren wuchsstärkeren Kollegen aus der Strauchrosenklasse an, die mit ihrem Habitus den vorgegebenen Rahmen sprengen würden.

So reich an Wuchsformen die Flächenrosen sind, so arm sind sie an Farben – die meisten blühen rosa, einige weiß, wenige rot und erst seit kurzer Zeit stehen interessante gelbe Sorten zur Verfügung. Die Farbe Orange fehlt völlig.

Flächenrosen harmonieren vortrefflich mit Stauden. Sie gelten als ausgesprochen robust, frosthart und belastbar. Keine andere Rosenklasse hat in den letzten zehn Jahren mehr ADR-Prädikate eingeheimst als die Flächenrosen. Dies ändert aber nichts an der Tatsache, daß auch Flächenrosen auf eine gute Bodenvorbereitung vor dem Pflanzen angewiesen sind. Die Flächenbegrüner decken ab dem 3. Pflanzjahr Beete so dicht ab, daß die nur mäßig beliebte gärtnerische Tätigkeit des Unkrautzupfens fast völlig wegfällt. Voraussetzung dafür ist allerdings, daß die Fläche vor dem Pflanzen peinlich genau von allen Wurzelunkräutern befreit wurde und bis zum geschlossenen Rosenteppich auch unkrautfrei bleibt. Flächen-

Wer größere Flächen mit Blütenteppichen von Flächenrosen wie 'Heideröslein Nozomi' überziehen möchte, sollte unbedingt wurzelechtes, pflegeleichtes Pflanzgut verwenden.

rosen sind keine Wunderrosen, die hoffnungslos verunkrautete Bereiche quasi über Nacht mit einem Rosenschleier überziehen. Es hat sich bewährt, nach der Pflanzung die Bodenflächen zwischen den Rosen mit Rindenmulch (höchsten fünf Zentimeter hoch) abzudecken. Berücksichtigen Sie den durch die Aktivität der Bodenlebewesen erhöhten Stickstoffverbrauch und gleichen Sie ihn vor der Pflanzung durch entsprechende Düngergaben aus.

Sogar die Robustheit der Flächenrosen stößt an ihre Grenzen, wenn die Pflanzen auf vollschattigen Standorten oder im Tropfbereich dichter Baumkronen gepflanzt oder, treffender gesagt: gequält werden. Flächenrosen sind – wie alle Gartenrosen – ausgesprochene Sonnenkinder, die das Licht als Blütentreibstoff und Vitalitätsspender benötigen. Ein Zuviel an Sonne läßt jedoch auch manche Rose kapitulieren. Hier genießen auf exponierten Südlagen jedoch bestimmte Sorten, z. B. 'Alba Meidiland'®, 'Heidetraum'® oder 'The Fairy', durch ihre Kleinlaubigkeit deutliche Vorteile.

Pflegeleichter Fortschritt: wurzelechte Flächenrosen

Möchten Sie Flächenrosen zur Begrünung einer großen Fläche einsetzen, dann achten Sie beim Pflanzenkauf auf wurzelechte Ware. Wurzelechte Rosen werden in der Regel durch Stecklinge vermehrt. Eine Veredlungsunterlage fehlt, und so ist die Bildung lästi-

ger Wildtriebe ausgeschlossen. Alle Triebe sind »echt«. Wurzelechte Flächenrosen werden mit Wurzelballen in einem kleinen Plastikoder im mitpflanzbaren Altpapiertopf angeboten.

Wurzelechte Flächenrosen werden nur alle vier bis fünf Jahre im zeitigen Frühjahr maschinell, beispielsweise mit einem Mähbalken oder der Heckenschere, auf etwa 30 cm Höhe verjüngt. Bereits im darauffolgenden Sommer erfreuen die öfterblühenden Sorten wieder mit überreicher Blütenpracht. Flächenrosen sind gut selbstreinigend und auch in dieser Hinsicht vorteilhaft. In der Regel erübrigt sich ein Anhäufeln als Winterschutz für wurzelechte Rosen.

'Alba Meidiland'®

Profil: Weißes Pedant zu 'The Fairy'. Dicht gefüllte, kleine Blüten bilden einen ansprechenden Blütenteppich.
Züchter: Meilland 1987
Blütenfarbe: weiß

'Alba Meidiland'®

Blütenfüllung: gefüllt
Blührhythmik: öfterblühend, spätblühend
Wuchshöhe: 80 bis 100 cm
Wuchsform: buschig
Pflanzenbedarf pro m²: 3 bis 4
Verwendung: einzeln oder gruppenweise, sehr frosthart, Blüten regenfest, Südlagen ertragend, für Heidegärten, überhängend auf Mauerkronen, wurzelecht für Hanglagen, auf Dachgärten, als Stammrose mit 60 cm oder 90 cm Höhe, auch für Kübel, Tröge und Ampeln, gelbe Herbstfärbung, Schnittrose.

'Aspirin®-Rose'

Profil: Ganz in Weiß, zieht diese robuste, absolut problemlose Flächenrose den ganzen Sommer über die Blicke auf sich. Sehr hitzetolerant, meistert ohne Kopfschmerzen auch extreme Südlagen.
Züchter: Tantau 1997
Blütenfarbe: weiß
Blütenfüllung: gefüllt
Blührhythmik: öfterblühend, kontinuierlich
Wuchshöhe: 60 bis 80 cm
Wuchsform: buschig
Pflanzenbedarf pro m²: 3 bis 4
Verwendung: einzeln oder gruppenweise, Blüten regenfest, Südlagen ertragend, toleriert Halbschatten, robuste Sorte für Schrebergärten, wurzelecht für Hanglagen, auf Dachgärten, als Stammrose mit 90 cm oder 140 cm Höhe, auch für Kübel.
ADR-Prädikat: 1995

'Ballerina'

Profil: Unverwüstlicher Megablüher mit zahllosen Verwendungsmöglichkeiten. Pralle Blütenbüschel zieren die überhängend wachsenden Triebe.
Züchter: Bentall 1937
Blütenfarbe: rosa mit weißem Auge
Blütenfüllung: einfach
Blührhythmik: öfterblühend, kräftige Hauptblüte
Wuchshöhe: 60 bis 80 cm
Wuchsform: überhängend
Pflanzenbedarf pro m²: 3 bis 4

'Ballerina'

Verwendung: einzeln oder gruppenweise, für lockere Hecken, Blüten regenfest, Südlagen ertragend, toleriert Halbschatten, für Heidegärten, für Grabstellen, wurzelecht für Hanglagen, auf Dachgärten, als Stammrose mit 60 cm oder 90 cm Höhe, auch für Kübel, Tröge, Pollenquelle, setzt Hagebutten an.

'Bingo Meidiland' ®

Profil: Flächenrose mit gezähmtem Wuchs, ursprünglicher Blütenschönheit und bester Blattrobustheit. Sommerlange Pollenquelle.
Züchter: Meilland 1991
Blütenfarbe: rosa
Blütenfüllung: einfach
Blührhythmik: öfterblühend, kontinuierlich
Wuchshöhe: 40 bis 60 cm
Wuchsform: buschig
Pflanzenbedarf pro m²: 3 bis 4
Verwendung: einzeln oder gruppenweise, sehr frosthart, Blüten regenfest, Südlagen ertragend, robuste Sorte für Schrebergärten, für Heidegärten, wurzelecht für Hanglagen, auf Dachgärten, Pollenquelle.
ADR-Prädikat: 1994

'Celina' ®

Profil: Sehr interessante, gelbblühende (!) Flächenrose aus der Züchterwerkstatt Noack. Eine bedeutende Erweiterung der Farbpalette.
Züchter: Noack 1997
Blütenfarbe: gelb
Blütenfüllung: halb gefüllt
Blührhythmik: öfterblühend, kontinuierlich
Wuchshöhe: 60 bis 80 cm
Wuchsform: buschig
Pflanzenbedarf pro m²: 3 bis 4
Verwendung: einzeln oder gruppenweise, Blüten regenfest, Südlagen ertragend, toleriert Halbschatten, robuste Sorte für

'Celina' ®

Schrebergärten, wurzelecht für Hanglagen, auf Dachgärten, auch für Kübel.

'Heideröslein Nozomi' ®

Profil: Paßt in naturbetonte Gärten ebenso wie zu formalen Gartenstrukturen. Bewährter Flächenbegrüner.
Züchter: Onodera 1968
Blütenfarbe: perlmutt
Blütenfüllung: einfach
Blührhythmik: einmalblühend
Wuchshöhe: 40 bis 60 cm
Wuchsform: flach, schwachwüchsig
Pflanzenbedarf pro m²: 4 bis 5
Verwendung: einzeln oder gruppenweise, Blüten regenfest, Südlagen ertragend, toleriert Halbschatten, für Heidegärten, für Grabstellen, überhängend auf Mauerkronen, wurzelecht für Hanglagen, auf Dachgärten, als

Stammrose mit 140 cm Höhe, auch für Kübel und Tröge, Pollenquelle.

'Heidetraum' ®

Profil: Weltrose für unzählige Einsatzmöglichkeiten. Robust, blühwillig. Setzt nur in sehr heißen Klimazonen Hagebutten an, bei uns praktisch fruchtlos.
Züchter: Noack 1988
Blütenfarbe: rosa
Blütenfüllung: halbgefüllt
Blührhythmik: öfterblühend, spätblühend
Wuchshöhe: 60 bis 80 cm
Wuchsform: buschig
Pflanzenbedarf pro m²: 2 bis 3
Verwendung: einzeln oder gruppenweise, sehr frosthart, Blüten regenfest, Südlagen ertragend, toleriert Halbschatten, robuste Sorte für Schrebergärten, keine Hagebutten ansetzend, für Grabstellen, wurzelecht für Hanglagen, auf Dachgärten, als Stammrose mit 60 cm oder 90 cm Höhe, auch für Kübel, Tröge und Ampeln, Pollenquelle, Schnittrose.
ADR-Prädikat: 1990

'Lavender Dream' ®

Profil: Flächenrose mit Duft. Paßt ideal zu Stauden und Kleingehölzen.
Züchter: Interplant 1985
Blütenfarbe: lavendel
Blütenfüllung: halbgefüllt
Blührhythmik: öfterblühend, frühblühend

'Lavender Dream' ®

Wuchshöhe: 60 bis 80 cm
Wuchsform: niedrig buschig
Pflanzenbedarf pro m²: 2 bis 3
Verwendung: einzeln oder gruppenweise, Südlagen ertragend, wurzelecht für Hanglagen, auf Dachgärten, robuste Sorte für Schrebergärten.
ADR-Prädikat: 1987

'Lovely Fairy' ®

Profil: Pinkfarbene 'The Fairy'. Enorm pflegeleicht und hitzetolerant.
Züchter: Vurens/Spek 1992
Blütenfarbe: rosa
Blütenfüllung: gefüllt
Blührhythmik: öfterblühend, spätblühend
Wuchshöhe: 60 bis 80 cm
Wuchsform: buschig
Pflanzenbedarf pro m²: 3 bis 4
Verwendung: einzeln oder gruppenweise, Blüten regenfest, Südlagen ertragend, toleriert Halbschatten, für Heidegärten, überhängend auf Mauerkronen, wurzelecht für Hanglagen, auf

Dachgärten, als Stammrose mit 40 cm, 60 cm oder 90 cm Höhe, auch für Kübel und Tröge, Schnittrose.

'Mirato' ®

Profil: Pflegeleichte Flächenrose, die keine Arbeit macht. Robust, blühwillig, sonneliebend.
Züchter: Tantau 1990
Blütenfarbe: rosa
Blütenfüllung: gefüllt
Blührhythmik: öfterblühend, kontinuierlich
Wuchshöhe: 40 bis 60 cm
Wuchsform: buschig
Pflanzenbedarf pro m²: 3 bis 4
Verwendung: einzeln oder gruppenweise, Blüten regenfest, Südlagen ertragend, toleriert Halbschatten, robuste Sorte für Schrebergärten, für Heidegärten, für sonnige Grabstellen, wurzelecht für Hanglagen, auf Dachgärten, als Stammrose mit 40 cm,

'Mirato' ®

'Red Yesterday' ®

60 cm, 90 cm oder 140 cm Höhe, auch für Kübel, Tröge und Ampeln.
ADR-Prädikat: 1993

'Pink Meidiland' ®

Profil: Flächenrose mit reichlich Wildrosenblut. Sehr ergiebiger, sommerlanger Pollenspender, reicher Hagebuttenansatz.
Züchter: Meilland 1984
Blütenfarbe: pink/weiß
Blütenfüllung: einfach
Blührhythmik: öfterblühend, kontinuierlich
Wuchshöhe: 60 bis 80 cm
Wuchsform: überhängend
Pflanzenbedarf pro m²: 2 bis 3
Verwendung: einzeln oder gruppenweise, für lockere Hecken, sehr frosthart, Blüten regenfest, Südlagen ertragend, robuste Sorte für Schrebergärten, wurzelecht für Hanglagen, auf Dachgärten, Pollenquelle, setzt Hagebutten an.
ADR-Prädikat: 1987

'Red Yesterday' ®

Profil: Taucht Flächen in ein rotes Blütenmeer. Robuste und bewährte Hangrose.
Züchter: Harkness 1978
Blütenfarbe: rot mit weißem Auge
Blütenfüllung: einfach
Blührhythmik: öfterblühend, kontinuierlich
Wuchshöhe: 60 bis 80 cm
Wuchsform: überhängend
Pflanzenbedarf pro m²: 2 bis 3
Verwendung: einzeln oder gruppenweise, für lockere Hecken, Blüten regenfest, Südlagen ertragend, robuste Sorte für Schrebergärten, wurzelecht für Hanglagen, auf Dachgärten, auch für Kübel, Pollenquelle.
ADR-Prädikat: 1980

'Royal Bassino' ®

Profil: Bringt Flächen, Beete und Hänge mit ihrer kräftigen roten Blütenfarbe zum Leuchten. Enorm hitzeverträglich und farbstabil.
Züchter: Kordes 1991
Blütenfarbe: rot
Blütenfüllung: halbgefüllt
Blührhythmik: öfterblühend, kontinuierlich
Wuchshöhe: 40 bis 60 cm
Wuchsform: buschig
Pflanzenbedarf pro m²: 2 bis 3
Verwendung: Hausgarten, einzeln oder gruppenweise, Blüten regenfest, Südlagen ertragend, für Heidegärten, überhängend auf Mauerkronen, wurzelecht für Hanglagen, auf Dachgärten, Pollenquelle, setzt Hagebutten an.

'Satina' ®

Profil: Rosafarbene Flächenrose der neuen Generation – robust, anspruchslos, blühwillig.
Züchter: Tantau 1992
Blütenfarbe: rosa
Blütenfüllung: gefüllt
Blührhythmik: öfterblühend, kontinuierlich
Wuchshöhe: 40 bis 60 cm
Wuchsform: buschig
Pflanzenbedarf pro m²: 4 bis 5
Verwendung: einzeln oder gruppenweise, Blüten regenfest, Südlagen ertragend, toleriert Halbschatten, wurzelecht für Hanglagen, auf Dachgärten, als Stammrose mit 90 cm oder 140 cm Höhe, auch für Kübel.

'Sommerabend' ®

Profil: Diese Neuheit besitzt das Potential, die bestimmende rote Flächenrose der nächsten Jahre zu

'Sommerabend' ®

werden. Sehr hitzetolerant, blüh-vital, den Boden dicht abdeckend.
Züchter: Kordes 1995
Blütenfarbe: rot
Blütenfüllung: einfach
Blührhythmik: öfterblühend, kontinuierlich
Wuchshöhe: 30 bis 40 cm
Wuchsform: flach, starkwachsend
Pflanzenbedarf pro m²: 2 bis 3
Verwendung: einzeln oder grup-penweise, Blüten regenfest, Süd-lagen ertragend, robuste Sorte für Schrebergärten, wurzelecht für Hanglagen, auf Dachgärten, Pol-lenquelle.
ADR–Prädikat: 1996

'Sommermärchen' ®

Profil: Multifunktionaler Flächen-arbeiter, der bestens mit Stauden und Gehölzen harmoniert.
Züchter: Kordes 1992
Blütenfarbe: pink
Blütenfüllung: halbgefüllt
Blührhythmik: öfterblühend, spätblühend
Wuchshöhe: 40 bis 60 cm
Wuchsform: buschig
Pflanzenbedarf pro m²: 3 bis 4
Verwendung: einzeln oder grup-penweise, Blüten regenfest, Süd-lagen ertragend, robuste Sorte für Schrebergärten, wurzelecht für Hanglagen, aúf Dachgärten, als Stammrose mit 40 cm, 60 cm oder 90 cm Höhe, auch für Tröge, Pol-lenquelle.

'Sommerwind' ®

Profil: Großblumige 'The Fairy', als Flächen- wie als Beetrose einsetz-bar. Kommt auch auf weniger rosengeeigneten Standorten zu-recht.
Züchter: Kordes 1985
Blütenfarbe: rosa
Blütenfüllung: halbgefüllt
Blührhythmik: öfterblühend, kontinuierlich
Wuchshöhe: 40 bis 60 cm
Wuchsform: buschig
Pflanzenbedarf pro m²: 3 bis 4
Verwendung: einzeln oder grup-penweise, sehr frosthart, Blüten regenfest, Südlagen ertragend, to-leriert Halbschatten, robuste Sor-te für Schrebergärten, für Grab-stellen, wurzelecht für Hanglagen, auf Dachgärten, als Stammrose mit 40 cm, 60 cm oder 90 cm Höhe, auch für Kübel und Tröge, Pollenquelle.
ADR–Prädikat: 1987

'Sommerwind' ®

'Sonnenschirm' ®

Profil: Eine der interessantesten gelben Flächenrosen. Ungewöhn-lich große Blüten, beste Bodenab-deckung.
Züchter: Tantau 1993
Blütenfarbe: gelb

'Sonnenschirm' ®

Blütenfüllung: gefüllt
Blührhythmik: öfterblühend, kontinuierlich
Wuchshöhe: 40 bis 60 cm
Wuchsform: buschig
Pflanzenbedarf pro m²: 3 bis 4
Verwendung: einzeln oder grup-penweise, für lockere Hecken, Blüten regenfest, Südlagen er-tragend, für Heidegärten, über-hängend auf Mauerkronen, wur-zelecht für Hanglagen, auf Dach-gärten, als Stammrose mit 60 cm, 90 cm oder 140 cm Höhe, auch für Kübel und Tröge, Pollenquelle.

'Swany' ®

Profil: Nach wie vor ideale, strah-lendweiße Mauer- und Stamm-rose. Als Beetrose in Erdnähe an-fällig für Sternrußtau.

Züchter: Meilland 1977
Blütenfarbe: weiß
Blütenfüllung: gefüllt
Blührhythmik: öfterblühend, kontinuierlich
Wuchshöhe: 40 bis 60 cm
Wuchsform: flach, schwachwüchsig
Pflanzenbedarf pro m²: 3 bis 4
Verwendung: einzeln oder gruppenweise, Blüten regenfest, überhängend auf Mauerkronen, wurzelecht für Hanglagen, auf Dachgärten, als Stammrose mit 40 cm, 60 cm oder 90 cm Höhe, auch für Kübel, Tröge, Ampeln.

'The Fairy'

Profil: Harrte fast fünfzig Jahre auf ihre Entdeckung, um dann zur erfolgreichsten Flächenrose der 90er Jahre zu avancieren. Vielseitiger, problemloser Flächen- und Stammrosen-Klassiker.
Züchter: Bentall 1932
Blütenfarbe: rosa
Blütenfüllung: gefüllt
Blührhythmik: öfterblühend, spätblühend
Wuchshöhe: 60 bis 80 cm
Wuchsform: buschig

'The Fairy'

Pflanzenbedarf pro m²: 4 bis 5
Verwendung: einzeln oder gruppenweise, sehr frosthart, Blüten regenfest, Südlagen ertragend, toleriert Halbschatten, robuste Sorte für Schrebergärten, für Heidegärten, für Grabstellen, überhängend auf Mauerkronen, wurzelecht für Hanglagen, auf Dachgärten, als Stammrose mit 40 cm, 60 cm, 90 cm oder 140 cm Höhe, auch für Kübel, Tröge und Ampeln, gelbe Herbstfärbung, Schnittrose.

'White Meidiland' ®

Profil: Flächenrose mit den größten Blütenbällen. Hitze- und mehltautolerant, Blüten neigen in niederschlagsreichen Gebieten zur Mumienbildung.
Züchter: Meilland 1985
Blütenfarbe: weiß
Blütenfüllung: stark gefüllt
Blührhythmik: öfterblühend, starke Hauptblüte
Wuchshöhe: 40 bis 60 cm
Wuchsform: niedrig buschig
Pflanzenbedarf pro m²: 4 bis 5
Verwendung: einzeln oder gruppenweise, toleriert Halbschatten, für Grabstellen, wurzelecht für Hanglagen, auf Dachgärten, auch für Kübel, Schnittrose.

Rugosa–Rosen

Rugosa-Rosen bilden eine besondere Gruppe unter den Flächenrosen. Sie gelten, sofern sie auf eigener Wurzel stehen, als die

Die Hagebutten der Rugosa-Rosen sind ungewöhnlich groß und reich an Inhaltsstoffen – beliebt bei Vögeln (Bild oben) und ideal für Rezepte.

Rosen mit der größten Salzverträglichkeit. Ihre Hagebutten sind ungewöhnlich groß und besonders ergiebig in puncto Fruchtfleisch. Ihre Blüten verströmen einen intensiven Duft, ihr Laub verabschiedet sich im Herbst mit einer gelben Färbung. Als nachteilig wird die Regenempfindlichkeit der Blüten betrachtet (Mumienbildung, siehe Seite 71) und die Neigung der Pflanzen, auf kalkreichen Böden mit hohen pH-Werten gelbe Laubfärbungen (Chlorosen) zu entwickeln. Dem steif-aufrechten Wuchs der Rugosa-Rosen und der damit einhergehenden arttypischen Vergreisung wirkt ein jährlicher Schnitt entgegen.

Diese Vor- und Nachteile sollten Gartenfreunde vor der Verwendung von Rugosa-Rosen im Hausgarten abwägen. In öffentlichen Grünanlagen zählen sie seit Jahren zu den robustesten und pflegeextensivsten Pflanzen. Ihre einfachen bis halbgefüllten Blüten locken den gesamten Sommer über Bienen an. Die starke Bestachelung der Triebe bietet zudem zahlreichen Kleintieren sicheren Unterschlupf.

'Gelbe Dagmar Hastrup'®

Profil: Beste gelbe Rugosa-Sorte. Robust, mit Duft.
Züchter: Moore 1989
Blütenfarbe: gelb
Blütenfüllung: halbgefüllt
Blührhythmik: öfterblühend, starke Hauptblüte
Wuchshöhe: 60 bis 80 cm
Wuchsform: aufrecht
Pflanzenbedarf pro m²: 3 bis 4
Verwendung: einzeln oder gruppenweise, sehr frosthart, toleriert Halbschatten, auf eigener Wurzel salztolerant, für Grabstellen, gelbe Herbstfärbung, Pollenquelle.

'Pierette'®

Profil: Beste niedrig wachsende Rugosa-Sorte, gut bodenabdeckend. Laub und Blüten duften.
Züchter: Uhl 1989

'Gelbe Dagmar Hastrup'®

Blütenfarbe: rosa
Blütenfüllung: gefüllt
Blührhythmik: öfterblühend, starke Hauptblüte
Wuchshöhe: 60 bis 80 cm
Wuchsform: buschig
Pflanzenbedarf pro m²: 3 bis 4
Verwendung: einzeln oder gruppenweise, sehr frosthart, Südlagen ertragend, toleriert Halbschatten, auf eigener Wurzel salztolerant, robuste Sorte für Schrebergärten, für Grabstellen, gelbe Herbstfärbung, Pollenquelle.
ADR-Prädikat: 1992

'Polarsonne'®

Profil: Rugosa-Sorte mit unübertroffener Frosthärte. Duft.
Züchter: Strobel 1991
Blütenfarbe: rot
Blütenfüllung: gefüllt
Blührhythmik: öfterblühend, starke Hauptblüte
Wuchshöhe: 60 bis 80 cm

Wuchsform: buschig
Pflanzenbedarf pro m²: 3 bis 4
Verwendung: einzeln oder gruppenweise, sehr frosthart, Südlagen ertragend, toleriert Halbschatten, auf eigener Wurzel salztolerant, gelbe Herbstfärbung, Pollenquelle, setzt viele Hagebutten an.

'Schnee-Eule'®

Profil: Beste weiße Rugosa-Sorte mit flächendeckendem Wuchs. Duft, ausgezeichnete Blattrobustheit.
Züchter: Uhl 1989
Blütenfarbe: weiß
Blütenfüllung: gefüllt
Blührhythmik: öfterblühend, starke Hauptblüte
Wuchshöhe: 40 bis 60 cm
Wuchsform: aufrecht
Pflanzenbedarf pro m²: 3 bis 4
Verwendung: einzeln oder gruppenweise, für lockere Hecken, sehr frosthart, Südlagen ertragend, toleriert Halbschatten, auf eigener Wurzel salztolerant, für Grabstellen, gelbe Herbstfärbung, Pollenquelle, setzt viele Hagebutten an.

'Schnee-Eule'®

Rosen für Beetpflanzungen

Mit Beetrosen kann man eigentlich nicht viel falsch machen. Sie sind robust, blühwillig und pflegeleicht.

Beetrosen

Der Begriff Beetrosen bezeichnet gruppenübergreifend alle Rosensorten, die früher je nach ihrer Blütenform und -größe in Po-lyantha- bzw. Floribundarosen eingeteilt wurden. Als Polyantharosen galten niedrig wachsende Beetrosen mit großen, viele kleinblumige Blüten tragenden Blütenständen. Aus ihnen entstanden die Floribundarosen – großblumige, winterharte, niedrige und öfterblühende Beetrosen, deren edle, gefüllte Blütenform an die der Edelrosen erinnerte. Durch immer zahlreicher werdende Sorten, deren botanische Merkmale keine klare Zuordnung zu einer dieser Gruppen zuließen, etwa den Flori-bunda-Grandiflora-Rosen, geriet die ursprüngliche Einteilung auch für Experten zunehmend durcheinander.

Für jeden Gartenfreund, der mit Beetrosen im Garten arbeiten möchte, genügt es, folgendes zu wissen: Beetrosen sind öfterblühende Rosen mit kompaktem, etwa kniehohem Wuchs. Alle Beetrosen bilden gut verzweigte Triebe, die Blütenbüschel mit zahlreichen Einzelblüten in Rot, Rosa, Weiß und Gelb tragen. Keine andere Rosengruppe besitzt einen größeren Reichtum an Blütenformen – von einfachen bis hin zu stark gefüllten, edelrosengleichen Blüten fehlt keine mögliche Variante. Viele Beetrosen harmonieren vortrefflich mit Stauden und sind außerdem hervorragende, blütenergiebige Schnittrosen.

Der wichtigste und deshalb auch in ihrem Namen enthaltene Verwendungshinweis für die Beetrosen, nämlich in Gartenbeeten zusammen mit Stauden und Gehölzen problemlos eingesetzt werden zu können, schließt zwei andere Rosengruppen von der Zuordnung zu ihnen aus: die Edel- und die Zwergrosen. Zwergrosensorten gelten wegen ihrer nicht ausreichenden Robustheit in Beetanordnungen als enorm pflegeaufwendig und empfehlen sich eher für Kübelarrangements. Edelrosen sind mit ihrem staksigen, hochbeinigen Wuchs nur sehr eingeschränkt für gemischte, beetdeckende Farbeinsätze zu gebrauchen.

Beetrosen sorgen für flächige Farbeffekte im sonnigen Haus- und Vorgarten.

Bei den Beetrosen dagegen ist der Name Programm. Sie sind teamfähig und haben, in mehr oder weniger großen Gruppen gepflanzt, auf Beeten und Rabatten eine bemerkenswerte Flächen- und Fernwirkung. Dabei gilt: Je großflächiger ihr Einsatz geplant ist, desto mehr Augenmerk muß bei der Sortenauswahl auf die Robustheit gelegt werden.

'Amber Queen'®

Profil: Ungemein ansprechende Blütenfarbe, die im Bereich der Ziergehölze ihresgleichen sucht. Robuste Sorte.
Züchter: Harkness 1984
Blütenfarbe: aprikot
Blütenfüllung: gefüllt
Blührhythmik: öfterblühend, kräftige Hauptblüte
Wuchshöhe: 40 bis 60 cm
Wuchsform: aufrecht
Pflanzenbedarf pro m²: 5 bis 6
Verwendung: einzeln oder gruppenweise, Blüten regenfest, robuste Sorte für Schrebergärten, als Stammrose mit 90 cm Höhe, auch für Kübel, Schnittrose.

'Bella Rosa'®

Profil: Regenfeste und hitzetolerante »Schöne Rose«, zu vielen Stauden passend.
Züchter: Kordes 1982
Blütenfarbe: rosa
Blütenfüllung: gefüllt
Blührhythmik: öfterblühend, spätblühend

Wuchshöhe: 60 bis 80 cm
Wuchsform: buschig
Pflanzenbedarf pro m²: 5 bis 6
Verwendung: einzeln oder gruppenweise, Blüten regenfest, Südlagen ertragend, als Stammrose mit 90 cm Höhe, auch für Kübel und Tröge, Schnittrose.

'Bonica®'82'

'Bonica®'82'

Profil: Frosthärteste und vielseitig einsetzbare Beetrose. Geht praktisch ohne nennenswerte Erfrierungen durch eisigstes Winterwetter.
Züchter: Meilland 1982
Blütenfarbe: rosa
Blütenfüllung: gefüllt
Blührhythmik: öfterblühend, kräftige Hauptblüte
Wuchshöhe: 60 bis 80 cm
Wuchsform: buschig
Pflanzenbedarf pro m²: 4 bis 5
Verwendung: einzeln oder gruppenweise, äußerst frosthart, Blüten regenfest, Südlagen ertragend, toleriert Halbschatten, robuste Sorte für Schrebergärten, für Grabstellen, als Stammrose

mit 60 cm oder 90 cm Höhe, auch für Kübel und Tröge, Pollenquelle, setzt Hagebutten an, Schnittrose.
ADR–Prädikat: 1982

'Chorus'®

Profil: Empfehlenswerte und bewährte rote Beetrose für lichtverwöhnte Standorte.
Züchter: Meilland 1975
Blütenfarbe: rot
Blütenfüllung: gefüllt
Blührhythmik: öfterblühend, kontinuierlich
Wuchshöhe: 60 bis 80 cm
Wuchsform: aufrecht
Pflanzenbedarf pro m²: 5 bis 6
Verwendung: einzeln oder gruppenweise, Südlagen ertragend, robuste Sorte für Schrebergärten.
ADR–Prädikat: 1977

'Chorus'®

'Duftwolke'®

Profil: Beetrosen-Klassiker mit intensivem, einzigartigem Duft.
Züchter: Tantau 1963
Blütenfarbe: rot
Blütenfüllung: gefüllt

Blührhythmik: öfterblühend, kräftige Hauptblüte
Wuchshöhe: 60 bis 80 cm
Wuchsform: buschig
Pflanzenbedarf pro m²: 5 bis 6
Verwendung: einzeln oder gruppenweise, robuste Sorte für Schrebergärten, als Stammrose mit 60 cm oder 90 cm Höhe, auch für Kübel, Schnittrose, Blüten für Rosenrezepte geeignet.
ADR-Prädikat: 1964

'Edelweiß' ®

'Edelweiß' ®

Profil: Pflegeleichte Beetrose in Weiß, ideal zu kunterbunten Stauden.
Züchter: Poulsen 1969
Blütenfarbe: weiß
Blütenfüllung: gefüllt
Blührhythmik: öfterblühend, kräftige Hauptblüte
Wuchshöhe: 40 bis 60 cm
Wuchsform: aufrecht
Pflanzenbedarf pro m²: 5 bis 6
Verwendung: einzeln oder gruppenweise, Blüten regenfest, Süd-

lagen ertragend, toleriert Halbschatten, robuste Sorte für Schrebergärten.
ADR-Prädikat: 1970

'Escapade' ®

Profil: Sommerlange Pollentankstelle für Hummeln und Bienen in Gärten aller Art. Strahlt sehr viel Wildrosencharme aus.
Züchter: Harkness 1967
Blütenfarbe: lila/weiß
Blütenfüllung: halbgefüllt
Blührhythmik: öfterblühend, kontinuierlich
Wuchshöhe: 80 bis 100 cm
Wuchsform: buschig
Pflanzenbedarf pro m²: 4 bis 5
Verwendung: einzeln oder gruppenweise, für lockere Hecken, Blüten regenfest, toleriert Halbschatten, robuste Sorte für Schrebergärten, für Grabstellen, auch für Kübel, Pollenquelle, setzt Hagebutten an.
ADR-Prädikat: 1973

'Escapade' ®

'Focus' ®

'Focus' ®

Profil: Eine betont kompaktbuschig wachsende Neuheit, die mit ihrer lachsorangefarbenen Blüte an die weltberühmte 'Super Star' erinnert. Sehr robust, enorm blühwillig.
Züchter: Noack 1997
Blütenfarbe: lachsorange
Blütenfüllung: gefüllt
Blührhythmik: öfterblühend, starke Hauptblüte
Wuchshöhe: 60 bis 80 cm
Wuchsform: buschig
Pflanzenbedarf pro m²: 4 bis 5
Verwendung: einzeln oder gruppenweise, Blüten regenfest, Südlagen ertragend, toleriert Halbschatten, robuste Sorte für Schrebergärten, als Stammrose mit 90 cm Höhe, auch für Kübel, Schnittrose.

'Friesia' ®

Profil: Bewährter gelber Beetrosenklassiker mit Duft (!).
Züchter: Kordes 1973
Blütenfarbe: gelb
Blütenfüllung: gefüllt
Blührhythmik: öfterblühend, frühblühend
Wuchshöhe: 60 bis 80 cm
Wuchsform: aufrecht
Pflanzenbedarf pro m²: 5 bis 6
Verwendung: einzeln oder gruppenweise, Blüten regenfest, Südlagen ertragend, robuste Sorte für Schrebergärten, als Stammrose mit 90 cm Höhe, auch für Kübel und Tröge.
ADR-Prädikat: 1973

'Friesia' ®

'La Paloma' ® '85'

Profil: Weiße Beetrose der Extraklasse mit edelrosengleichen Blüten.
Züchter: Tantau 1985
Blütenfarbe: weiß
Blütenfüllung: gefüllt
Blührhythmik: öfterblühend, starke Hauptblüte

Wuchshöhe: 60 bis 80 cm
Wuchsform: buschig
Pflanzenbedarf pro m²: 5 bis 6
Verwendung: einzeln oder gruppenweise, als Stammrose mit 90 cm Höhe, auch für Kübel.

'La Sevillana' ®

Profil: Locker und beschwingt wachsende, rote Beetrose. Sehr gefällige Erscheinung mit großer Fernwirkung.
Züchter: Meilland 1978
Blütenfarbe: rot
Blütenfüllung: halbgefüllt
Blührhythmik: öfterblühend, kontinuierlich
Wuchshöhe: 60 bis 80 cm
Wuchsform: buschig
Pflanzenbedarf pro m²: 5 bis 6
Verwendung: einzeln oder gruppenweise, für lockere Hecken, sehr frosthart, Blüten regenfest, Südlagen ertragend, toleriert Halbschatten, robuste Sorte für Schrebergärten, auch für Kübel und Tröge, Pollenquelle, setzt Hagebutten an.
ADR-Prädikat: 1979

'Mariandel' ®

Profil: Kerngesunde Beetrose, deren dunkelrote Blüte gut mit dem sattgrünen Laub harmoniert.
Züchter: Kordes 1984
Blütenfarbe: rot
Blütenfüllung: gefüllt
Blührhythmik: öfterblühend, kräftige Hauptblüte
Wuchshöhe: 40 bis 60 cm

Wuchsform: buschig
Pflanzenbedarf pro m²: 5 bis 6
Verwendung: einzeln oder gruppenweise, als Stammrose mit 90 cm Höhe.

'Montana' ®

Profil: Auf nährstoffreichen Standorten betont straff aufrecht und hoch wachsend. Roter Beetrosen-Klassiker ohne Verfalldatum.
Züchter: Tantau 1974
Blütenfarbe: rot
Blütenfüllung: gefüllt
Blührhythmik: öfterblühend, kontinuierlich
Wuchshöhe: 80 bis 100 cm
Wuchsform: aufrecht
Pflanzenbedarf pro m²: 4 bis 5
Verwendung: einzeln oder gruppenweise, Südlagen ertragend, toleriert Halbschatten, robuste Sorte für Schrebergärten, als Stammrose mit 90 cm Höhe.
ADR-Prädikat: 1974

'Montana' ®

'NDR 1 Radio Niedersachsen' ®

'NDR 1 Radio Niedersachsen' ®

Profil: Fast eine kleine Strauchrose, daher genügen 3 bis 4 Pflanzen pro m². (Nebenbei bemerkt: Ein fester Teil der Verkaufserlöse geht an die Stiftung des Europa-Rosariums Sangerhausen, um dessen Erhaltung zu sichern. Wer zu diesem guten Zweck etwas beitragen möchte, kann die Anzahl der Rosenpflanzen pro m² in seinem Garten erhöhen).
Züchter: Kordes 1996
Blütenfarbe: rosa
Blütenfüllung: halbgefüllt
Blührhythmik: öfterblühend, kontinuierlich
Wuchshöhe: 80 bis 100 cm
Wuchsform: aufrecht
Pflanzenbedarf pro m²: 3 bis 4
Verwendung: einzeln oder gruppenweise, sehr frosthart, robuste Sorte für Schrebergärten, Blüten regenfest, Südlagen ertragend, toleriert Halbschatten, für Grabstellen, auch für Kübel.

'Rosali ® '83'

Profil: Dichtlaubige, robuste, enorm blühwillige Beetrose in Rosa.
Züchter: Tantau 1983
Blütenfarbe: rosa
Blütenfüllung: gefüllt
Blührhythmik: öfterblühend, starke Hauptblüte
Wuchshöhe: 60 bis 80 cm
Wuchsform: buschig
Pflanzenbedarf pro m²: 5 bis 6
Verwendung: einzeln oder gruppenweise.

'Rosenprofessor Sieber' ®

Profil: Der Name bürgt für eine ADR-Rose von höchster Vitalität und Widerstandsfähigkeit.

'Rosenprofessor Sieber' ®

Züchter: Kordes 1997
Blütenfarbe: rosa
Blütenfüllung: gefüllt
Blührhythmik: öfterblühend, kontinuierlich
Wuchshöhe: 60 bis 80 cm
Wuchsform: buschig
Pflanzenbedarf pro m²: 4 bis 5

Verwendung: einzeln oder gruppenweise, Blüten regenfest, Südlagen ertragend, toleriert Halbschatten, robuste Sorte für Schrebergärten, für Grabstellen, auch für Kübel.
ADR-Prädikat: 1996

'Rumba' ®

Profil: Kunterbunte Beetrose für optimale Standorte. Bewährte und ergiebige Schnittrose.
Züchter: Poulsen 1960
Blütenfarbe: aprikot/gelb
Blütenfüllung: gefüllt
Blührhythmik: öfterblühend, starke Hauptblüte
Wuchshöhe: 60 bis 80 cm
Wuchsform: buschig
Pflanzenbedarf pro m²: 5 bis 6
Verwendung: einzeln oder gruppenweise, Schnittrose.

'Schneeflocke' ®

Profil: Weiße Beetrose der Spitzenklasse. Auch als Flächenrose einsetzbar. Verträgt starke Sonneneinstrahlungen.
Züchter: Noack 1991
Blütenfarbe: weiß
Blütenfüllung: halbgefüllt
Blührhythmik: öfterblühend, frühblühend
Wuchshöhe: 40 bis 60 cm
Wuchsform: buschig
Pflanzenbedarf pro m²: 4 bis 5
Verwendung: einzeln oder gruppenweise, Blüten regenfest, hitzetolerant, robuste Sorte für Schrebergärten, für Grabstellen, als

'Schneeflocke' ®

Stammrose mit 60 cm oder 90 cm Höhe, auch für Kübel, Pollenquelle.
ADR-Prädikat: 1991

'Sommermorgen' ®

Profil: Breitbuschige Beetrose für zahllose Gartensituationen. Ideale Kombi-Rose für Staudengärten.
Züchter: Kordes 1991
Blütenfarbe: rosa
Blütenfüllung: gefüllt
Blührhythmik: öfterblühend, spätblühend
Wuchshöhe: 60 bis 80 cm
Wuchsform: buschig
Pflanzenbedarf pro m²: 4 bis 5
Verwendung: einzeln oder gruppenweise, Blüten regenfest, Südlagen ertragend, toleriert Halbschatten, als Stammrose mit 90 cm Höhe.

Zwergrosen (hier: 'Pink Symphonie' ®) zieren als Willkommensgruß an der Hauswand. Wichtig ist die Kastengröße, die mindestens 25 cm in Tiefe und Höhe betragen sollte.

'The Queen Elizabeth Rose' ®

Profil: Auffallend hochbeinig, unverwüstliches Blühwunder.
Züchter: Lammerts 1954
Blütenfarbe: rosa
Blütenfüllung: gefüllt
Blührhythmik: öfterblühend, kontinuierlich
Wuchshöhe: 100 bis 150 cm
Wuchsform: aufrecht
Pflanzenbedarf pro m²: 4 bis 5
Verwendung: einzeln oder gruppenweise, für lockere Hecken, sehr frosthart, Blüten regenfest, Südlagen ertragend, toleriert Halbschatten, setzt Hagebutten an.

Hinweis: Weitere Beetrosen finden sich in der Gruppe der **Alten Rosen** ('Gruß an Aachen', 'Rose de Resht', Seite 18ff.) und bei den **Romantischen Nostalgierosen** ('Ballade' ®, 'Bernstein Rose' ®, 'Leonardo da Vinci' ®, Seite 23f.).

Zwergrosen

Die Zwerge unter den Rosen werden kaum über dreißig Zentimeter hoch. Klein von Wuchs, groß an Blütenreichtum – keine andere Rosenklasse bietet mehr Rosenblüten auf kleinstem Raum. (Dennoch werden Zwergrosen vergleichsweise wenig eingesetzt. Ganz im Gegensatz zu den USA, wo Miniaturrosen als sogenannte **Patiorosen** der Renner sind.)

Zwergrosen eignen sich vor allem für die Bepflanzung von Balkonkästen, unter optimalen Bedingungen passen sie auch in den Garten und Steingarten. Ihr Laub ist zierlich klein und leider in puncto Robustheit etwas heikel. Viele Sorten sind anfällig für Pilzkrankheiten, die dann nur noch durch mehrere Spritzungen mit pilzabtötenden Mitteln während der Sommermonate bekämpft werden können. Um das zu ver-

meiden, sollten Sie für Zwergrosen unbedingt einen sonnen- und luftumspielten Standort auswählen und sie niemals über das Laub gießen. Sternrußtaupilze verbreiten sich aus der Erde. Da das Zwergrosenlaub sehr tief und nahe an der Bodenoberfläche sitzt, ist es besonders gefährdet. Die Probleme mit dieser Krankheit lassen deutlich nach, wenn die Blätter einer wesentlich kleineren Erdoberfläche ausgesetzt sind. Deshalb ist ein Platz im Trog oder Balkonkasten für Zwergrosen ideal.

Im Handel finden sich zwei Angebotsformen von Zwergrosen: Die stecklingsvermehrten **Topfrosen** werden eigens für den Standort Zimmer selektiert. Sie sind für den Garten wegen ihrer mangelnden Blattrobustheit und Frosthärte meist ungeeignet. Gartengerechter sind veredelte **Zwergrosen.** Durch die Wuchskraft der Unterlage wachsen sie etwas stärker und sind robuster als die Topfrosen aus dem Gewächshaus.

'Orange Meillandina' ®

Profil: Die orangerote Leuchtkraft des rosigen Däumlings ist bislang in dieser Rosengruppe unübertroffen.
Züchter: Meilland 1980
Blütenfarbe: orangerot
Blütenfüllung: gefüllt
Blührhythmik: öfterblühend, starke Hauptblüte
Wuchshöhe: 30 bis 40 cm
Wuchsform: aufrecht

Pflanzenbedarf pro m²: 8 bis 9
Verwendung: bei idealer Lage im Hausgarten, einzeln oder gruppenweise, als Stammrose mit 40 cm Höhe, auch für Kübel, Tröge und Kästen.

'Peach Meillandina' ®

Profil: Aprikot-orange gefärbter Rosenzwerg für Gefäße aller Art.
Züchter: Meilland 1991
Blütenfarbe: aprikot
Blütenfüllung: gefüllt
Blührhythmik: öfterblühend, starke Hauptblüte
Wuchshöhe: 30 bis 40 cm
Wuchsform: aufrecht
Pflanzenbedarf pro m²: 8 bis 9
Verwendung: bei idealer Lage im Hausgarten, einzeln oder gruppenweise, als Stammrose mit 40 cm Höhe, auch für Kübel, Tröge und Kästen.

'Pink Symphonie' ®

Profil: Robuste Zwergrose mit überraschender Vitalität und Widerstandsfähigkeit.
Züchter: Meilland 1987
Blütenfarbe: rosa
Blütenfüllung: gefüllt
Blührhythmik: öfterblühend, kräftige Hauptblüte
Wuchshöhe: 30 bis 40 cm
Wuchsform: aufrecht
Pflanzenbedarf pro m²: 8 bis 9
Verwendung: bei idealer Lage im Hausgarten, einzeln oder gruppenweise, Blüten regenfest, Südlagen ertragend, für sonnige

Grabstellen, als Stammrose mit 40 cm oder 60 cm Höhe, auch für Kübel, Tröge und Kästen.

'Rosmarin' ® '89'

Profil: Liebliche Zwergsorte mit rosettenartig gefüllten Blüten.
Züchter: Kordes 1989
Blütenfarbe: rosa
Blütenfüllung: gefüllt
Blührhythmik: öfterblühend, kräftige Hauptblüte
Wuchshöhe: 30 bis 40 cm
Wuchsform: aufrecht
Pflanzenbedarf pro m²: 8 bis 9
Verwendung: bei idealer Lage im Hausgarten, einzeln oder gruppenweise, Blüten regenfest, für sonnige Grabstellen, als Stammrose mit 40 cm Höhe, auch für Kübel, Tröge und Kästen.

'Sonnenkind' ®

Profil: Beste gelbe Rose en miniature für Kästen und kleinere Gefäße.

'Zwergkönig ® '78'

Die Edelrose 'Aachener Dom' ®
ist typisch für ihre Klasse: Elegante,
schlanke Edelblüten lassen die Herzen
der Rosenfreunde höher schlagen.

Züchter: Kordes 1986
Blütenfarbe: gelb
Blütenfüllung: gefüllt
Blührhythmik: öfterblühend,
kräftige Hauptblüte
Wuchshöhe: 30 bis 40 cm
Wuchsform: aufrecht
Pflanzenbedarf pro m²: 8 bis 9
Verwendung: bei idealer Lage im
Hausgarten, einzeln oder grup-
penweise, für sonnige Grabstellen,
als Stammrose mit 40 cm Höhe,
auch für Kübel, Tröge und Kästen.

'Zwergkönig ® '78'

Profil: Zwergrose mit Beetrosen-
wuchs – vitale, robuste Alter-
native für kleinste Gartenbereiche.
Züchter: Kordes 1978
Blütenfarbe: rot
Blütenfüllung: gefüllt
Blührhythmik: öfterblühend,
kräftige Hauptblüte
Wuchshöhe: 40 bis 60 cm
Wuchsform: aufrecht
Pflanzenbedarf pro m²: 6 bis 7
Verwendung: bei idealer Lage im
Hausgarten, einzeln oder grup-
penweise, für lockere Hecken, für
sonnige Grabstellen, als Stamm-
rose mit 40 cm Höhe, auch für Kü-
bel, Tröge und Kästen.

Edelrosen

Edelrosen – auch als **Teehybriden**
bezeichnet – sind durch ihre langen Stiele, auf denen große, elegant geformte, gut gefüllte, meist
einzelne Blüten sitzen, für den Vasenschnitt prädestiniert. Im Garten wirken sie mit ihrem betont
aufrechten Wuchs häufig sehr
staksig, fast steif und erinnern an
hochgebaute Kleiderständer – ein
Eindruck, der sich durch die oft
lichte Belaubung vieler Sorten
noch verstärkt. Deshalb pflanzt
man Edelrosen am besten in 3er
oder 5er Gruppen.

Was man nicht übersehen darf:
Edelrosen stellen zweifellos die
beliebteste, aber auch die krank-
heitsanfälligste Rosengruppe dar.
Vorbeugen ist deshalb besser als
spritzen – der richtigen Sortenauswahl für den rosengerechten
Standort kommt ein besonders
hoher Stellenwert zu. Doch ihrer
fast charismatischen Wirkung tut
dies keinen Abbruch – für viele

Gartenfreunde ist und bleibt die Edelrose die »Königin der Blumen« schlechthin. Kommt noch ein entsprechender Duft hinzu, ist der Rosentraum für viele Rosenfreunde perfekt.

Tip Durch das Ausbrechen der Seitenknospen entwickelt sich die Einzelblüte der Edelrosen noch prächtiger.

'Aachener Dom' ®

Profil: Kernig-robuste Edelrose, die auch auf weniger idealen Standorten nicht enttäuscht.
Züchter: Meilland 1982
Blütenfarbe: rosa
Blütenfüllung: gefüllt
Blührhythmik: öfterblühend, starke Hauptblüte
Wuchshöhe: 60 bis 80 cm
Wuchsform: aufrecht
Pflanzenbedarf pro m²: 6 bis 7
Verwendung: einzeln oder gruppenweise, Blüten regenfest, toleriert Halbschatten, robuste Sorte für Schrebergärten, als Stammrose mit 90 cm Höhe, auch für Kübel, Schnittrose.
ADR-Prädikat: 1982

'Banzai' ® '83'

Profil: Zweifarbige Edelrose mit Duft für kunterbunte Gartensituationen oder/und Vasenarrangements.

'Banzai ® '83'

Züchter: Meilland 1983
Blütenfarbe: gelb/rötlicher Rand
Blütenfüllung: gefüllt
Blührhythmik: öfterblühend, starke Hauptblüte
Wuchshöhe: 80 bis 100 cm
Wuchsform: aufrecht
Pflanzenbedarf pro m²: 6 bis 7
Verwendung: einzeln oder gruppenweise, Blüten regenfest, toleriert Halbschatten, robuste Sorte für Schrebergärten, Schnittrose.
ADR-Prädikat: 1985

'Barkarole' ®

Profil: Samtroten Blüten entströmt ein intensiver Duft. Schnittrose für edelste Buketts.
Züchter: Tantau 1988
Blütenfarbe: rot
Blütenfüllung: gefüllt
Blührhythmik: öfterblühend, starke Hauptblüte
Wuchshöhe: 80 bis 100 cm
Wuchsform: aufrecht
Pflanzenbedarf pro m²: 6 bis 7
Verwendung: einzeln oder gruppenweise, als Stammrose mit 90 cm Höhe, Schnittrose, Blüten für Rosenrezepte geeignet.

'Burgund ® '81'

Profil: Bewährter Edelrosen-Klassiker mit Duft. Sehr gleichförmiger Wuchs, beste Robustheit.
Züchter: Kordes 1981
Blütenfarbe: rot
Blütenfüllung: gefüllt
Blührhythmik: öfterblühend, starke Hauptblüte
Wuchshöhe: 60 bis 80 cm
Wuchsform: aufrecht
Pflanzenbedarf pro m²: 6 bis 7
Verwendung: einzeln oder gruppenweise, Blüten regenfest, robuste Sorte für Schrebergärten, als Stammrose mit 90 cm Höhe, auch für Kübel, Schnittrose.

'Christoph Columbus' ®

Profil: Robusteste kupferorangefarbene Edelrose. Farbenfroher Vasenschmuck.
Züchter: Meilland 1992
Blütenfarbe: orange
Blütenfüllung: gefüllt

'Barkarole' ®

Blührhythmik: öfterblühend, starke Hauptblüte
Wuchshöhe: 60 bis 80 cm
Wuchsform: aufrecht
Pflanzenbedarf pro m²: 6 bis 7
Verwendung: einzeln oder gruppenweise, Blüten regenfest, toleriert Halbschatten, robuste Sorte für Schrebergärten, auch für Kübel, Schnittrose.

'Duftgold' ®

'Duftgold' ®

Profil: Attraktive Duftrose für Garten und Vase. Für eine gelbe Edelrose relativ regenunempfindlich.
Züchter: Tantau 1981
Blütenfarbe: gelb
Blütenfüllung: gefüllt
Blührhythmik: öfterblühend, starke Hauptblüte
Wuchshöhe: 60 bis 80 cm
Wuchsform: aufrecht
Pflanzenbedarf pro m²: 6 bis 7
Verwendung: einzeln oder gruppenweise, Schnittrose, Blüten für Rosenrezepte geeignet.

'Duftrausch' ®

Profil: Der Name ist Programm: Kaum eine andere, gartentaugliche Edelrose bietet mehr Duft. Spitzensorte des Duftrosen-Spezialisten Tantau.
Züchter: Tantau 1986
Blütenfarbe: lila
Blütenfüllung: gefüllt
Blührhythmik: öfterblühend, starke Hauptblüte
Wuchshöhe: 80 bis 100 cm
Wuchsform: aufrecht
Pflanzenbedarf pro m²: 6 bis 7
Verwendung: einzeln oder gruppenweise, als Stammrose mit 90 cm Höhe, auch für Kübel, Schnittrose, Blüten für Rosenrezepte geeignet.

'Elina' ®

Profil: Der Vorzug dieser Edelrose ist ihre ungewöhnliche Blattrobustheit. Leichter Duft.
Züchter: Dickson/Pekmez 1983
Blütenfarbe: gelb
Blütenfüllung: gefüllt
Blührhythmik: öfterblühend, starke Hauptblüte

'Elina' ®

Wuchshöhe: 80 bis 100 cm
Wuchsform: aufrecht
Pflanzenbedarf pro m²: 6 bis 7
Verwendung: einzeln oder gruppenweise, toleriert Halbschatten, robuste Sorte für Schrebergärten, Stammrose 90 cm, auch für Kübel, Schnittrose.
ADR–Prädikat: 1987

'Gloria Dei'

'Gloria Dei'

Profil: Weltrose, meistverkaufte Gartenrose aller Zeiten. Ein Vorbild an Vitalität und Widerstandsfähigkeit.
Züchter: Meilland 1945
Blütenfarbe: gelb/rot
Blütenfüllung: gefüllt
Blührhythmik: öfterblühend, starke Hauptblüte
Wuchshöhe: 80 bis 100 cm
Wuchsform: aufrecht
Pflanzenbedarf pro m²: 6 bis 7
Verwendung: einzeln oder gruppenweise, Blüten regenfest, toleriert Halbschatten, als Stammrose mit 90 cm Höhe, Schnittrose.

'Karl Heinz Hanisch' ®

Profil: Empfehlenswerte creme-farbene Edelrose mit betörendem Duft. Für elegante Vasenfloristik.
Züchter: Meilland 1986
Blütenfarbe: creme
Blütenfüllung: gefüllt
Blührhythmik: öfterblühend, frühblühend
Wuchshöhe: 60 bis 80 cm
Wuchsform: aufrecht
Pflanzenbedarf pro m²: 6 bis 7
Verwendung: einzeln oder gruppenweise, Schnittrose, Blüten für Rosenrezepte geeignet.

'Mildred Scheel' ®

Profil: Duft-Edelrose für sonnige Gartenstandorte.
Züchter: Tantau 1976
Blütenfarbe: rot
Blütenfüllung: gefüllt
Blührhythmik: öfterblühend, starke Hauptblüte
Wuchshöhe: 80 bis 100 cm
Wuchsform: aufrecht
Pflanzenbedarf pro m²: 6 bis 7
Verwendung: einzeln oder gruppenweise, toleriert Halbschatten, als Stammrose mit 90 cm Höhe, auch für Kübel, Schnittrose, Blüten für Rosenrezepte geeignet.
ADR-Prädikat: 1978

'Paul Ricard' ®

Profil: Edelrose mit einzigartigem Anis-Duft. Für Duftrosen-Liebhaber, die eine besondere Duftnote suchen.

Züchter: Meilland 1991
Blütenfarbe: bernstein
Blütenfüllung: gefüllt
Blührhythmik: öfterblühend, starke Hauptblüte
Wuchshöhe: 60 bis 80 cm
Wuchsform: aufrecht
Pflanzenbedarf pro m²: 6 bis 7
Verwendung: einzeln oder gruppenweise, toleriert Halbschatten, auch für Kübel, Schnittrose, Blüten für Rosenrezepte geeignet.

'Polarstern' ®

Profil: Ein Traum in Weiß - mit Duft, guter Frosthärte und Widerstandsfähigkeit.
Züchter: Tantau 1982
Blütenfarbe: weiß
Blütenfüllung: gefüllt
Blührhythmik: öfterblühend, starke Hauptblüte
Wuchshöhe: 60 bis 80 cm
Wuchsform: aufrecht
Pflanzenbedarf pro m²: 6 bis 7
Verwendung: einzeln oder gruppenweise, als Stammrose mit 90 cm Höhe, Schnittrose, Blüten für Rosenrezepte geeignet.

'Silver Jubilee' ®

Profil: Sehr robuste Edelrose, die mehr Aufmerksamkeit verdient hat. Auch für absonnige Stellen.
Züchter: Cocker 1978
Blütenfarbe: rosa
Blütenfüllung: gefüllt
Blührhythmik: öfterblühend, frühblühend
Wuchshöhe: 60 bis 80 cm

Wuchsform: aufrecht
Pflanzenbedarf pro m²: 6 bis 7
Verwendung: einzeln oder gruppenweise, Blüten regenfest, toleriert Halbschatten, robuste Sorte für Schrebergärten, als Stammrose mit 60 cm oder 90 cm Höhe, auch für Kübel, Schnittrose.

'The McCartney Rose' ®

'The McCartney Rose' ®

Profil: Edelrose mit überragendem Duft. Liebt sonnige, windumspielte Lagen.
Züchter: Meilland 1991
Blütenfarbe: rosa
Blütenfüllung: gefüllt
Blührhythmik: öfterblühend, starke Hauptblüte
Wuchshöhe: 60 bis 80 cm
Wuchsform: aufrecht
Pflanzenbedarf pro m²: 6 bis 7
Verwendung: einzeln oder gruppenweise, Schnittrose, Blüten für Rosenrezepte geeignet.

Hinweis: Weitere Edelrosen finden sich bei den **Romantischen Nostalgierosen** ('Michelangelo'®, 'Nostalgie'®, 'Old Port'®, 'Sebastian Kneipp'®, siehe Seite 24f.).

Stammrosen

Stammrosen sind keine eigenständige Rosengruppe, sondern eine Kulturform der Rosenschulen. Bewährte Gartenrosensorten werden auf eine bestimmte Stammhöhe veredelt und wachsen ab dieser Höhe genauso, wie sie es in die Erde gepflanzt tun würden.

Aufveredelt werden meistens gefüllte Sorten aus allen Rosengruppen: Beet-, Zwerg-, Edel-, Strauch-, Flächen- oder Kletterrosen. Bedingt durch immer kleiner werdende Gärten erleben die schlanken Rosenstämme heute ein Comeback. Sie zieren im Bauerngarten ebenso wie als Willkommensgruß im Vorgarten. Im Kübel bieten sie auf Balkon und Terrasse zahlreiche Gestaltungsmöglichkeiten.

Hauswände, die ohne Vorgarten direkt an den Bürgersteigen liegen, lassen sich mit den nur wenig Platz – ein Pflanzloch von 40 x 40 cm genügt – beanspruchenden Stammrosen verschönern.

Stammrosen (oben: 'Schneewittchen') bilden im Garten oder an der Hauswand blütenreiche Spaliere. Und dies auf kleinstem Raum, wenn die Pflanzstelle entsprechend tiefgründig ist.

Allerdings müssen Sie Ihren Stammrosen ein wenig mehr Aufmerksamkeit widmen als Ihren Gartenrosen. Alle Rosenstämme müssen grundsätzlich mit einem Stab oder Pfahl gestützt werden, und in frostreichen Gebieten brauchen sie unbedingt ausreichenden Winterschutz.

Man unterscheidet verschiedene Höhen und Typen von Stammrosen:

40 cm–Fußstämme (Zwergstämme)

Auf eine Höhe von 40 cm werden meist Zwerg-, aber auch einige Flächenrosensorten veredelt. Für die Zwergrosen verringert sich durch den Abstand von der Erdoberfläche der Befallsdruck durch bodenbürtige Pilzkrankheiten wie Sternrußtau beträchtlich.

Sorten für 40 cm–Fußstämme				
Gruppe	**Sorte**	**Blüten**	**Blührhythmus**	**Wuchs**
Flächenrose	'Lovely Fairy'®	rosa, gefüllt	öfterblühend, kontinuierlich	buschig bis überhängend
Flächenrose	'Mirato'®	rosa, gefüllt	öfterblühend, kontinuierlich	buschig bis überhängend
Flächenrose	'Sommermärchen'®	pink, halbgefüllt	öfterblühend, spätblühend	buschig bis überhängend
Flächenrose	'Sommerwind'®	rosa, halbgefüllt	öfterblühend, kontinuierlich	buschig
Flächenrose	'Swany'®	weiß, gefüllt	öfterblühend, kontinuierlich	betont überhängend
Flächenrose	'The Fairy'	rosa, gefüllt	öfterblühend, spätblühend	buschig bis überhängend
Zwergrose	'Pink Symphonie'®	rosa, gefüllt	öfterblühend, kräftige Hauptblüte	aufrecht
Zwergrose	'Orange Meillandina'®	orangerot, gefüllt	öfterblühend, starke Hauptblüte	aufrecht
Zwergrose	'Peach Meillandina'®	apricot, gefüllt	öfterblühend, starke Hauptblüte	aufrecht
Zwergrose	'Rosmarin'® '89	rosa, gefüllt	öfterblühend, kräftige Hauptblüte	aufrecht
Zwergrose	'Sonnenkind'®	gelb, gefüllt	öfterblühend, kräftige Hauptblüte	aufrecht
Zwergrose	'Zwergkönig'® '78	rot, gefüllt	öfterblühend, kräftige Hauptblüte	aufrecht

60 cm–Halbstämme

Auf eine Höhe von 60 cm werden meist Sorten der Beet- und Flächenrosen veredelt. Halbstämme sind ideale Kübelstämme für Balkon und Terrasse, da ihre Kronen etwa in Augen- und Nasenhöhe des Betrachters ihre Blütenpracht entfalten.

Sorten für 60 cm–Halbstämme				
Gruppe	**Sorte**	**Blüten**	**Blührhythmus**	**Wuchs**
Alte Rose	'Rose de Resht'	rot, stark gefüllt	öfterblühend, starke Hauptblüte, Duft	aufrecht
Beetrose	'Bonica'® '82	rosa, gefüllt	öfterblühend, kräftige Hauptblüte	buschig
Beetrose	'Duftwolke'®	rot, gefüllt	öfterblühend, kräftige Hauptblüte, Duft	buschig
Beetrose	'Schneeflocke'®	weiß, halbgefüllt	öfterblühend, frühblühend	buschig bis überhängend
Edelrose	'Silver Jubilee'®	rosa, gefüllt	öfterblühend, frühblühend	aufrecht
Flächenrose	'Alba Meidiland'®	weiß, gefüllt	öfterblühend, kontinuierlich	buschig bis überhängend
Flächenrose	'Ballerina'	rosa/weiß, einfach	öfterblühend, kräftige Hauptblüte	überhängend
Flächenrose	'Heidetraum'®	rosa, halbgefüllt	öfterblühend, spätblühend	buschig bis überhängend
Flächenrose	'Lovely Fairy'®	rosa, gefüllt	öfterblühend, kontinuierlich	buschig bis überhängend
Flächenrose	'Mirato'®	rosa, gefüllt	öfterblühend, kontinuierlich	buschig bis überhängend

Sorten für 60 cm-Halbstämme (Fortsetzung)

Gruppe	Sorte	Blüten	Blührhythmus	Wuchs
Flächenrose	'Sommermärchen'®	pink, halbgefüllt	öfterblühend, spätblühend	buschig bis überhängend
Flächenrose	'Sommerwind'®	rosa, halbgefüllt	öfterblühend, kontinuierlich	buschig
Flächenrose	'Sonnenschirm'®	gelb, gefüllt	öfterblühend, kontinuierlich	buschig bis überhängend
Flächenrose	'Swany'®	weiß, gefüllt	öfterblühend, kontinuierlich	betont überhängend
Flächenrose	'The Fairy'	rosa, gefüllt	öfterblühend, spätblühend	buschig bis überhängend
Romantische Nostalgierose	'Leonardo da Vinci'®	rosa, stark gefüllt	ofterblühend, starke Hauptblüte	buschig
Zwergrose	'Pink Symphonie'®	rosa, gefüllt	öfterblühend, kräftige Hauptblüte	aufrecht

90 cm-Hochstämme

Auf 90 cm Höhe werden in der Regel kompakte Sorten der Beet-, Edel- und Flächenrosen veredelt. Hochstämme sind die klassischen Stammrosen, die ausgepflanzt im Garten auf der idealen Augen- und Nasenhöhe liegen.

Sorten für 90 cm-Hochstämme

Gruppe	Sorte	Blüten	Blührhythmus	Wuchs
Alte Rose	'Ghislaine de Feligonde'	gelb, gefüllt	öfterblühend, spätblühend, Duft	überhängend
Beetrose	'Amber Queen'®	aprikot, gefüllt	öfterblühend, kräftige Hauptblüte	aufrecht
Beetrose	'Bella Rosa'®	rosa, gefüllt	öfterblühend, spätblühend	buschig
Beetrose	'Bonica'® '82'	rosa, gefüllt	öfterblühend, kräftige Hauptblüte	buschig
Beetrose	'Duftwolke'®	rot, gefüllt	öfterblühend, kräftige Hauptblüte, Duft	buschig
Beetrose	'Focus'®	lachsorange, gefüllt	öfterblühend, starke Hauptblüte	buschig
Beetrose	'Friesia'®	gelb, gefüllt	öfterblühend, frühblühend, Duft	aufrecht
Beetrose	'La Paloma'® '85'	weiß, gefüllt	öfterblühend, starke Hauptblüte	buschig
Beetrose	'Mariandel'®	rot, gefüllt	öfterblühend, kräftige Hauptblüte	buschig
Beetrose	'Montana'®	rot, gefüllt	öfterblühend, kontinuierlich	aufrecht
Beetrose	'Schneeflocke'®	weiß, halbgefüllt	öfterblühend, frühblühend	buschig
Beetrose	'Sommermorgen'®	rosa, gefüllt	öfterblühend, spätblühend	buschig
Edelrose	'Aachener Dom'®	rosa, gefüllt	öfterblühend, starke Hauptblüte	aufrecht
Edelrose	'Barkarole'®	rot, gefüllt	öfterblühend, starke Hauptblüte, Duft	aufrecht
Edelrose	'Burgund'® '81'	rot, gefüllt	öfterblühend, starke Hauptblüte, Duft	aufrecht
Edelrose	'Duftrausch'®	lila, gefüllt	öfterblühend, starke Hauptblüte, Duft	aufrecht

Sorten für 90 cm-Hochstämme (Fortsetzung)				
Gruppe	**Sorte**	**Blüten**	**Blührhythmus**	**Wuchs**
Edelrose	'Elina'®	gelb, gefüllt	öfterblühend, starke Hauptblüte, leichter Duft	aufrecht
Edelrose	'Gloria Dei'	gelb/rot, gefüllt	öfterblühend, starke Hauptblüte	aufrecht
Edelrose	'Mildred Scheel'®	rot, gefüllt	öfterblühend, starke Hauptblüte, Duft	aufrecht
Edelrose	'Polarstern'®	weiß, gefüllt	öfterblühend, starke Hauptblüte, Duft	aufrecht
Edelrose	'Silver Jubilee'®	rosa, gefüllt	öfterblühend, frühblühend	aufrecht
Flächenrose	'Alba Meidiland'®	weiß, gefüllt	öfterblühend, spätblühend	buschig bis überhängend
Flächenrose	'Aspirin®-Rose'	weiß, gefüllt	öfterblühend, kontinuierlich	buschig bis überhängend
Flächenrose	'Ballerina'	rosa/weiß, einfach	öfterblühend, kräftige Hauptblüte	überhängend
Flächenrose	'Heidetraum'®	rosa, halbgefüllt	öfterblühend, spätblühend	buschig bis überhängend
Flächenrose	'Lovely Fairy'®	rosa, gefüllt	öfterblühend, kontinuierlich	buschig bis überhängend
Flächenrose	'Mirato'®	rosa, gefüllt	öfterblühend, kontinuierlich	buschig
Flächenrose	'Satina'®	rosa, gefüllt	öfterblühend, kontinuierlich	buschig bis überhängend
Flächenrose	'Sommermärchen'®	pink, halbgefüllt	öfterblühend, spätblühend	buschig bis überhängend
Flächenrose	'Sommerwind'®	rosa, halbgefüllt	öfterblühend, kontinuierlich	buschig
Flächenrose	'Sonnenschirm'®	gelb, gefüllt	öfterblühend, kontinuierlich	buschig bis überhängend
Flächenrose	'Swany'®	weiß, gefüllt	öfterblühend, kontinuierlich	betont überhängend
Flächenrose	'The Fairy'	rosa, gefüllt	öfterblühend, spätblühend	buschig bis überhängend
Rambler	'Paul Noël'	aprikot-rosa, gefüllt	nachblühend, Duft	betont überhängend
Rambler	'Super Dorothy'®	rosa, gefüllt	öfterblühend, spätblühend	betont überhängend
Rambler	'Super Excelsa'®	karminrosa, gefüllt	öfterblühend, spätblühend	betont überhängend
Romantische Nostalgierose	'Ballade'®	rosa, gefüllt	öfterblühend, starke Hauptblüte	aufrecht
Romantische Nostalgierose	'Bernstein Rose'®	bernstein, stark gefüllt	öfterblühend, frühblühend	buschig
Romantische Nostalgierose	'Eden Rose ® '85'	rosa, stark gefüllt	öfterblühend, spätblühend	aufrecht
Romantische Nostalgierose	'Leonardo da Vinci'®	rosa, stark gefüllt	öfterblühend, starke Hauptblüte	buschig
Romantische Nostalgierose	'Nostalgie'®	weiß/rot, gefüllt	öfterblühend, starke Hauptblüte, Duft	aufrecht
Romantische Nostalgierose	'Raubritter'	rosa, stark gefüllt	einmalblühend	überhängend
Romantische Nostalgierose	'Rosarium Uetersen'®	rosa, stark gefüllt	öfterblühend, kräftige Hauptblüte	überhängend
Strauchrose	'Schneewittchen'®	weiß, gefüllt	öfterblühend, frühblühend	buschig

140 cm Kaskadenstämme (Trauerstämme)

Formschöne Eisenschirme bieten beste Kletterbedingungen für Kaskadenstämme.

Für Kaskadenrosen werden auf einer Höhe von 140 cm Kletterrosen- bzw. überhängende Flächenrosensorten veredelt. Besonders Ramblersorten sind mit ihren herabhängenden Blütenkaskaden eine wahre Pracht.

Sorten für 140 cm-Kaskadenstämme

Gruppe	Sorte	Blüten	Blührhythmus	Wuchs
Flächenrose	'Aspirin®-Rose'	weiß, gefüllt	öfterblühend, kontinuierlich	buschig bis überhängend
Flächenrose	'Heideröslein Nozomi'®	perlmutt, einfach	einmalblühend	betont überhängend
Flächenrose	'Mirato'®	rosa, gefüllt	öfterblühend, kontinuierlich	buschig bis überhängend
Flächenrose	'Satina'®	rosa, gefüllt	öfterblühend, kontinuierlich	buschig bis überhängend
Flächenrose	'Sonnenschirm'®	gelb, gefüllt	öfterblühend, kontinuierlich	buschig bis überhängend
Flächenrose	'The Fairy'	rosa, gefüllt	öfterblühend, spätblühend	buschig bis überhängend
Kletterrose	'Golden Showers'®	gelb, gefüllt	öfterblühend, starke Hauptblüte	betont überhängend
Kletterrose	'Ilse Krohn Superior'®	weiß, gefüllt	öfterblühend, starke Hauptblüte, Duft	betont überhängend
Kletterrose	'Lawinia'®	rosa, gefüllt	öfterblühend, kontinuierlich, Duft	betont überhängend
Kletterrose	'Morning Jewel'®	rosa, halbgefüllt	öfterblühend, starke Hauptblüte, Duft	betont überhängend
Kletterrose	'New Dawn'	perlmutt, gefüllt	öfterblühend, starke Hauptblüte, Duft	betont überhängend
Kletterrose	'Ramira'®	rosa, gefüllt	öfterblühend, starke Hauptblüte	betont überhängend
Kletterrose	'Santana'®	rot, gefüllt	öfterblühend, kräftige Hauptblüte	betont überhängend
Rambler	'Flammentanz'®	rot, gefüllt	einmalblühend	betont überhängend
Rambler	'Paul Noël'	aprikot-rosa gefüllt	nachblühend, Duft	betont überhängend
Rambler	'Super Dorothy'®	rosa, gefüllt	öfterblühend, spätblühend	betont überhängend
Rambler	'Super Excelsa'®	karminrosa gefüllt	öfterblühend, spätblühend	betont überhängend
Romantische Nostalgierose	'Raubritter'	rosa, stark gefüllt	einmalblühend	überhängend
Romantische Nostalgierose	'Rosarium Uetersen'®	rosa, stark gefüllt	öfterblühend, kräftige Hauptblüte	betont überhängend
Strauchrose	'Schneewittchen'®	weiß, gefüllt	öfterblühend, frühblühend	buschig

Königin der Vielfalt
– bewährte Rosensorten für alle Fälle

»Die Sorte ist das Schicksal Deines Gartens« – kein geringerer als Staudenlegende Karl Foerster formulierte treffsicher diese Erfahrung, die in besonderem Maße auch für Rosen gilt. Je weiter wir uns von den optimalen Standortansprüchen der Rose entfernen, desto stärker können wir entweder durch aufwendige Pflegemaßnahmen ausgleichend eingreifen – oder uns durch die richtige Sortenauswahl diese Mühsal ersparen.

Die Vielfalt der Rosen erobert alle Gartendimensionen.

In den letzten 15 Jahren genoß bei der Bewertung alter und neuer Rosensorten die Frage nach der Robustheit höchste Priorität. An der Schwelle zum dritten Jahrtausend ist für die seriöse Rosenzüchtung bestmögliche Sortenrobustheit eine Selbstverständlichkeit und kein exklusives Werbeargument mehr. Im Vordergrund steht heute vielmehr die Standortfrage.

Wir lesen viel über die Details der Sorten, aber nur wenig über die Bedeutung des Standortes. Je standortgerechter jedoch das Gestalten mit Rosen ist, desto pflegeleichter präsentieren sich die Rosen. Die richtige Rose für den richtigen Standort auszuwählen, entscheidet letztendlich maßgeblich darüber, ob die Robustheit einer Rosensorte - und damit ihre Pflegeleichtigkeit - auch zum Tragen kommen kann.

Die Frage des Pflegeaufwandes ist kein unwichtiger Aspekt. Daneben möchten Gartenfreunde aber auch die vielen Talente der Rosen nutzen. Sei es beispielsweise der Wunsch nach Rosen für den Vasenschnitt, für Kübel oder als Hagebuttenspender – bei einer sorgfältig bedachten Standort- und Sortenauswahl kann die Rose (fast) allen Ansprüchen gerecht werden.

Eigentlich gibt es für fast jeden Standort passende Rosen. Wichtig ist die wohlüberlegte Sortenauswahl bei ungewöhnlichen Pflanzstellen.

Hitzetolerante Rosen

Eines haben der Mensch und die Rose gemein: Beide lieben die Sonne und suchen ihre Wärme. Jedoch weiß jeder, daß ein Zuviel an Sonne zu einem Sonnenbrand führt und den Organismus erlahmen läßt. Dies gilt vor allem für Menschen, die keine ausgesprochenen Sonnentypen sind. Ähnlich verhält es sich bei den Rosen. Auch hier gibt es Abkömmlinge, die mehr oder weniger sonnenverträglich sind. Besonders Rosen mit großem Laub, etwa viele Edelrosensorten, reagieren mit Wachstumsstockungen, pflanzt man sie in exponierte Südlagen. Je kleiner das Laub, desto hitzeresistenter ist in der Regel eine Rosensorte. Kleinlaubige Sorten finden sich vor allem in der Gruppe der Beet- und Flächenrosen. Ausgesprochen sonnenfest sind weiße Blüten.

Beetrosen
- 'Bella Rosa'® (rosa, 60–80 cm)
- 'Bonica® '82' (rosa, 60–80 cm)
- 'Chorus'® (rot, 60–80 cm)
- 'Edelweiß'® (weiß, 40–60 cm)
- 'Focus'® (lachsorange, 60–80 cm)
- 'Friesia'® (gelb, 60–80 cm)
- 'La Sevillana'® (rot, 60–80 cm)
- 'Montana'® (rot, 80–100 cm)

- 'NDR 1 Radio Niedersachsen'®
  (rosa, 80–100 cm)
- 'Rosenprofessor Sieber'®
  (rosa, 60–80 cm)
- 'Sommermorgen'®
  (rosa, 60–80 cm)
- 'The Queen Elizabeth Rose'®
  (rosa, 100–150 cm)

Flächenrosen
- 'Alba Meidiland'®
  (weiß, 80–100 cm)
- 'Aspirin'®-Rose'
  (weiß, 60–80 cm)
- 'Ballerina'
  (rosa/weiß, 60–80 cm)
- 'Bingo Meidiland'®
  (rosa, 40–60 cm)
- 'Celina'® (gelb, 60–80 cm)
- 'Heideröslein Nozomi'®
  (perlmutt, 40–60 cm)
- 'Heidetraum'® (rosa, 60–80 cm)
- 'Lavender Dream'®
  (lavendel, 60–80 cm)
- 'Lovely Fairy'®
  (rosa, 60–80 cm)
- 'Mirato'® (rosa, 40–60 cm)
- 'Pink Meidiland'®
  (pink/weiß, 60–80 cm)
- 'Red Yesterday'®
  (rot, 60–80 cm)
- 'Royal Bassino'®
  (rot, 40–60 cm)
- 'Satina'® (rosa, 40–60 cm)
- 'Sommerabend'®
  (rot, 30–40 cm)
- 'Sommermärchen'®
  (pink, 40–60 cm)
- 'Sommerwind'®
  (rosa, 40–60 cm)
- 'Sonnenschirm'®
  (gelb, 40–60 cm)
- 'The Fairy'
  (rosa, 60 bis 80 cm)

Rugosa-Rosen
- 'Pierette'® (rosa, 60–80 cm)
- 'Polarsonne'® (rot, 60–80 cm)
- 'Schnee-Eule'®
  (weiß, 40–60 cm)

Kletterrosen
- 'Dortmund'® (rot, 200–300 cm)
- 'Harlekin'® (weiß/roter Rand,
  200–300 cm)
- 'Lawinia'® (rosa, 200–300 cm)
- 'Maria Lisa' (rosa, 200–300 cm)
- 'New Dawn'
  (perlmutt, 200–300 cm)
- 'Ramira'® (rosa, 200–300 cm)
- 'Salita'® (orange, 200–300 cm)
- 'Santana'® (rot, 200–300 cm)

Rambler
- 'Flammentanz'®
  (rot, 300–500 cm)
- 'Super Dorothy'®
  (rosa, 300–500 cm)
- 'Super Excelsa'® (karminrosa,
  300–500 cm)

Strauchrosen
- 'Angela'® (altrosa, 100–150 cm)
- 'Bischofsstadt Paderborn'®
  (rot, 100–150 cm)
- 'Bourgogne'®
  (rosa, 150–200 cm)
- 'Centenaire de Lourdes'
  (rosa, 150–200 cm)
- 'Dirigent'® (rot, 150–200 cm)
- 'Fontaine'® (rot, 150–200 cm)
- 'Kordes' Brillant'®
  (orange, 100–150 cm)
- 'Lichtkönigin Lucia'®
  (gelb, 100–150 cm)
- 'Mein schöner Garten'®
  (rosa, 100–150 cm)
- 'Romanze'®
  (rosa, 100–150 cm)

- 'Schneewittchen'®
  (weiß, 100–150 cm)
- 'Vogelpark Walsrode'®
  (rosa, 100–150 cm)
- 'Westerland'®
  (apricot, 150–200 cm)

Zwergrosen
- 'Pink Symphonie'®
  (rosa, 30–40 cm)

Hitzefeste Rosen mit nostalgischer Blütenform

Alte Rosen
- 'Trigintipetala' (rosa,
  halbgefüllt, einmalblühend,
  Duft, 150–200 cm)

Englische Rosen
- 'Constance Spry' (rosa,
  einmalblühend, 150–200 cm)
- 'Graham Thomas'®
  (gelb, 100–150 cm)
- 'Mary Rose'®
  (rosa, 100–150 cm)

Romantische Nostalgierosen
- 'Ballade'® (rosa, 60–80 cm)
- 'Colette'®
  (aprikot, 150–200 cm)
- 'Eden Rose® '85'
  (rosa, 150–200 cm)
- 'Leonardo da Vinci'®
  (rosa, 60–80 cm)
- 'Polka'® '91'
  (aprikot, 100–150 cm)
- 'Rosarium Uetersen'®
  (rosa, 200–300 cm)
- 'Sebastian Kneipp'®
  (cremeweiß, 80–100 cm)

Rosen für halbschattige Lagen

Rosen sind Sonnenkinder. Bestimmte Sorten nehmen aber auch mit absonnigen Lagen vorlieb, wie sie etwa im Wanderschatten von Häusern zu finden sind. Wichtig ist, daß der Schatten nicht von großen Baumkronen verursacht wird. Auch Rosen für halbschattige Lagen haben nichts unter den Traufen von Laub- und Nadelbäumen verloren.

Wer Rosen an lichtarmen Standorten plaziert, muß allerdings mit einer geringeren Blütenfülle zufrieden sein. Licht ist und bleibt das eigentliche Blütenelixier der Rosen. Manche Rosen überleben zwar im Schatten, setzen aber kaum Blüten an, wie beispielsweise 'Eden Rose® '85'. Sehr spätblühende Sorten wie 'Heidetraum'® schaffen in gleicher Lage in Jahren mit kühlen Sommern mitunter keine üppige zweite Blüte mehr. Zudem schießen Rosen im Schatten nach oben und recken ihre Hälse dem Licht entgegen. Diese überlangen, kopflastigen Triebe neigen zum Umfallen (weshalb bei den empfohlenen Sorten auf eine Höhenangabe verzichtet wurde).

Außer auf die nachfolgend genannten Sorten sei auf einen Geheimtip für absonnige Lagen hingewiesen, den allerdings bisher nur wenige Baumschulen anbieten: *Rosa inermis* 'Morletti'. Diese alte Strauchrose ist ein wahrer

Lichtarme Standorte sollten für Rosen nur in Ausnahmefällen gewählt werden. Dies gilt besonders für die lichthungrigen öfterblühenden Sorten.

Schattenkünstler mit reichlich Wildrosen-Ambiente und gefüllten, magentaroten Blüten. 'Morletti' ist einmalblühend, die Triebe sind lang, ramblerartig und fast stachellos. Bezaubernd orangerot färbt sich zudem im Herbst das Laub. Wer noch ein schattiges Plätzchen frei hat, sollte einen Versuch wagen.

Beetrosen
- 'Bonica'® '82' (rosa)
- 'Edelweiß'® (weiß)
- 'Escapade'® (lila/weiß)
- 'Focus'® (lachsorange)
- 'La Sevillana'® (rot)
- 'Montana'® (rot)
- 'NDR 1 Radio Niedersachsen'® (rosa)
- 'Rosenprofessor Sieber'® (rosa)
- 'Sommermorgen'® (rosa)
- 'The Queen Elizabeth Rose'® (rosa)

Edelrosen
- 'Aachener Dom'® (rosa)
- 'Banzai'® '83' (gelb)
- 'Christoph Columbus'® (orange)
- 'Elina'® (gelb, leichter Duft)
- 'Gloria Dei' (gelb/rot)
- 'Mildred Scheel'® (rot, Duft)
- 'Paul Ricard'® (bernstein, Duft)
- 'Silver Jubilee'® (rosa)

Flächenrosen
- 'Aspirin®-Rose' (weiß)
- 'Ballerina' (rosa/weiß)
- 'Celina'® (gelb)
- 'Heideröslein Nozomi'® (perlmutt)
- 'Heidetraum'® (rosa)
- 'Lovely Fairy'® (rosa)
- 'Mirato'® (rosa)
- 'Satina'® (rosa)
- 'Sommerwind'® (rosa)
- 'The Fairy' (rosa)
- 'White Meidiland'® (weiß)

Rugosa-Rosen
- 'Gelbe Dagmar Hastrup'® (gelb, Duft)
- 'Pierette'® (rosa)
- 'Polarsonne'® (rot)
- 'Schnee-Eule'® (weiß)

Kletterrosen
- 'Dortmund'® (rot)
- 'Golden Showers'® (gelb)
- 'Lawinia'® (rosa, Duft)
- 'New Dawn' (perlmutt, Duft)
- 'Ramira'® (rosa)

Rambler
- 'Albéric Barbier' (creme, einmalblühend)
- 'Bobbie James' (weiß, einmalblühend, Duft)
- 'Flammentanz'® (rot, einmalblühend)
- 'Paul Noël' (aprikot-rosa, Duft)
- 'Super Dorothy'® (rosa)
- 'Super Excelsa'® (karminrosa)
- 'Venusta Pendula' (rosa/weiß, einmalblühend)

Strauchrosen
- 'Angela'® (altrosa)
- 'Bischofsstadt Paderborn'® (rot)
- 'Bourgogne'® (rosa)
- 'Centenaire de Lourdes' (rosa, Duft)
- 'Ferdy'® (rosa, einmalblühend)
- 'Frühlingsgold' (gelb, einmalblühend, Duft)
- 'IGA '83 München'® (rosa)
- 'Kordes' Brillant'® (orange)
- 'Lichtkönigin Lucia'® (gelb)
- 'Marguerite Hilling' (rosa, nachblühend)
- 'Mein schöner Garten'® (rosa)
- 'Romanze'® (rosa)
- 'Schneewittchen'® (weiß)

Wildrosen
- *Rosa arvensis* (weiß, einmalblühend)
- *Rosa gallica* (rosa, einmalblühend, Duft)
- *Rosa glauca* (hellrot, einmalblühend)
- *Rosa jundzillii* (rosa, einmalblühend)
- *Rosa moyesii* (rot, einmalblühend)
- *Rosa nitida* (rosa, einmalblühend)
- *Rosa pimpinellifolia* (creme, einmalblühend, Duft)
- *Rosa sericea* f. *pteracantha* (weiß, einmalblühend)

Alte Rosen
- 'Ghislaine de Feligonde' (gelb, Duft)
- 'Gloire de Dijon' (Kletterrose, orange-aprikot, Duft)
- 'Louise Odier' (rosa, Duft)
- *Rosa gallica* 'Officinalis' (karmesinrot, einmalblühend, Duft)
- *Rosa gallica* 'Versicolor' (rosa, einmalblühend, Duft)
- 'Trigintipetala' (rosa, einmalblühend, Duft)

Englische Rosen
- 'Graham Thomas'® (gelb, Duft)

Romantische Nostalgierosen
- 'Leonardo da Vinci'® (rosa)
- 'Polka'® '91' (aprikot, Duft)
- 'Rosarium Uetersen'® (Kletterrose, rosa)

'Leonardo Da Vinci' ®

Rosen für regen-
reiche Regionen

Als Regenrosen haben sich vor allem Sorten bewährt, deren Blüten trotz häufiger Niederschläge nicht verkleben und verfaulen. Manche Sorten neigen dazu, man spricht dann von **Mumienbildung.** Solche Blütenmumien stechen ziemlich häßlich ins Auge und trüben das rosige Gesamtbild beträchtlich. Durch die Pflanzung relativ regenunempfindlicher Sorten kann man diesen Anblick jedoch vermeiden.

Die Kenntnis besonders regenfester Rosen stammt von Rosenfreunden aus regenreichen Landstrichen, wie dem Bergischen Land oder der Voralpenregion. Ausgesprochen regenempfindliche Blüten besitzen etwa die Rugosa-Rosen (siehe Seite 48f.), die nach längeren Regengüssen fast immer verkleben.

Wasserunempfindliche Blüten lassen den Rosenfreund nicht im Regen stehen.

Beetrosen

- 'Amber Queen'® (aprikot)
- 'Bella Rosa'® (rosa)
- 'Bonica'® '82' (rosa)
- 'Edelweiß'® (weiß)
- 'Escapade'® (lila/weiß)
- 'Focus'® (lachsorange)
- 'Friesia'® (gelb, Duft)
- 'La Sevillana'® (rot)
- 'NDR 1 Radio Niedersachsen'® (rosa)
- 'Rosenprofessor Sieber'® (rosa)
- 'Schneeflocke'® (weiß)
- 'Sommermorgen'® (rosa)
- 'The Queen Elizabeth Rose'® (rosa)

Edelrosen

- 'Aachener Dom'® (rosa)
- 'Banzai® '83' (gelb, Duft)
- 'Burgund® '81' (rot, Duft)
- 'Christoph Columbus'® (orange)
- 'Gloria Dei' (gelb/rot)
- 'Silver Jubilee'® (rosa)

Flächenrosen

- 'Alba Meidiland'® (weiß)
- 'Aspirin®-Rose' (weiß)
- 'Ballerina' (rosa/weiß)
- 'Bingo Meidiland'® (rosa)
- 'Celina'® (gelb)
- 'Heideröslein Nozomi'® (perlmutt, einmalblühend)
- 'Heidetraum'® (rosa)
- 'Lovely Fairy'® (rosa)
- 'Mirato'® (rosa)
- 'Pink Meidiland'® (pink/weiß)
- 'Red Yesterday'® (rot)
- 'Royal Bassino'® (rot)

- 'Satina'® (rosa)
- 'Sommerabend'® (rot)
- 'Sommermärchen'® (pink)
- 'Sommerwind'® (rosa)
- 'Sonnenschirm'® (gelb)
- 'Swany'® (weiß)
- 'The Fairy' (rosa)

Kletterrosen

- 'Dortmund'® (rot)
- 'Lawinia'® (rosa, Duft)
- 'New Dawn' (perlmutt, Duft)
- 'Ramira'® (rosa)
- 'Salita'® (orange)
- 'Santana'® (rot)

Strauchrosen

- 'Angela'® (altrosa)
- 'Astrid Lindgren'® (rosa)
- 'Bischofsstadt Paderborn'® (rot)
- 'Centenaire de Lourdes' (rosa, Duft)

- 'Dirigent'® (rot)
- 'Grandhotel'® (rot)
- 'IGA '83 München'® (rosa)
- 'Kordes' Brillant'® (orange)
- 'Lichtkönigin Lucia'® (gelb)
- 'Marguerite Hilling' (rosa, nachblühend)
- 'Mein schöner Garten'® (rosa)
- 'Romanze'® (rosa)
- 'Schneewittchen'® (weiß)
- 'Vogelpark Walsrode'® (rosa)
- 'Westerland'® (apricot, Duft)

Zwergrosen
- 'Pink Symphonie'® (rosa)
- 'Rosmarin® '89' (rosa)

Regenunempfindliche Sorten mit romantischen Blütenformen

Alte Rosen
- 'Ghislaine de Feligonde' (gelb, Duft)

Englische Rosen
- 'Mary Rose'® (rosa, Wildrosenduft)

Romantische Nostalgierosen
- 'Colette'® (aprikot, Duft)
- 'Polka® '91' (aprikot, Duft)
- 'Rosarium Uetersen'® (Kletterrose, rosa)

Rosen für Hanglagen

Bei der rosigen Begrünung von Hängen schlägt die große Stunde der wurzelechten Flächenrosen. Sie sind dafür besonders geeignet, weil mit ihrer Verwendung ausgeschlossen ist, daß auf schwer zugänglichen Hängen lästige Wildtriebe entfernt werden müssen. Durch ihre Eigenschaft, an bodenaufliegenden Trieben neue Wurzeln zu bilden, tragen Flächenrosen zudem zur Hangbefestigung bei.

Flächenrosen
- 'Alba Meidiland'® (weiß, gefüllt, 80–100 cm, buschig)
- 'Aspirin®-Rose' (weiß, gefüllt, 60–80 cm, buschig)

Ideal für Hänge in traumhaftem Rosa: 'Heidetraum'®.

- 'Ballerina' (rosa/weiß, einfach, 60–80 cm, überhängend)
- 'Bingo Meidiland'® (rosa, einfach, 40–60 cm, buschig)
- 'Celina'® (gelb, halb gefüllt, 60–80 cm, buschig)
- 'Heideröslein Nozomi'® (perlmutt, einfach, einmalblühend, 40–60 cm, flach, schwachwüchsig)
- 'Heidetraum'® (rosa, halbgefüllt, 60–80 cm, buschig)
- 'Lavender Dream'® (lavendel, halbgefüllt, Duft, 60–80 cm, niedrig buschig)
- 'Lovely Fairy'® (rosa, gefüllt, 60–80 cm, buschig)
- 'Mirato'® (rosa, gefüllt, 40–60 cm, buschig)
- 'Pink Meidiland'® (pink/weiß, einfach, 60–80 cm, überhängend)
- 'Red Yesterday'® (rot, einfach, 60–80 cm, überhängend)
- 'Royal Bassino'® (rot, halbgefüllt, 40–60 cm, buschig)
- 'Satina'® (rosa, gefüllt, 40–60 cm, buschig)
- 'Sommerabend'® (rot, einfach, 30–40 cm, flach, starkwachsend)
- 'Sommermärchen'® (pink, halbgefüllt, 40–60 cm, buschig)
- 'Sommerwind'® (rosa, halbgefüllt, 40–60 cm, buschig)
- 'Sonnenschirm'® (gelb, gefüllt, 40–60 cm, buschig)
- 'Swany'® (weiß, gefüllt, 40–60 cm, flach, schwachwüchsig)
- 'The Fairy' (rosa, gefüllt, 60–80 cm, buschig)
- 'White Meidiland'® (weiß, gefüllt, 40–60 cm, niedrig buschig)

Rosen als Pollenspender

Viele Gartenfreunde möchten möglichst viel Natur im eigenen Garten erleben. Bienen, Hummeln, Käfer und viele andere Insekten lassen sich durch ein entsprechend attraktives Blütenpollenangebot leicht anlocken. Besonders reizvolle Anflugziele sind Wildrosen, für Schwebfliegen auch die Rugosa-Sorten. Allerdings können sich starkwachsende Wildrosen in kleineren Gärten oft nicht frei entwickeln, da sie durch Schnittmaßnahmen im Zaum gehalten werden müssen. Dies schränkt ihren ökologischen Nutzen ein.

Wo der Raum begrenzt ist, bieten sich als Alternative einfach bis halbgefüllt blühende Flächenrosen an. Sie sind – im Gegensatz zu ihren wilden Kollegen – öfterblühend und damit eine sommerlange, sehr ergiebige Pollenquelle. Obwohl in den nachfolgenden Tabellen nicht genannt, sei darauf hingewiesen, daß auch gefüllte Sorten Pollenspender sein können. 'Alba Meidiland®' etwa wird als Pollenreservoir von Hummel & Co. gerne angezapft.

Meist harmloses Naturschauspiel: Der Goldkäfer frißt sich mit Wonne durch den gedeckten Pollentisch der einfachen bis halbgefüllten Rosensorten.

Alte Rosen
- *Rosa gallica* 'Officinalis' (karmesinrot, 100–150 cm)

Beetrosen
- 'Bonica® '82' (rosa, 60–80 cm)
- 'Escapade'® (lila/weiß, 80–100 cm)
- 'La Sevillana'® (rot, 60–80 cm)
- 'Schneeflocke'® (weiß, 40–60 cm)

Flächenrosen
- 'Ballerina' (rosa/weiß, 60–80 cm)
- 'Bingo Meidiland'® (rosa, 40–60 cm)
- 'Heideröslein Nozomi'® (perlmutt, 40–60 cm)
- 'Heidetraum'® (rosa, 60–80 cm)
- 'Pink Meidiland'® (pink/weiß, 60–80 cm)
- 'Red Yesterday'® (rot, 60–80 cm)
- 'Royal Bassino'® (rot, 40–60 cm)
- 'Sommermärchen'® (pink, 40–60 cm)
- 'Sommerwind'® (rosa, 40–60 cm)
- 'Sonnenschirm'® (gelb, 40–60 cm)

Rugosa-Rosen
- 'Gelbe Dagmar Hastrup'® (gelb, 60–80 cm)
- 'Pierette'® (rosa, 60–80 cm)
- 'Polarsonne'® (rot, 60 –80 cm)
- 'Schnee-Eule'® (weiß, 40 –60 cm)

Kletterrosen
- 'Dortmund'® (rot, 200–300 cm)
- 'Morning Jewel'® (rosa, 200–300 cm)
- 'Bischofsstadt Paderborn'® (rot, 100–150 cm)

Strauchrosen
- 'Bourgogne'® (rosa, 150–200 cm)
- 'Centenaire de Lourdes' (rosa, 150–200 cm)
- 'Dirigent'® (rot, 150–200 cm)
- 'Frühlingsgold' (gelb, 150–200 cm)

- 'Marguerite Hilling'
  (rosa, 150–200 cm)
- 'Schneewittchen'®
  (weiß, 100–150 cm)

Wildrosen

- *Rosa canina*
  (zartrosa, 150–200 cm)
- *Rosa hugonis*
  (gelb, 200–300 cm)
- *Rosa jundzillii*
  (rosa, 150–200 cm)
- *Rosa moyesii*
  (rot, 200–300 cm)
- *Rosa pimpinellifolia*
  (creme, 100–150 cm)
- *Rosa rubiginosa*
  (rosa, 200–300 cm)

Rosenrhythmen bringen jeden Garten in Schwung

Das ungewöhnlichste an den Rosen ist ihre Blührhythmik. Kein anderes Gartengehölz blüht – je nach Sorte – von Mai bis in den November, kein anderes Gehölz ist wirklich öfterblühend. Damit auch in kleinen Gärten diese Eigenschaft voll ausgeschöpft werden kann, sollten Sie bei der Auswahl einer Rosensorte ihren Blührhythmus kennen und berücksichtigen.

Einmalblühende Frühlingsrosen

Bereits im Mai eröffnen die Frühlingsrosen das rosige Halbjahr. Es handelt sich bei ihnen um einmalblühende Strauchrosen, die sich auf optimalen Standorten allerdings zu mannshohen Rosenbergen auswachsen können. Deshalb sollte man in sehr kleinen Gärten auf sie verzichten. Beispiele sind: Frühlingsgold (gelb, 150 bis 200 cm), *Rosa hugonis* (gelb, 200 bis 300 cm), *Rosa moyesii* (rot, 200 bis 300 cm), *Rosa sericea* f. *pteracantha* (weiß, 200 bis 300 cm). Die heimische Wildrose *Rosa pimpinellifolia*

Der Foersterschen Aufforderung »Es wird durchgeblüht« folgen die Rosen gehorsam und mit spielerischer Leichtigkeit. Bei überlegter Sortenauswahl ist von Ende Mai bis zum ersten Novemberfrost eine durchgehende Rosenblüte erreichbar.

blüht zeitgleich mit den Frühlingsrosen. Sie bleibt mit 100 bis 150 cm Höhe im Rahmen und gilt als wuchszahme Alternative zu den eigentlichen Frühlingsrosen.

Öfterblütigkeit

In den meisten Hausgärten dominieren öfterblühende Rosensorten. Öfterblühend heißt, daß jedes Jahr zwei Blütenwellen durch unsere Gärten rauschen: die erste, stärkere im Juni, die zweite im August. Öfterblühend wird häufig unpräzise mit sommer- oder dauerblühend gleichgesetzt, obwohl es deutliche, sortentypische Unterschiede im Blühverhalten gibt. So können sich besonders frühblühende Sorten mit ausgeprägt spätblühenden Rosen vortrefflich ergänzen und die Blühpausen zwischen den Floren erheblich verkürzen.

Besonders frühblühende, öfter-blühende Rosen

Beetrosen
- 'Friesia'® (gelb, gefüllt, Duft, 60–80 cm)
- 'Schneeflocke'® (weiß, halbgefüllt, 40–60 cm)

Edelrosen
- 'Karl Heinz Hanisch'® (creme, gefüllt, Duft, 60–80 cm)
- 'Silver Jubilee'® (rosa, gefüllt, 60–80 cm)

Englische Rosen
- 'Heritage'® (rosa, stark gefüllt, Duft, 100–150 cm)
- 'Mary Rose'® (rosa, stark gefüllt, Wildrosenduft, 100–150 cm)

Flächenrose
- 'Lavender Dream'® (lavendel, halbgefüllt, Duft, 60–80 cm)

Romantische Nostalgierosen
- 'Bernstein Rose'® (Beetrose, bernstein, stark gefüllt, 60–80 cm)
- 'Rosarium Uetersen'® (Kletterrose, rosa, stark gefüllt, 200–300 cm)

Strauchrosen
- 'Centenaire de Lourdes' (rosa, halbgefüllt, Duft, 150–200 cm)
- 'Lichtkönigin Lucia'® (gelb, gefüllt, 100–150 cm)
- 'Schneewittchen'® (weiß, gefüllt, 100–150 cm)
- 'Vogelpark Walsrode'® (rosa, gefüllt, 100–150 cm)

Besonders spätblühende, öfter-blühende Rosen

Alte Rosen
- 'Ghislaine de Feligonde' (gelb, gefüllt, Duft, 150–200 cm)

Beetrosen
- 'Bella Rosa'® (rosa, gefüllt, 60–80 cm)
- 'Sommermorgen'® (rosa, gefüllt, 60–80 cm)

Unterschiedliche Blührhythmen machen Rosen zu sommerlangen Dauerblühern.

Englische Rosen
- 'Othello'® (rot, stark gefüllt, Duft, 100–150 cm)

Flächenrosen
- 'Alba Meidiland'® (weiß, gefüllt, 80–100 cm)
- 'Heidetraum'® (rosa, halbgefüllt, 60–80 cm)
- 'Lovely Fairy'® (rosa, gefüllt, 60–80 cm)
- 'Sommermärchen'® (pink, halbgefüllt, 40–60 cm)
- 'The Fairy' (rosa, gefüllt, 60–80 cm)

Kletterrosen
- 'Super Dorothy'® (Rambler, rosa, gefüllt, 300–500 cm)
- 'Super Excelsa'® (Rambler, karminrosa, gefüllt, 300–500 cm)

Romantische Nostalgierosen
- 'Eden Rose® '85' (Strauchrose, rosa, stark gefüllt, 150 bis 200 cm)

Sehr frostharte Rosen

Besonders den einmalblühenden Strauchrosen ist eine ausgeprägte Frosthärte mitgegeben. Aber auch öfterblühende Kollegen aus anderen Rosengruppen bewähren sich in Polarwintern bzw. in ausgesprochenen Frostlagen, wie etwa Senken. Wer Rosen in derartigen Lagen kultiviert, kann zudem durch begleitende Pflegemaßnahmen die Holzfestigkeit und damit die Frosthärte seiner Lieblinge erhöhen. Je kürzer die Wachstumsperiode ist, desto weniger dürfen Rosen durch üppige Düngergaben und harte Schnittmaßnahmen zu Höchstleistungen

getrieben werden. Auch besonders frostharte Rosen können durch übertriebenes Stickstoff-Doping in den sicheren Kältetod geschickt werden. Also erstens: Rosen in frostexponierten Lagen möglichst wenig düngen, und zweitens: In Frostlagen besonders gründliche Winterschutzmaßnahmen vornehmen.

Beetrosen
- 'Bonica® '82' (rosa, gefüllt, 60–80 cm)
- 'La Sevillana'® (rot, halbgefüllt, 60–80 cm)
- 'NDR 1 Radio Niedersachsen'® (rosa, halbgefüllt, 80–100 cm)
- 'The Queen Elizabeth Rose'® (rosa, gefüllt, 100–150 cm)

Flächenrosen
- 'Alba Meidiland'® (weiß, gefüllt, 80–100 cm)
- 'Bingo Meidiland'® (rosa, einfach, 40–60 cm)
- 'Heidetraum'® (rosa, halbgefüllt, 60–80 cm)
- 'Pink Meidiland'® (pink/weiß, einfach, 60–80 cm)
- 'Sommerwind'® (rosa, halbgefüllt, 40–60 cm)
- 'The Fairy' (rosa, gefüllt, 60–80 cm)

Rugosa-Rosen
- 'Gelbe Dagmar Hastrup'® (gelb, halbgefüllt, Duft, 60–80 cm)
- 'Pierette'® (rosa, gefüllt, Duft, 60–80 cm)
- 'Polarsonne'® (rot, gefüllt, Duft, 60–80 cm)
- 'Schnee-Eule'® (weiß, gefüllt, Duft, 40–60 cm)

Kletterrosen
- 'Dortmund'® (rot, einfach, 200–300 cm)
- 'New Dawn' (perlmutt, gefüllt, Duft, 200–300 cm)
- 'Flammentanz'® (Rambler, rot, gefüllt, einmalblühend, 300–500 cm)
- 'Venusta Pendula' (Rambler, rosa/weiß, halbgefüllt, einmalblühend, 300–500 cm)

Strauchrosen
- 'Ferdy'® (rosa, gefüllt, einmalblühend, 80–100 cm)
- 'Frühlingsgold' (gelb, einfach, einmalblühend, 150–200 cm)
- 'IGA '83 München'® (rosa, gefüllt, 80–100 cm)
- 'Marguerite Hilling' (rosa, halbgefüllt, nachblühend, 150–200 cm)
- 'Schneewittchen'® (weiß, gefüllt, 100–150 cm)

Wildrosen
- *Rosa canina* (zartrosa, einfach, einmalblühend, Duft, 150–200 cm)
- *Rosa gallica* (rosa, einfach, einmalblühend, Duft, 80–100 cm)
- *Rosa hugonis* (gelb, einfach, einmalblühend, 200 –300 cm)
- *Rosa moyesii* (rot, einfach, einmalblühend, 200–300 cm)
- *Rosa sericea* f. *pteracantha* (weiß, einfach, einmalblühend, 200–300 cm)

Nostalgische Rosenblüten
- 'Maiden's Blush' (rosa, stark gefüllt, 100–150 cm)
- 'Rosarium Uetersen'® (Kletterrose, rosa, stark gefüllt, 200–300 cm)

Rauhreifüberzogene Blüten wie von der Kletterrose 'Rosarium Uetersen'® sind ein winterlicher Höhepunkt.

Duftrosen

Rosendüfte gelten als »unbeschreiblich«. Millionen von Rezeptoren auf unserer nur einige Zentimeter großen Riechschleimhaut nehmen zwar Tag und Nacht Riechreize auf und leiten sie über die Riechnerven direkt ins Limbische System unseres Gehirns weiter. Weil dabei aber unser Sprachzentrum umgangen wird, fehlen uns eigenständige Begriffe, diese Eindrücke weiterzugeben. Deshalb haben Duftbeschreibungen meist vergleichenden Charakter, sind mit Erinnerungen und Erlebnissen verknüpft. Duft ist ein emotionales Ereignis, keine rationale Sache. Duft »ist« nicht so oder so, sondern »Es riecht wie…«

Interessanterweise riechen Frauen mehr als Männer. Vielleicht liegt es daran, daß sie sich mehr auf ihre Gefühle verlassen als die Männer, sicher bewiesen ist jedoch, daß Frauen – bedingt durch das weibliche Hormon Östrogen – über einen aktiveren Geruchssinn verfügen.

Rein chemisch betrachtet, sind Duftstoffe Ausscheidungsprodukte bestimmter Drüsen, einzelner Drüsenzellen oder ganzer Organe (Blüten, Blätter) der Rosen mit flüchtigem Charakter. Nicht jede Rose duftet, doch von jeder wird Rosenduft erwartet. Rosenfreund A. S. Thomas formulierte es treffend: »Eine Rose ohne Duft ist nicht weniger schön, aber sie ist weniger anziehend.«

Die Meinungen über Intensität und Note eines Rosenduftes gehen meist weit auseinander. Spricht ein Rosenfreund vom »reichlichen« Duft einer Rosensorte, muß ein anderer ihn förmlich suchen. Duft bleibt immer relativ, deshalb sind die Düfte der nachfolgend genannten Rosensorten auch immer im Zusammenhang mit ihrer Gruppenzugehörigkeit zu sehen. Der Duft Englischer Rosen läßt sich nicht mit dem der wenigen duftenden Flächenrosen vergleichen. Unter den Edelrosen finden sich wesentlich intensiver riechende Duftkandidaten als beispielsweise unter den Beetrosen. Dennoch wurden Rosen aller Gruppen berücksichtigt, um in möglichst vielen Verwendungssituationen auch Duftrosen zur Auswahl zu haben.

Duft ist die Seele der Rose, variationsreich in vielen Duftnoten – hier die intensiv duftende Ölrose 'Trigintipetala'.

Tip Duftstärke und Duftnote ein- und derselben Sorte können variieren – und zwar je nach Bodenart, Standort, Tageszeit und Entwicklungsstadium der Pflanze. Auch die Plazierung hat einen Einfluß. Duftrosen sollten zum einen gut zugänglich sein, damit man immer leicht an ihre Blüten herantreten kann. Zum anderen stehen Duftrosen am besten windgeschützt. Starke Winde können die privaten Duftproben stark beeinträchtigen. Wenn die Rosen in zugigen Ecken stehen, hilft zur Not ein Zaun oder eine Hecke als Schutz, um – von scharfen Winden unbehelligt – die volle Duftnote genießen zu können.

Bei der Parfumrose 'Duftwolke'® ist der Name Programm.

Für die Rosenzüchter ist Duft eine wünschenswerte, aber zugleich problematische Roseneigenschaft. Oft werden Duftgene mit unerwünschten Wesenszügen wie Krankheitsanfälligkeit und mangelnder Frosthärte gekoppelt weitervererbt. Robuste Duftrosen bleiben die Ausnahme. In Gebieten mit ausgeprägten Wintern ist der Einsatz von Duftrosen mit besonderem Bedacht vorzunehmen.

Beetrosen
- 'Duftwolke'® (rot, 60–80 cm)
- 'Friesia'® (gelb, 60–80 cm)

Edelrosen
- 'Banzai® '83' (gelb, 80–100 cm)
- 'Barkarole'® (rot, 80–100 cm)
- 'Burgund® '81' (rot, 60–80 cm)
- 'Duftgold'® (gelb, 60–80 cm)
- 'Duftrausch'® (lila, 80–100 cm)
- 'Elina'® (gelb, 80 bis 100 cm)
- 'Karl Heinz Hanisch'® (creme, 60 –80 cm)
- 'Mildred Scheel'® (rot, 80–100 cm)
- 'Paul Ricard'® (bernstein, 60–80 cm)
- 'Polarstern'® (weiß, 60–80 cm)
- 'The McCartney Rose'® (rosa, 60–80 cm)

Flächenrosen
- 'Lavender Dream'® (lavendel, 60–80 cm)

Rugosa-Rosen
- 'Gelbe Dagmar Hastrup'® (gelb, 60–80 cm)
- 'Pierette'® (rosa, 60–80 cm)
- 'Polarsonne'® (rot, 60–80 cm)
- 'Schnee-Eule'® (weiß, 40–60 cm)

Kletterrosen
- 'Harlekin'® (weiß/roter Rand, 200–300 cm)
- 'Ilse Krohn Superior'® (weiß, 200–300 cm)
- 'Lawinia'® (rosa, 200–300 cm)
- 'Morning Jewel'® (rosa, 200–300 cm)
- 'New Dawn' (perlmutt, 200–300 cm)

Rambler
- 'Bobbie James' (weiß, 300–500 cm)
- 'Paul Noël' (aprikot-rosa, 300–500 cm)

Strauchrosen
- 'Centenaire de Lourdes' (rosa, 150–200 cm)
- 'Frühlingsgold' (gelb, 150–200 cm)
- 'Ilse Haberland'® (rosa, 100 –150 cm)
- 'Westerland'® (apricot, 150–200 cm)

Wildrosen
- *Rosa canina* (zartrosa, 150–200 cm)
- *Rosa gallica* (rosa, 80–100 cm)
- *Rosa pimpinellifolia* (cremefarben, 100–150 cm)

Duftrosen mit nostalgischen Blütenformen

(Wenn nicht anders vermerkt, handelt es sich um Strauchrosen.)

- 'Abraham Darby'® (aprikot, 150–200 cm)
- 'Charles Austin'® (aprikot, 100–150 cm)
- 'Colette'® (aprikot, 150–200 cm)
- 'Constance Spry' (rosa, 150–200 cm)
- 'Ghislaine de Feligonde' (gelb, 150–200 cm)
- 'Gloire de Dijon' (Kletterrose, orange-aprikot, 200–300 cm)
- 'Graham Thomas'® (gelb, 100–150 cm)
- 'Heritage'® (rosa, 100–150 cm)
- 'Louise Odier' (rosa, 150–200 cm)
- 'Nostalgie'® (Edelrose, weiß/rot, 80–100 cm)
- 'Old Port'® (Edelrose, dunkelviolett, 40–60 cm)
- 'Othello'® (rot, 100–150 cm)
- 'Polka® '91' (aprikot, 100–150 cm)
- *Rosa centifolia* 'Muscosa' (rosa, 80–100 cm)
- *Rosa gallica* 'Officinalis' (karmesinrot, 100–150 cm)
- *Rosa gallica* 'Versicolor' (rosa, 100–150 cm)
- 'Rose de Resht' (rot, 80–100 cm)
- 'Sebastian Kneipp'® (Edelrose, cremeweiß, 80–100 cm)
- 'Souvenir de la Malmaison' (rosa, 80 bis 100 cm)
- 'Suaveolens' (weiß, 200–300 cm)
- 'Trigintipetala' (rosa, 150–200 cm)
- 'Wife of Bath' (rosa, 80–100 cm)

Die Hagebutte fällt nicht weit von der Rose

Seit vielen Jahrhunderten werden Hagebutten als Speise genutzt. Ihr hoher Vitamin-C-Gehalt machte sie besonders während des Winters zu einem begehrten Nahrungsmittel. Außer Vitamin C enthalten die Hagebutten die Vitamine K, P und das Provitamin A sowie zahlreiche Mineralstoffe wie Calcium, Kalium, Natrium, Magnesium, Eisen und Phosphor.

Damit Ihnen der volle Vitamin-C-Gehalt der Hagebutten zugute kommt, sollten Sie nur voll ausgefärbte, noch feste Früchte ernten. Wichtig ist die rasche Verarbeitung der Vitaminspender unmittelbar nach der Ernte.

Hagebutten erleben als Küchen- und Wildobst eine Renaissance.

Herausragende Hagebutten-rosen sind die **Rugosa-Rosen.** Es handelt sich bei ihnen um Aus-lesen bzw. Züchtungen aus der Kartoffelrose, *Rosa rugosa.* Neben ihren sehr ergiebigen, frucht-fleischreichen, ungewöhnlich gro-ßen Hagebutten bieten diese Sor-ten ein sehr widerstandsfähiges Laub. Ihre Standortansprüche sind gering.

> *Tip* *Rosa jundzillii*, die Rauh-blättrige Rose (Syn.: *Rosa margi-nata)* gilt unter Kennern als besonders wertvolle Hagebutten-lieferantin. Sie bildet wunderschö-ne, leuchtend rote, kugelförmige, sehr inhaltsreiche Hagebutten aus.

Beetrosen
- 'Bonica® '82' (rosa, gefüllt, öfterblühend, 60–80 cm)
- 'Escapade'® (lila/weiß, halbgefüllt, öfterblühend, 80–100 cm)
- 'La Sevillana'® (rot, halbgefüllt, öfterblühend, 60–80 cm)
- 'The Queen Elizabeth Rose'® (rosa, gefüllt, öfterblühend, 100–150 cm)

Flächenrosen
- 'Ballerina' (rosa/weiß, einfach, öfterblühend, 60–80 cm)
- 'Pink Meidiland'® (pink/weiß, einfach, öfterblühend, 60–80 cm)
- 'Royal Bassino'® (rot, halbgefüllt, öfterblühend, 40–60 cm)

Rugosa-Rosen
- 'Polarsonne'® (rot, gefüllt, öfterblühend, Duft, 60–80 cm)
- 'Schnee-Eule'® (weiß, gefüllt, öfterblühend, Duft, 40–60 cm)

Kletterrosen
- 'Dortmund'® (rot, einfach, öfterblühend, 200–300 cm)
- 'New Dawn' (perlmutt, gefüllt, öfterblühend, Duft, 200–300 cm)

Strauchrosen
- 'Bourgogne'® (rosa, einfach, einmalblühend, 150–200 cm)
- 'IGA '83 München'® (rosa, gefüllt, öfterblühend, 80–100 cm)
- 'Schneewittchen'® (weiß, gefüllt, öfterblühend, 100–150 cm)

Wildrosen
- *Rosa arvensis* (weiß, einfach, einmalblühend, 80–100 cm)
- *Rosa canina* (zartrosa, einfach, einmalblühend, Duft, 150–200 cm)

- *Rosa gallica* (rosa, einfach, einmalblühend, Duft, 80–100 cm)
- *Rosa glauca* (hellrot, einfach, einmalblühend, 200–300 cm)
- *Rosa hugonis* (gelb, einfach, einmalblühend, 200–300 cm)
- *Rosa jundzillii* (rosa, einfach, einmalblühend, 150–200 cm)
- *Rosa moyesii* (rot, einfach, einmalblühend, 200–300 cm)
- *Rosa nitida* (rosa, einfach, einmalblühend, 40–60 cm)
- *Rosa pimpinellifolia* (creme, einfach, einmalblühend, Duft, 100 bis 150 cm)
- *Rosa rubiginosa* (rosa, einfach, einmalblühend, 200 bis 300 cm)
- *Rosa sericea* f. *pteracantha* (weiß, einfach, einmalblühend, 200 bis 300 cm)

Alte Rosen
- *Rosa gallica* 'Officinalis' (karmesinrot, halbgefüllt, einmalblühend, Duft, 100–150 cm)
- 'Suaveolens' (weiß, gefüllt, einmalblühend, Duft, 200–300 cm)

Die großen Hagebutten der Rugosa-Rosen lassen sich besonders gut verwerten.

Rosenhecken entdecken

In der freien Natur gelten einmalblühende Wildrosen neben Schlehe und Weißdorn als die wichtigsten Heckenpflanzen überhaupt. Sie erfüllen dort ihren Zweck, nämlich zur Erhaltung und Sicherung der Artenvielfalt beizutragen. Hecken gleichen unter anderem Wetterextreme aus und bieten zahlreichen Lebewesen wie Vögeln und anderen Tieren Brut- und Nistschutz. Heckenfrüchte tragen erheblich zur erfolgreichen Futtersuche der Vögel bei.

Hecken aus öfterblühenden Strauch- oder Flächenrosen können die gleichen Funktionen im Hausgarten übernehmen. Auch Beetrosen, ja sogar Alte Rosen können heckengerecht zum Einsatz kommen. Je nach Größe des Gartens lassen sich Rosenhecken niedrig bis mannshoch gestalten. Läßt man sie locker und ungeschnitten wachsen, bilden sie farbenprächtige Zäune mit hohem ökologischem Nutzen. Hübsch ist das Vermischen verschiedenfarbig blühender Rosensorten.

Eine Rosenhecke bedingt ganz zwangsläufig eine dichte Pflanzfolge. Daraus resultiert ein höherer Befallsdruck durch Pilzkrankheiten. Wichtig ist deshalb die Wahl robuster Sorten und ein sonniger Standort. Im Traufenbereich großer Laub- und Nadelbäume haben auch robuste, öfterblühende Rosenhecken keine großen Erfolgsaussichten.

Um nachbarschaftlichem Ärger aus dem Wege zu gehen, ist - vor dem Anlegen der Hecke - ein Blick in das Nachbarrecht dienlich. Die Mindestabstände zur Grundstücksgrenze sind je nach Bundesland unterschiedlich geregelt.

Lockere Hecken mit 40 bis 60 cm Höhe

- *Rosa nitida* (Wildrose, rosa, einfach, einmalblühend)
- 'Schnee-Eule'® (Rugosa-Sorte, weiß, gefüllt, öfterblühend, Duft)
- 'Sonnenschirm'® (Flächenrose, gelb, gefüllt, öfterblühend)
- 'Zwergkönig® '78' (Zwergrose, rot, gefüllt, öfterblühend, kräftige Hauptblüte)

Lockere Hecken mit 60 bis 80 cm Höhe

- 'Ballerina' (Flächenrose, rosa/weiß, einfach, öfterblühend)
- 'La Sevillana'® (Beetrose, rot, halbgefüllt, öfterblühend)

- 'Pink Meidiland'® (Flächenrose, pink/weiß, einfach, öfterblühend)
- 'Red Yesterday'® (Flächenrose, rot, einfach, öfterblühend)

Lockere Hecken mit 80 bis 100 cm Höhe

- 'Escapade'® (Beetrose, lila/weiß, halbgefüllt, öfterblühend)
- 'Ferdy'® (Strauchrose, rosa, gefüllt, einmalblühend)
- 'IGA '83 München'® (Strauchrose, rosa, gefüllt, öfterblühend)
- 'Rose de Resht' (Alte Rose, rot, stark gefüllt, öfterblühend, Duft)
- 'Wife of Bath' (Englische Rose, rosa, stark gefüllt, öfterblühend, Duft)

Lockere Hecken mit 100 bis 150 cm Höhe

- 'Angela'® (Strauchrose, altrosa, halbgefüllt, öfterblühend)

Rosenhecken bieten Brut- und Nistschutz in gartengerechter Ästhetik.

- 'Astrid Lindgren'® (Strauchrose, rosa, gefüllt, öfterblühend)
- 'Bischofsstadt Paderborn'® (Strauchrose, rot, einfach, öfterblühend)
- 'Dornröschenschloß Sababurg'® (Strauchrose, rosa, gefüllt, öfterblühend)
- 'Ilse Haberland'® (Strauchrose, rosa, gefüllt, öfterblühend, Duft)
- 'Kordes' Brillant'® (Strauchrose, orange, gefüllt, öfterblühend)
- 'Lichtkönigin Lucia'® (Strauchrose, gelb, gefüllt, öfterblühend)
- 'Maiden's Blush' (Alte Rose, rosa, stark gefüllt, einmalblühend)
- 'Mein schöner Garten'® (Strauchrose, rosa, gefüllt, öfterblühend)
- 'Polka® '91' (Strauchrose, Nostalgie-Rose, aprikot, stark gefüllt, öfterblühend, kontinuierlich, Duft)
- *Rosa gallica* 'Officinalis' (Alte Rose, karmesinrot, halb- gefüllt, einmalblühend, Duft)
- *Rosa pimpinellifolia* (Wildrose, creme, einfach, einmalblühend, Duft)
- 'Schneewittchen'® (Strauchrose, weiß, gefüllt, öfterblühend)
- 'The Queen Elizabeth Rose'® (Beetrose, rosa, gefüllt, öfter- blühend)

Lockere Hecken mit 150 bis 200 cm Höhe
- 'Ghislaine de Feligonde' (Alte Rose, gelb, gefüllt, öfterblühend, Duft)

Die Rugosa-Rosen zählen mit ihrer gel- ben Herbstfärbung zu den auffälligsten Herbstrosen. Die späte Farbenpracht kann bis zu vier Wochen andauern.

- 'Constance Spry' (Englische Rose, rosa, stark gefüllt, einmalblühend, Duft)
- 'Centenaire de Lourdes' (Strauchrose, rosa, halbgefüllt, öfterblühend, Duft)
- 'Dirigent'® (Strauchrose, rot, halbgefüllt, öfterblühend)
- 'Marguerite Hilling' (Strauchrose, rosa, halbgefüllt, nachblühend)
- 'Westerland'® (Strauchrose, apricot, halbgefüllt, öfterblühend, Duft)
- *Rosa canina* (Wildrose, zartrosa, einfach, einmalblühend, Duft)

Lockere Hecken mit 200 bis 300 cm Höhe
- *Rosa rubiginosa* (Wildrose, rosa, einfach, einmalblühend)

Mit Ramblerrosen wie 'Bobbie James' sind sogar streng **formale, geschnittene Hecken** möglich. Sie sind eine raumeffektive, far- benprächtige Heckenalternative für beengte Standorte, an denen es für breitwachsende, lockere Strauchrosenhecken nicht genug Platz gibt. Pflanzen Sie die Ramb- ler direkt an einen stabilen Ma- schendrahtzaun, den sie rasch erobern, und bringen Sie sie wie Liguster oder Hainbuchen mit der Heckenschere in Form.

Herbstfärbung bei Rosen – Farbenspiel im Verborgenen

Bestimmte Rosen verabschie- den den Sommer durch eine buntherbstliche Laubfärbung. Na- türlich reicht das Farbenspiel nicht an das der klassischen Herbstfärber wie Pfaffenhütchen, Schneeball oder Zaubernuß heran, dennoch wissen Rosenfreunde diese Eigenschaft der Rosen zu schätzen.

Gelbe Herbstfärbung
- 'Alba Meidiland'® (Flächenrose, weiß, 80–100 cm)
- 'Gelbe Dagmar Hastrup'® (Rugosa-Sorte, gelb, 60–80 cm)
- 'Pierette'® (Rugosa-Sorte, rosa, 60–80 cm)

- 'Polarsonne'® (Rugosa-Sorte, rot, 60–80 cm)
- 'Schnee-Eule'® (Rugosa-Sorte, weiß, 40–60 cm)
- 'The Fairy' (Flächenrose, rosa, 60–80 cm)

Rötliche Herbstfärbung

- 'Bobbie James' (Rambler, weiß, einmalblühend, 300–500 cm)
- 'Ilse Krohn Superior'® (Kletterrose, weiß, 200–300 cm)
- *Rosa nitida* (Wildrose, rosa, einmalblühend, 40–60 cm)
- 'Super Dorothy'® (Rambler, rosa, 300–500 cm)
- 'Super Excelsa'® (Rambler, karminrosa, 300–500 cm)

Geheimtip: *Rosa inermis* 'Morletti' (Beschreibung: siehe Seite 69).

Rosen für Gefäße – Kübel, Tröge, Ampeln, Kästen

Rosen sind als ausgesprochene Tiefwurzler keine Kübelgehölze par excellence. Damit die mobile Rosenpracht über mehrere Jahre von Erfolg gekrönt wird, gilt es, sich mit den Ansprüchen der Rosen auseinanderzusetzen.

Bereits die Auswahl der Gefäße ist von Bedeutung. Für mehrjährigen Kübelspaß sollte der Mindestdurchmesser der Kübel 40 cm betragen – je größer, desto besser. Für Rosen hat sich der hohe, langgezogene Zylinder als Kübelform bestens bewährt.

Die Vorteile liegen auf der Hand. Rosen in der Zylinderform lassen sich problemlos wässern und nach drei bis vier Jahren leicht umtopfen. Vitalwüchsige Rosen, etwa Strauchrosensorten, können sich nach mehrjährigem Aufenthalt in bauchigen Gefäßen derart eingewachsen haben, daß sie nur noch mit Gewalt – sprich Spaten oder Messer – ausgetopft werden können.

Der gut sortierte Fachhandel bietet nicht nur verschiedene Formen, sondern auch unterschiedlichste Kübelmaterialien an. Für Rosen gut geeignet sind Terrakottakübel. Sie sorgen für eine gute Durchlüftung der Kübelerde, nachteilig ist allerdings ihr hoher Wasserverlust durch die Ge-

Rosen im Topf ermöglichen Vielfalt auf engstem Raum.

Vor Südwänden können Rosen starken Lichtreflektionen ausgesetzt sein und mit Blattverbrennungen bzw. Spinnmilbenbefall reagieren.

fäßwand, vor allem bei minderwertigen, weniger hart gebrannten Qualitäten. Dennoch sind sie dem Kunststoff überlegen. Kübel aus Kunststoff sind zwar leichter zu transportieren und gelten als wassersparend. Die dünne Gefäßwand hat jedoch kaum eine isolierende Wirkung, so daß sich im Sommer die Erde schnell erwärmt und im Winter kaum ein Wurzelschutz besteht. Häufig berichten Rosenfreunde von Mißerfolgen mit Kunststoffkübeln, insbesonders, wenn großlaubige Rosen, etwa Edelrosen, in derartigen Gefäßen der vollen Sonne ausgesetzt sind.

Holzkübel bieten eine gute Isolation und eine lange Lebensdauer. In Frage kommen entweder imprägnierte Eiche oder eisenharte Akazie. Holz arbeitet allerdings ständig, so daß sich mitunter ab dem zweiten Jahr Verwitterungserscheinungen einstellen.

Besonders rustikal wirken Weidenkörbe, die jedoch nur eine kurze Lebensdauer haben und im Winter kaum Frost abhalten. Als Übertopf sind sie aber rosengerecht.

Steingut und Keramik bieten eine optisch saubere und attraktive Lösung. Ihr Wasserverlust ist gering, ihre Lebensdauer hoch. Sehr romantisch wirken verzinkte Waschzuber, die viel Platz für die Wurzelentwicklung der Rosen mitbringen.

Kübelerden

Rosen bleiben viele Jahre in ihren Gefäßen, deshalb muß die Pflanzerde die Wurzeln ausreichend mit Luft und Nährstoffen versorgen können. Die im Fachhandel angebotenen speziellen Kübelerden sind meist in Ordnung. Arbeitet

man zusätzlich zehn Prozent Blähton oder gebrochenen Schiefer ein, wird die Strukturstabilität über Jahre deutlich erhöht. Keinesfalls sollten Sie Erden mit hohem Lehm- bzw. Tonanteil verwenden. Die feinen Lehmpartikel verstopfen rasch die Abzugslöcher. Auch ein hoher Torfanteil wirkt sich negativ aus; derartige Substrate neigen zum Absacken. Ungeeignet sind aufgrund der hohen Nährstoffgehalte eine aufgedüngte Balkonkastenerde und reine Komposterde. Als Substratzuschlagstoff kann Kompost aber mit einem Anteil von bis zu dreißig Prozent beigemischt werden.

Eintopfen

Eine ausreichende Gefäßgröße liegt dann vor, wenn die Wurzeln der Rosen frei und ohne Verbiegung im Kübel hängen. Werden Containerrosen gepflanzt, sollte nach dem Einstellen des feuchten Ballens ein Abstand von zehn Zentimetern zur Gefäßwand frei sein.

Sehr zu empfehlen ist das Auflegen einer Drainageschicht aus Tonscherben oder Blähton in einer Stärke von etwa fünf Zentimetern auf dem Kübelboden. Darauf kommt ein wasserdurchlässiges Vlies (Gemüsevlies), und darauf

Das A und O für Rosen in Gefäßen ist eine funktionstüchtige Drainageschicht, z. B. aus Tonscherben (①). Damit die Drainage nicht verstopft wird, gibt man ein Vlies auf die Scherben (②), dann die Erde (③) und füllt nachträglich die Hohlräume um die Wurzeln auf (④).

Dekorative Kübelfüße fördern zusätzlich den raschen Wasserabfluß.

die Kübelerde. Das Vlies verhindert, daß die Drainageschicht durch Erdteilchen verstopft wird. Gießwasser muß immer rasch ablaufen können, denn die wenigsten Kübelrosen verdursten, sondern sie »ertrinken«.

Staunässe setzt den wichtigen Feinwurzeln böse zu. Sie verfaulen, die Versorgung der Pflanze bricht zusammen. Deshalb sind große Abzugslöcher am Kübel-

Langzeitdünger in Kegelform haben sich für Kübelrosen bewährt.

boden wichtig. Zusätzlich sollten Sie die Gefäße auf schmale, etwa einen Zentimeter hohe Leisten stellen, vor allem, wenn sie in Untersetzern stehen.

Düngung

Bequem und sicher sind Langzeitdünger, die im Nahbereich der Wurzeln im Kübelinnern plaziert werden.

Pflanzenschutz

Der Pflanzenschutz für Kübelrosen unterscheidet sich nicht von dem für die Gartenrosen. Die Mobilität des Kübels bietet jedoch die Möglichkeit, die Rosen von ungünstigen Standorten entfernen zu können. Spinnmilben z.B. treten mit Vorliebe an lufttrockenen Standorten auf. Befallen sie eine Kübelrose, sollten Sie es vor dem Einsatz von Spritzmitteln zunächst mit dem Wechsel zu einem anderen, luftfeuchteren Standort probieren.

Frostschutz

Rosen sind frostharte Kübelpflanzen, die im Freien überwintern können. Die Voraussetzung dafür ist, daß sich die Rosen im Zustand der Ruhe befinden, d.h. das Wachstum sollte für dieses Jahr abgeschlossen sein. Trifft Frost auf eine noch aktive Wurzel, sind Schäden vorprogrammiert.

Noppenfolie oder Kokosmatten sind mögliche Materialien für die etwa zehn Zentimeter starke Isolierschicht, die Gefäß und Rosenwurzel im Winter schützt.

Eine weitere Gefahr liegt darin, daß in zu kleinen Gefäßen (unter 40 cm Durchmesser) bei plötzlich einsetzendem Frost Wurzeln schockartig, ohne längere Übergänge, ge- und damit erfrieren können.

Deshalb hat sich eine zehn Zentimeter starke, trockenbleibende Isolierschicht rund um den Kübel bewährt. Diese Isolierschicht kann entweder aus einem Mantel aus Kokosfasern oder feinem Birken-, Buchen- oder Apfellaub oder aus Noppenfolie bestehen. Die oberirdischen Triebe der Rosen werden zum Schutz vor Frost und kalten Winden mit Sackleinen, Ballentuch oder Fichtenreisig abgedeckt.

Viele Rosen eignen sich für eine Kultur im Kübel. Jede Rosenklasse kann beim Gestalten mit Kübelrosen so eingesetzt werden, wie es ihrem Charakter am ehesten entspricht. Kletterrosen beispielsweise lassen sich an Spalieren und Stäben zu einem blühenden Paravent erziehen, der Terrassenräume aufteilt und Sichtschutz bietet. Schön sieht es auch aus, wenn die langen Triebe der Kletterrosen zu Pyramiden aufgebunden werden. Strauchrosen können Sie als wandernden Gartenschmuck auf der Rasenfläche oder vor einer grünen Gehölzkulisse aufstellen.

Ein besonderer Kübelschmaus sind Stammrosen. Alle in diesem Buch genannten Zwergstamm-, Halbstamm-, Hochstamm- und Kaskadenrosen eignen sich für eine Kultur in entsprechend dimensionierten Kübeln. Ganz wichtig sind schwere Gefäße, damit der Wind die kopflastigen Stämme nicht allzu leicht umwerfen kann. Vergessen Sie bei der Auswahl der Stammhöhe nicht, die Höhe des Kübels mit einzupla-

nen. So können Halbstämme in einem hohen Kübel eine durchaus ansehnliche Größe erreichen. Hübsch ist das Unterpflanzen der Stämme mit rosengerechten Stauden. Bewährt haben sich beispielsweise das Bergbohnenkraut (Satureja montana) und niedrige Glockenblumenarten (Campanula portenschlagiana). Ungeeignet sind säureliebende Heidepflanzen und wuchsstarke Bodendecker, die schnell in Konkurrenz zu den Rosenstämmen treten.

> *Tip* Halb- und Hochstämme kann man links und rechts des Hauseingangs als freundlichen Willkommensgruß postieren.

Rosen für Kübel

Beetrosen
- 'Amber Queen'® (aprikot)
- 'Bella Rosa'® (rosa)
- 'Bonica® '82' (rosa)
- 'Duftwolke'® (rot, Duft)
- 'Escapade'® (lila/weiß)
- 'Focus'® (lachsorange)
- 'Friesia'® (gelb, Duft)
- 'La Paloma® '85' (weiß)
- 'La Sevillana'® (rot)
- 'NDR 1 Radio Niedersachsen'® (rosa)
- 'Rosenprofessor Sieber'® (rosa)
- 'Schneeflocke'® (weiß)

Edelrosen
- 'Aachener Dom'® (rosa)
- 'Burgund® '81' (rot, Duft)
- 'Christoph Columbus'® (orange)
- 'Duftrausch'® (lila, Duft)
- 'Elina'® (gelb, leichter Duft)
- 'Mildred Scheel'® (rot, Duft)
- 'Paul Ricard'® (bernstein, Duft)
- 'Silver Jubilee'® (rosa)

Flächenrosen
- 'Alba Meidiland'® (weiß)
- 'Aspirin'®-Rose' (weiß)
- 'Ballerina' (rosa/weiß)
- 'Celina'® (gelb)
- 'Heideröslein Nozomi'® (perlmutt)
- 'Heidetraum'® (rosa)
- 'Lovely Fairy'® (rosa)
- 'Mirato'® (rosa)
- 'Red Yesterday'® (rot)
- 'Satina'® (rosa)
- 'Sommerwind'® (rosa)
- 'Sonnenschirm'® (gelb)
- 'Swany'® (weiß)
- 'The Fairy' (rosa)
- 'White Meidiland'® (weiß)

Blühender Fanal aus mehreren Rosenformen: Ein Stämmchen der Sorte 'Heidetraum' wurde sortengleich unterpflanzt.

Kletterrosen
- 'Golden Showers'® (gelb)
- 'Harlekin'® (weiß/roter Rand, Duft)
- 'Ilse Krohn Superior'® (weiß, Duft)
- 'Lawinia'® (rosa, Duft)
- 'New Dawn' (perlmutt, Duft)
- 'Ramira'® (rosa)
- 'Salita'® (orange)
- 'Santana'® (rot)

Rambler
- 'Super Dorothy'® (rosa)
- 'Super Excelsa'® (karminrosa)

Strauchrosen
- 'Angela'® (altrosa)
- 'Centenaire de Lourdes' (rosa, Duft)
- 'Dornröschenschloß Sababurg'® (rosa)
- 'Fontaine'® (rot)
- 'Grandhotel'® (rot)
- 'IGA '83 München'® (rosa)
- 'Lichtkönigin Lucia'® (gelb)
- 'Marguerite Hilling' (rosa)
- 'Mein schöner Garten'® (rosa)
- 'Romanze'® (rosa)
- 'Schneewittchen'® (weiß)
- 'Vogelpark Walsrode'® (rosa)
- 'Westerland'® (aprikot, Duft)

Alte Rosen
- 'Ghislaine de Feligonde' (gelb, Duft)
- 'Gruß an Aachen' (creme)
- 'Jacques Cartier' (rosa)
- 'Louise Odier' (rosa, Duft)
- *Rosa centifolia* 'Muscosa' (rosa, Duft)
- *Rosa gallica* 'Officinalis' (karmesinrot, Duft)
- 'Rose de Resht' (rot, Duft)

Englische Rosen – im Kübel nicht übel.

- 'Souvenir de la Malmaison' (rosa, Duft)

Englische Rosen
- 'Abraham Darby'® (aprikot, Duft)
- 'Charles Austin'® (aprikot, Duft)
- 'Graham Thomas'® (gelb, Duft)
- 'Heritage'® (rosa, Duft)
- 'Mary Rose'® (rosa, Wildrosenduft)
- 'Othello'® (rot, Duft)
- 'Wife of Bath' (rosa, Duft)

Romantische Nostalgierosen
- 'Ballade'® (rosa)
- 'Bernstein Rose'® (bernstein)
- 'Colette'® (aprikot, Duft)
- 'Eden Rose'® '85' (rosa)
- 'Leonardo da Vinci'® (rosa)
- 'Michelangelo'® (gelb, Duft)
- 'Nostalgie'® (weiß/rot, Duft)
- 'Old Port'® (dunkelviolett, Duft)
- 'Polka'® '91' (bernstein, Duft)
- 'Raubritter' (rosa)
- 'Rosarium Uetersen'® (Kletterrose, rosa)

- 'Sebastian Kneipp'® (cremeweiß, Duft)

Rosen für Tröge

Gemeint sind Tröge aus Natur- oder Kunststein, an die sich vor allem überhängend wachsende Sorten aus der Gruppe der Flächenrosen harmonisch anschmiegen. In sehr flache Tröge passen wurzelecht vermehrte Rosensorten mit ihrem flachen Wurzelballen. Die Mobilität von Steintrögen ist aufgrund ihres hohen Gewichtes meist eingeschränkt. Überlegen Sie deshalb vor der Pflanzung genau, wo Ihr Trog stehen soll, damit Sie ihn danach nicht mehr bewegen müssen. Zur Überwinterung werden die Tröge – wie die Kübel auch – in eine 10 cm dicke Isolierschicht eingepackt.

> *Tip* Als Trogrosen passen Rosen auch gut in die Nähe von Steingärten.

'The Fairy' bringt formschöne Tröge und breite Kästen zum Funkeln.

Flächenrosen

- 'Alba Meidiland'® (weiß)
- 'Ballerina' (rosa/weiß)
- 'Celina'® (gelb)
- 'Heideröslein Nozomi'® (perlmutt)
- 'Heidetraum'® (rosa)
- 'Lovely Fairy'® (rosa)
- 'Mirato'® (rosa)
- 'Sommermärchen'® (pink)
- 'Sommerwind'® (rosa)
- 'Sonnenschirm'® (gelb)
- 'Swany'® (weiß)
- 'The Fairy' (rosa)

Rambler

- 'Super Dorothy'® (rosa)
- 'Super Excelsa'® (karminrosa)

Zwergrosen

- 'Orange Meillandina'® (orangerot)
- 'Peach Meillandina'® (apricot)
- 'Pink Symphonie'® (rosa)
- 'Rosmarin® '89' (rosa)
- 'Sonnenkind'® (gelb)
- 'Zwergkönig® '78' (rot)

Rosen für Ampeln

Rosen in Ampeln sind besonders attraktive Kübelrosen, wenn das Gefäß nicht zu klein dimensioniert ist. Man pflanzt Ramblersorten in große Ampeln und läßt sie im Frühjahr praktisch ungeschnitten. Lediglich totes Holz wird entfernt. So baut sich über die Jahre eine wahre Kaskadenpracht auf. Mittlerweile bietet der Fachhandel auch gut durchdachte Ampelbewässerungssysteme an, die das Gießen automatisch, bequem und rosengerecht erledigen.

Einige besonders langtriebige Rosensorten wirken auch als Ampelpflanzen. Natürlich eignen sich alle Ampelrosen auch für entsprechend große Hanging Baskets.

Flächenrosen

- 'Alba Meidiland'® (weiß)
- 'Heidetraum'® (rosa)
- 'Mirato'® (rosa)
- 'Swany'® (weiß)
- 'The Fairy' (rosa)

Rambler

- 'Super Dorothy'® (rosa)
- 'Super Excelsa'® (karminrosa)

Für große Ampeln

- 'Flammentanz'® (rot)

Rosen für Kästen

Aufgrund des begrenzten Platzangebotes kommen für die meisten Balkonkästen nur wurzelecht vermehrte Zwergrosen in Betracht. Veredelte Rosenstöcke sind zwar wesentlich vitaler und wuchsdynamischer und lassen sich auch leichter überwintern, passen aber mit ihrem starren Wurzelstock häufig nicht in die nur 15 bis 20 Zentimeter tiefen Kästen hinein.

Zwergrosen sind in Balkonkästen meist sehr viel pflegeleichter als ausgepflanzt im Garten. Das liegt daran, daß durch die geringere Erdoberfläche in den Kästen nur wenige Sternrußtausporen mit dem Regenwasser auf die Blätter der rosigen Däumlinge gespritzt werden.

Zwergrosen

- 'Orange Meillandina'® (orangerot)
- 'Peach Meillandina'® (apricot)
- 'Pink Symphonie'® (rosa)
- 'Rosmarin® '89' (rosa)
- 'Sonnenkind'® (gelb)
- 'Zwergkönig® '78' (rot)

Schnittrosen aus dem eigenen Garten

Wer sich näher mit für den Blumenschnitt geeigneten Rosen beschäftigt, wird rasch feststellen, daß sich vor allem gut gefüllte Sorten und ganz bestimmte Rosenklassen dafür anbieten. An erster Stelle steht natürlich die Klasse der Edelrosen mit ihren eleganten, großen, bisweilen berauschend duftenden Sorten. Die zweite interessante Gruppe für den Schnitt bilden büschelblütige Beet- und Flächenrosen mit zahlreichen Blüten pro Stiel. Zwar sind die meisten Sorten ohne Duft, dafür lassen sich aber mit wenigen Blütenbüscheln üppige Sträuße zusammenstellen.

Für Floristikfans besonders verlockend sind starkgefüllte Englische Rosen. Nicht nur, daß schon eine einzige Blüte, neben einem brennenden Teelicht in einer Wasserschale schwimmend, die Blicke auf sich zieht. Englische Rosen sind als Schnittrosen zudem eine Rarität, die im Blumenhandel kaum zu finden ist.

Zu den Tricks erfahrener Rosengärtner, besonders üppige Rosenblüten zu bekommen, gehört das Ausbrechen der Blüten. Bei Edelrosen bewirkt das Entfernen der Beiknospen eine verstärkte Entwicklung der Spitzenknospe. Bei Beet- und Flächenrosen, die Blütenbüschel ausbilden, wird dage-

Ausbrechen: Durch das frühzeitige Abkneifen (siehe Pfeile) der Seitenknospen mit Hilfe von Daumen und Zeigefinger kann sich die Hauptknospe der Edelrosen besser entwickeln.

gen die Spitzenknospe entfernt, damit alle Seitenknospen sich gleichmäßig entwickeln. Würde der Stiel mit allein blühender Spitzenknospe geschnitten, gingen die noch geschlossenen Seitenknospen in der Vase nicht auf, und nur ein Bruchteil der möglichen Blütenfülle könnte den Rosenfreund erfreuen.

Man schneidet Rosen in den frühen Morgenstunden leicht aufgeblüht, d.h. wenn die äußeren Kelchblätter der Blüten sich gelöst haben und nach unten weisen, während sich das erste Blütenblatt am oberen Blütenrand langsam zu öffnen beginnt. Setzen Sie den Schnitt nicht zu tief an, denn jedes verlorene Rosenblatt bedeutet einen Verlust an Produktionsfläche für lebenswichtige Zucker-

Eigene Schnittrosen sind ein floristisches Tummelfeld für den kreativen Rosenfreund. Die richtige Handhabung der Stiele sorgt für eine langes Vasenleben.

verbindungen. Nur wenn ausreichend atmungsaktives Laub am Stock verbleibt, kann die Rose zügig nachtreiben. Grundsätzlich schneidet man nie mehr als zwei Stiele auf einmal von einem Rosenstock. Bewährt haben sich für den Schnitt Präsentierscheren (siehe auch Seite 142).

Die Präsentierschere hält den Rosenstiel beim Abschneiden gleichzeitig fest.

Damit nicht alle Rosen auf einmal blühen, empfiehlt sich ein Verteilen der Ernte über einen längeren Zeitraum. Durch das Einkürzen der jungen Rosentriebe drei oder vier Wochen vor der Blüte wird ein Neuaustrieb - und damit eine entsprechende Verzögerung – erreicht. Die Schnittperiode endet im Garten spätestens am 1. Okto-

Vasenrosen – Blütenreife

Knospe kurz vor dem idealen Schnitttermin.   **Richtiger Schnitttermin für Vasenrosen im Sommer.**

Angeblühte Knospen: gut für den Schnitt in kühler Jahreszeit.

ber eines Jahres. Nur so kann die Rose zur Ruhe kommen, ausreifen und sicher den nächsten Winter überstehen.

Langes Vasenleben – La vie en rose

Wer möglichst lange Spaß an seinen Schnittrosen – ob nun aus dem eigenen Garten oder im Fachgeschäft gekauft – haben möchte, kann durch die Beachtung folgender Regeln das Vasenleben deutlich verlängern: Nach dem Schnitt stellt man die Stiele sofort in einen Eimer, in den man zuvor handwarmes Wasser langsam – ohne die Bildung von Sauerstoffbläschen – eingefüllt hat. Die Rosen kommen dann an einen kühlen Platz. Niemals geschnittene Rosenstiele von oben überbrausen.

Weitere Hinweise:
* Stacheln und Blätter am Ende der Rosenstiele entfernen
* mit einem scharfen Messer das Stielende auf einer Länge von fünf Zentimetern schräg anschneiden
* nur saubere Vasen verwenden
* gefüllte Vasen nie in die direkte Sonne oder Zugluft stellen

So halten Schnittrosen länger

Schnittrosen schneidet man am besten frühmorgens.

Sofort ins Wasser stellen.

Stielenden schräg anschneiden.

Stielenden 3 Sekunden lang in kochendes Wasser tauchen.

- Wasser täglich wechseln
- Stielenden immer wieder neu anschneiden
- Frischhaltemittel in Tabletten- oder Pulverform ins Wasser geben. Sie wirken desinfizierend und verlängern das Leben einer sachgerecht geschnittenen Rose

Wer diese Hinweise befolgt, wird das Rosenleben neuer Schnittrosen deutlich verlängern können. Ziel aller Maßnahmen ist es, den Wasserfluß innerhalb der abgeschnittenen Stiele aufrechtzuerhalten.

Tip Wenn Rosen direkt nach dem Kauf vorzeitig ihre Köpfe hängen lassen, legen Sie sie eine Nacht lang in eine mit 2 bis 3 cm Wasser gefüllte Badewanne.

Doldenblüher mit ausgeprägtem Blütenstand

Beetrosen
- 'Amber Queen'® (aprikot)
- 'Bella Rosa'® (rosa)
- 'Bonica'® '82' (rosa)
- 'Duftwolke'® (rot, Duft)
- 'Focus'® (lachsorange)
- 'Rumba'® (aprikot/gelb)

Flächenrosen
- 'Alba Meidiland'® (weiß)
- 'Heidetraum'® (rosa)
- 'Lovely Fairy'® (rosa)
- 'The Fairy' (rosa)
- 'White Meidiland'® (weiß)

Strauchrose
- 'Lichtkönigin Lucia'® (gelb)

Einzelblüten

Edelrosen
- 'Aachener Dom'® (rosa)
- 'Banzai® '83' (gelb, Duft)
- 'Barkarole'® (rot, Duft)
- 'Burgund' '81'® (rot, Duft)
- 'Christoph Columbus'® (orange)
- 'Duftgold'® (gelb, Duft)
- 'Duftrausch'® (lila, Duft)
- 'Elina'® (gelb, leichter Duft)
- 'Gloria Dei' (gelb/rot)
- 'Karl Heinz Hanisch'® (creme, Duft)
- 'Mildred Scheel'® (rot, Duft)
- 'Paul Ricard'® (bernstein, Duft)
- 'Polarstern'® (weiß, Duft)
- 'Silver Jubilee'® (rosa)
- 'The McCartney Rose'® (rosa, Duft)

Kletterrosen
- 'New Dawn' (perlmutt)

Nostalgische Blütenformen für romantische Rosensträuße

Alte Rosen
- 'Gloire de Dijon' (Kletterrose, orange-aprikot, Duft)
- 'Gruß an Aachen' (creme)
- 'Jacques Cartier' (rosa)
- 'Louise Odier (rosa, Duft)
- *Rosa centifolia* 'Muscosa' (rosa, einmalblühend, Duft)
- 'Souvenir de la Malmaison' (rosa, nachblühend, Duft)

Englische Rosen
- 'Abraham Darby'® (aprikot, Duft)
- 'Charles Austin'® (aprikot, Duft)
- 'Constance Spry' (rosa, einmalblühend, Duft)
- 'Graham Thomas'® (gelb, Duft)
- 'Heritage'® (rosa, Duft)
- 'Mary Rose'® (rosa, Wildrosenduft)
- 'Othello'® (rot, Duft)
- 'Wife of Bath' (rosa, Duft)

Romantische Nostalgierosen
- 'Eden Rose® '85' (rosa)
- 'Leonardo da Vinci'® (Beetrose, rosa)
- 'Michelangelo'® (Edelrose, gelb, Duft)
- 'Nostalgie'® (Edelrose, weiß/rot, Duft)
- 'Old Port'® (Edelrose, dunkelviolett, Duft)
- 'Polka'® '91' (aprikot, Duft)
- 'Raubritter' (rosa, einmalblühend)
- 'Rosarium Uetersen'® (Kletterrose, rosa)
- 'Sebastian Kneipp'® (Edelrose, cremeweiß, Duft)

'Gloria Dei' – ein Vasenschmuck von edelster Art.

Gestalten mit Rosen & Co.

Die wahre Rosenherrlichkeit entfaltet sich erst beim gemeinsamen Gartenauftritt mit anderen Blühpflanzen. Dieser Artenreichtum beflügelt nicht nur unsere Sinne, sondern sorgt auch für verminderten Pflegeaufwand und größere Robustheit der Pflanzen. Es liegt an uns, dieses Wissen zum Wohle der Rose zu nutzen.

Das reine Blau des Rittersporns ergänzt wunderbar die rosige Farbpalette.

Farbenlehre

Die Gestaltung mit Rosen setzte bis in die achtziger Jahre hinein häufig auf grelle, flächige Farbeffekte. Die Pflanzen wurden sehr oft auf großen Beeten zu einem monotonen Farbenheer ohne Individualität degradiert, das in Reih' und Glied massenhaft stramm zu stehen hatte. Heute hat ein Umdenken begonnen. Die lange gängige Bestückung von Beeten mit Rosen in Reinkultur wird mehr und mehr durch nuancenreiche, sehr lebendige Pflanzungen von Rosen in der Kombinationen mit anderen Pflanzen abgelöst. Dieser Weg zu mehr Natürlichkeit durch Gemeinsamkeit bekommt der »Königin der Blumen« an der Schwelle zum dritten Jahrtausend langfristig besser als das vormals oft knallige, nach Aufmerksamkeit gierende Make-up endloser Rosenbeete. Differenzierte Farbkompositionen werden dem Wesen der Rose doch eher gerecht als der hemmungslose Einsatz augenblendender Monotonie. Zudem reduziert der Artenreichtum die Pflegearbeit und die Krankheitsanfälligkeit der Rosen beträchtlich.

Die Blütenfarben der Rosen sind ein interessantes Gestaltungsinstrument im Hausgarten, daß Sie feinfühlig einsetzen sollten. Die Blüten decken eine umfangreiche Farbskala ab, wobei sich die einzig fehlenden Blautöne durch andere Pflanzen ergänzen lassen. Mit der vorhandenen Farbpalette

Die Farbenlehre ist ein Leitfaden, kein Dogma. Dem individuellen Geschmack jedes Gartenfreundes sind bei der Gestaltung seines Gartenparadieses kaum Grenzen gesetzt.

lassen sich die vielfältigsten Stimmungen im Garten erzeugen, ob Romantik oder Kühle, ob Nähe oder Distanz.

Man kann Blütenfarben mischen oder sie flächig nebeneinander einsetzen. Die Grundfarben des Farbkreises – Gelb, Blau und Rot – harmonieren bei einem überlegten Einsatz ohne Probleme miteinander. Schwieriger ist der Einsatz sich ähnelnder Farbtöne dicht nebeneinander. Einen Augenschmaus bilden spannende Kontraste, etwa Rot zu Grün, Gelb zu Violett, Blau zu Orange. Wo

eine Blütenfarbe fehlt oder Blühpausen zu überbrücken sind, können beispielsweise bunte Gartenmöbel – etwa ein Stuhl oder eine Bank, die man leicht anmalen und vor oder in einem Beet plazieren kann – als Ergänzung fungieren.

In die Farbgestaltung sind natürlich nicht nur die Blütenfarben und Laubtöne mit einzubeziehen, sondern auch die Farben der Umgebung. Eine weiße Rose vor einer weißen Wand baut sicher wenig Spannung auf, ebenso wie eine rote Rose vor einer Ziegelmauer.

Farben und ihre Wirkung

Von Aquamarinblau bis Zwetschgenblau

Blau ist ein frischer, kühler Farbton, der Ferne suggeriert. Nicht von ungefähr ist Blau die Farbe des Himmels, des Horizontes, gilt Blau als die beliebteste Farbe überhaupt. Blau paßt gut zu Weiß, harmoniert aber auch mit Orangerot – quasi als symbolisierter Kontrast zwischen warm und kalt. Blau und Violettrot passen nicht gut zueinander. Die Kombination von Blau und Rosa hingegen erzeugt Zartheit.

Von Amarantrot bis Ziegelrot

Rot ist die älteste erwähnte Farbbegrifflichkeit, die wir kennen. Wahrscheinlich, weil keine andere Farbe mehr »ins Auge sticht«. Es ist ein aggressiver, sehr lebhafter und kraftvoller Farbton, der zu vielen anderen Farben paßt, sich aber – seinem Wesen folgend – partout nicht unterordnen möchte (und kann). Rot verkürzt Entfernungen. Vorsicht ist bei Pflanzennachbarn in anderen Rottönen geboten; beispielsweise verbietet sich ein um die Augengunst konkurrierendes Nebeneinander von Scharlachrot und Violettrot.

Von Apfelgrün bis Zinkgrün

Grün – ein neutraler, aber durchaus vielseitiger Farbton: Meeresgrün ist eine völlig andere Farbe als Blattgrün. Grün ist Vitalität, Wachstum, aber auch Ruhe und Gelassenheit. Grün als Farbenbasis der Gärten bringt zusammen mit Gelb und Rot Frische in den Garten.

Von Altrosa bis Zartrosa

Nomen est omen – die Rose ist das Synonym für Rosa. Rosa gilt als Farbe der Zärtlichkeit, so wie Rot für die Liebe steht. Viele Frauen bezeichnen Rosa als ihre Lieblingsfarbe. Spannungsreiche Kontraste werden möglich, wenn das weiche Rosa mit leuchtenden, knalligen Farben kombiniert wird.

Von Amethyst bis Zartviolett

Violett ist die Farbe des duftenden Flieders, ein Schmelztiegel aus Rot und Blau. Lila ist nicht erst die zarteste Versuchung, seit es Schokolade gibt. Kombiniert mit Weiß, silbrigen Tönen oder Blaurosa lassen sich beschwingte Gartenbilder inszenieren.

Von Absinthgelb bis Zitronengelb

Gelb ist die nächste Farbe am Licht, schrieb Goethe. Tatsächlich wirkt Gelb warm, hell und leuchtend. Die Farbe des Lichts funkelt als Sonnengelb selbst an trüben Tagen im Garten. Gelb ist Optimusmus, ist die Farbe der Ernte und des Frühlings mit der Blüte von Narzissen und Forsythien. Es ist ein leichter, beschwingter Farbton, der gut mit Rot harmoniert und seine wärmende Wirkung verstärkt. Gelb und Rot ist Dramatik pur: Zwei sehr aktive Farben treten aufeinander, wobei Rot das Treffen dominiert. Setzen Sie beide immer nur sparsam ein, sonst wirken Arrangements rasch laut und grell. Gelb sagt man eine raumschaffende Wirkung nach, Entfernungen werden optisch verkürzt, insbesondere, wenn Gelb pur eingesetzt wird.

Von Alabasterweiß bis Zahnweiß

Weiß ist Noblesse, Vornehmheit, Eleganz, Festlichkeit. Weiß ist die göttliche Farbe, die das Vollkommene, das Ideale symbolisiert. Im Garten verstärkt Weiß alle anderen Farben, paßt vor allem zu Karminrot, Hellrosa, Hellblau und Violett, gilt als Aufheller vor Grün. Hübsch ist neben roten Beetrosen eine weiße *Potentilla* – mit ihrer an eine einfache Rosenblüte erinnernden Blütenform eine rosige Spielerei. Weiß schafft Räumlichkeit, lockere Luftigkeit. Dunkle Gartenbereiche bringt Weiß zum Funkeln.

Von Apfelsinenfarben bis Zinnoberorange

Wirkt Gelb bereits warm, so glüht Orange förmlich. Eine sehr plakative, dominierende Farbe, die Entfernungen kürzer erscheinen läßt, als sie tatsächlich sind. Vielen gilt Orange als zu aufdringlich, ja fast billig. Die Schockfarbe Orange sollte deshalb entsprechend sparsam eingesetzt werden. In Maßen paßt sie gut zu Rot und Gelb, insbesondere, um Übergänge zu schaffen. Spannend ist die Kombination von Orange und Violettblau.

Von Altsilber bis Zinkgrau

Insbesondere beim Gestalten mit Rosen und Stauden spielen die Tönungen in Grau und Silber eine unverzichtbare Rolle. Obwohl fast niemand Silber als seine Lieblingsfarbe nennt, fehlt sie so gut wie nie in einem Garten. Sie schimmert dezent im Hintergrund, entzerrt grelle Farbübergänge, bringt einen weichen, feingliedrigen Pinselstrich in allzu bunte Gartenbilder. Silber ist die Farbe der Zurückhaltung, auch im Garten. Hier müßte es eigentlich heißen: Reden ist Gold, Schweigen ist Silber.

Ein Buchtip zum Thema: »Wie Farben wirken« von Eva Heller, erschienen bei Rowohlt.

Welche Stauden passen zu Rosen?

Wer bunte Gartenbilder zaubern will, kann mit den vielen angebotenen Rosensorten eine nuancenreiche Farbpalette nutzen. Rot, Rosa, Weiß, Gelb, Orange, dazwischen zahllose Schattierungen – einzig blaue Farbtöne fehlen, die aber spielend von der großen Gruppe der Stauden abgedeckt werden können. Dem privaten Gartengemälde steht nichts im Wege, wenn man einige Grundprinzipien der Benachbarung von Rosen und Stauden beherzigt – denn beide folgen unterschiedlichen Lebensrhythmen.

Lilien passen aufgrund der Blütezeit und Anmut wunderbar zu Rosen, hier der Sorte 'Ballerina'.

Stauden sind meist furiose Wachser, die Jahr für Jahr ihre oberirdischen Pflanzenteile neu aufbauen müssen. Ihr Nährstoffbedarf im Frühjahr ist deshalb gewaltig; zur Not wird dieser auf Kosten der Nachbarpflanzen gedeckt, etwa der Rosen.

Rosen dagegen lassen es zum Start eines neuen Gartenjahres wesentlich gemächlicher angehen und leiden infolgedessen unter der Nährstoffgier anderer Pflanzen, die ihnen bis zum späten Frühjahr, wenn sie mit dem Wachstum loslegen, nicht mehr viel Nahrung übriggelassen haben. Deshalb sollten Sie Rosen und Stauden nicht miteinander vermischen, sondern

Rosen und Glockenblumen – nur ein Beispiel von vielen möglichen ...

nebeneinander pflanzen. Rücken die Stauden dennoch Ihren Rosen zu dicht auf den Pelz, setzen Sie ohne falsche Scheu regulierend Schere und Spaten ein.

Das Nebeneinander von Rosen und Stauden birgt zudem auch pflegetechnische Vorteile. Rosen lieben einen offenen Boden, außerdem sollte man zur Bodenlockerung und zum Schneiden problemlos an die Rosen herantreten können.

Auf die Wirkung von Farben wurde bereits eingegangen. In der Nähe von Rosen ist vor allem die **Staudenfarbe Rot** gefährlich. Sie sollte mit Bedacht eingesetzt werden. Mit dem **Gelb** der Step-

... Rosen/Stauden-Kombinationen. Wichtig ist jedoch, daß die gärtnerische Hausordnung gewahrt bleibt und die Stauden nicht in Konkurrenz zur Rose treten. Diese Strenge kann sich durchaus im Einsatz von Spaten und Schere artikulieren – zum Wohle beider Pflanzengruppen.

penkerzen *(Eremurus)* oder des Frauenmantels *(Alchemilla mollis,* Blüte Juni/Juli), etwa zu dunkelroten Beet- und Strauchrosen, kann man nicht viel verkehrt machen. **Weiße** Flammenblumen-Sorten *(Phlox)* leuchten im August elegant neben Strauchrosen.

Rittersporne zählen zu den stolzesten blauen Begleitern von Rosen. Als höhere Stauden sind sie – wie auch der Eisenhut oder die Buschmalve – dankbar für eine Stütze (z. B. Link stakes).

Weitere bewährte **blaue Rosenkavaliere** sind Katzenminze *(Nepeta),* Lavendel *(Lavandula)* und Salbei *(Salvia).* Mit ihrem silbrigen Laub bringen diese Stauden eine weitere Farbe ins Gestaltungsspiel ein. Ihr Lichthunger paßt gut zum Sonnenkind Rose. Zu den **grauen** Rosenbegleitern zählen auch das Heiligenkraut *(Santolina chamaecyparissus)* und das Perlkörbchen *(Anaphalis triplinervis).*

Sehr gut zu Rosen passen zudem **buntlaubige Stauden** wie die Funkien *(Hosta)* und ihre Sorten, z. B. die Frühlingsgold-Funkie *(H. fortunei* 'Aurea') oder die Blaublatt-Funkie *(H. sieboldiana).*

Auch **Blumenzwiebeln** können neben Rosen plaziert werden, solange das Rosenlaub problemlos abtrocknen kann.

Tip Stellen mit verwelktem Zwiebelblumenlaub im Beet lassen sich im Sommer kaschieren und farblich auflockern, indem man eine Kübelrose hineinstellt.

Erhaben strahlt die Steppenkerze vor rosigem Hintergrund. Solch dekorative Gestalten passen zur »Königin der Blumen« ausgezeichnet.

Blau- bis violettblühende Stauden zu Rosen

Art/Sorte	Höhe in cm	Blühmonate	Verwendungsbereich	Standort
Ballonblume *(Platycodon grandiflorus)*	50	VII – VIII	Beet	sonnig
Bergaster *(Aster amellus-Sorten)*	50 – 60	VII – VIII (-IX)	Beet, Schnitt	sonnig
Dost *(Origanum-Arten)*	20 – 40	VII – IX	Beet, Kübel	sonnig
Eisenhut *(Aconitum napellus)*	110	VI – VII	Beet, Gehölzrand	wechselsonnig
Feinstrahl *(Erigeron-Sorten)*	70	VI – VII, IX	Terrasse, Beet	warm, sonnig
Ziersalbei *(Salvia nemorosa-Sorten)*	40	VI – VIII	Beet, remontierend	sonnig
Glockenblumen *(Campanula-Arten)*	10 – 80	VI – VII (-VIII)	Polsterstaude, Schnitt, Kübel	sonnig
Katzenminze *(Nepeta x faassenii)*	25	V – IX	Terrasse, Steingarten	sonnig
Kugeldistel *(Echinops* 'Veitch's Blue'*)*	80	VII – IX	Terrasse, Beet	sonnig
Lavendel *(Lavandula)*	40	VI – VII	Terrasse, Beet, Kübel	warm
Rittersporn *(Delphinium-Sorten)*	80 – 150	VI – IX	Beet, Leitpflanze	sonnig

Gelbblühende Stauden zu Rosen

Art/Sorte	Höhe in cm	Blühmonate	Verwendungsbereich	Standort
Frauenmantel *(Alchemilla mollis)*	30 – 40	VI – VII	Beet, Schnitt	anspruchslos
Kleiner Frauenmantel *(Alchemilla erythropoda)*	10 – 20	VI – IX	Kübel	sonnig bis halbschattig
Goldrute *(Solidago caesia)*	60	VII – VIII	Rabatte	sonnig
Mädchenauge *(Coreopsis-Arten)*	25	VI – VIII	Rabatte	sonnig
Steppenkerze *(Eremurus)*	150 – 200	V – VI	Rabatte, Schnitt	sonnig
Rudbeckie *(Rudbeckia)*	80	VIII – X	Beet, Schnitt	sonnig

Weißblühende Stauden zu Rosen

Art/Sorte	Höhe in cm	Blühmonate	Verwendungsbereich	Standort
Feinstrahl *(Erigeron-Sorten)*	60	VI – VII, IX	Terrasse, Beet	warm, sonnig
Glockenblumen *(Campanula-Sorten)*	80 – 100	VI – VII (-VIII)	Schnitt	sonnig
Herbstaster *(Aster-Sorten)*	100 – 140	IX – X	Rabatte	sonnig
Kissenaster *(Aster dumosus-Sorten)*	25	VIII – IX	Polster, Böschung	sonnig
Madonnenlilie *(Lilium candidum)*	80 – 120	VI – VII	Rabatte	warm
Perlkörbchen *(Anaphalis triplinervis)*	25	VII – VIII	Terrasse, Beet	warm, sonnig
Schleierkraut *(Gypsophila)*	80	VI – VIII	Beet, Böschung	sonnig

Rosablühende Stauden zu Rosen

Art/Sorte	Höhe in cm	Blühmonate	Verwendungsbereich	Standort
Moschus-Malve *(Malva moschata)*	70	VI – IX	Rabatte, Schnitt	auch absonnig
Königslilie *(Lilium regale)*	80 – 150	VII	Rabatte	sonnig
Buschmalve *(Lavatera thuringiaca)*	150	VII – IX	Rabatte	sonnig
Phlox *(Phlox paniculata)*	70	VII – IX	Beet, Schnitt	sonnig

Rotblühende Stauden zu Rosen

Art/Sorte	Höhe in cm	Blühmonate	Verwendungsbereich	Standort
Blutstorchschnabel *(Geranium)*	30	V – VIII	Flächendecker	sonnig
Herbstaster *(Aster-Sorten)*	100 – 140	IX – X	Rabatte	sonnig
Indianernessel *(Monarda)*	80	VII – IX	Beet, Schnitt	sonnig

Welche Clematis-Arten und -Sorten passen zu Rosen?

Gleich nach den Stauden folgt die Clematis in der Hitliste der Pflanzen, die gerne mit Rosen kombiniert werden. Clematis ist **die** kommende Kletterpflanze, sie ist im wahrsten Sinne des Wortes eine Trendpflanze, die nach Höherem strebt. Bisher kommt nur eine vergleichsweise kleine Sortenanzahl in unseren Gärten zum Einsatz. Für den interessierten Garten- und insbesondere Rosenfreund bietet das Sortiment aber zahllose Spielarten der Königin der Kletterpflanzen.

Wie die Rose liebt die Clematis nahrhafte, tiefgründige Böden und reagiert auf stauende Nässe umgehend mit Welkeerscheinungen. Reine Lehm- bzw. Tonböden sollten Sie deshalb vor einer Pflanzung nachhaltig aufbessern. Dennoch hat die Clematis – auch hier gleicht sie der Rose – einen hohen Wasserbedarf. Wichtig ist jedoch, daß das Überschußwasser schnell abfließen kann.

Die Clematis ist ein Lianengewächs. Im Kampf um das für sie lebensnotwendige Licht hat sie während ihrer Entwicklungsgeschichte gelernt, der Sonne mit langen Trieben entgegenzukommen. Dabei blieb sie mit ihren Wurzeln immer im schützend-schattigen Waldsaum.

Daraus leitet sich ihr Standortwunsch direkt ab: Den Kopf reckt eine Clematis gerne in die Sonne, ihre Füße läßt sie am liebsten im kühlen Schatten baumeln. Diese wichtige Wurzelbeschattung kön-

Tête-à-tête von 'Rosarium Uetersen'® mit der großblütigen Clematis 'Étoile Violette'.

nen beispielsweise ihnen vorgepflanzte Beet-und Flächenrosen leisten. Und: Die Langtriebigkeit der Clematis brachte ihr zwar eine

höhere Lichtausbeute, ging aber auf Kosten ihrer Stabilität. Der extremen Bruchempfindlichkeit der Triebe sollten Sie sich beim Kauf und Transport einer Clematis-Pflanze immer bewußt

sein. In den ersten Jahren sind die Pflanzen dankbar, wenn ihre dünnen Triebe angebunden werden.

Man unterscheidet in der Gruppe der winterharten, verholzenden *Clematis* zwischen Wildarten und großblumigen *Clematis*-Sorten. Beide eignen sich zur Kombination mit Rosen – entweder zeitgleich oder abwechselnd blühend.

Clematis–Wildarten

Eine Möglichkeit für erfolgversprechende Clematis-Rosen-Partnerschaften ist der gemeinsame Einsatz von starkwüchsigen Ramblersorten und vitalen, kleinblütigen *Clematis*-Wildarten. Beide wachsen zum Beispiel spielend in lichte Bäume hinein. Pflanzen Sie die Waldrebe auf die kühle Schattenseite des Baumes, die Ramblerrose auf die sonnenzugewandte Stammseite. Beiden Kletterkünstlern gewährt man dabei ausreichenden Abstand zum Stamm, damit ihnen die Baumwurzeln keine zu starke Konkurrenz machen. *Clematis*-Wildarten passen auch ausgezeichnet in die Nachbarschaft von Wildrosen.

Empfehlenswert sind insbesondere welkerobuste Sorten der Art *Clematis viticella,* etwa 'Etoile Violette', die gut neben 'New Dawn' paßt. Rote Rosen passen zu 'Huldine', während gelbe Kletterrosen die *Clematis*-Sorte 'Purpurea Plena Elegans' vortrefflich ergänzen. Die rosa Kletterrose 'Lawinia'® harmoniert prachtvoll mit Blautönen, die orangefarbene 'Salita'® paßt gut zu Purpurviolett. Viticella-Sorten werden im Frühjahr bodengleich abgeschnitten und nach dem Austrieb pinziert.

Großblumige Sorten

Mit ihren bis zu 20 cm großen Blüten und aufgrund ihres Nachblühverhaltens besitzen die großblumigen *Clematis*-Sorten einen besonderen Gartenwert. Sie begrünen elegant Spaliere, Gitter, Zäune und auch lichte Bäume. Kombinationen von großblumigen Clematis und öfterblühenden Kletterrosen gehören zu den reizvollsten Höhepunkten des Gartenjahres. Blühen sie zeitgleich mit den Rosen, lohnt es sich, auf die Farbharmonie zu achten. Spannende Kontraste erzeugt Clematis-Violett (u. a. 'The President') zusammen mit Rosen-Gelb (z. B. 'Golden Showers'®). Lieblich wirkt das zarte Porzellanrosa von 'New Dawn' neben rotblühenden Clematis-Sorten wie 'Rouge Cardinal'.

Sortenauswahl, großblumiger Clematis (in Klammern: Blütenfarbe, Blütezeit):
- **'Ernest Markham'**
  (dunkelviolett, Juli bis Oktober)
- **'Gipsy Queen'**
  (purpurblau, Juli bis Oktober)
- **'Hagley Hybrid'**
  (rosa mit purpurrotem Mittelband, Juli bis September; nicht in die volle Sonne, da die Blüten zum Verbrennen neigen)
- **'Jackmanii'** (violettpurpur, Juli bis September)
- **'Königskind'**
  (königsblau, Mai bis Oktober)
- **'Lady Betty Balfour'**
  (purpurfarben mit gelben Staubgefäßen, August bis Oktober, sehr spätblühende Sorte,

braucht unbedingt sonnigen Standort, sonst kaum Blüten)
- **'Lasurstern'**
  (violettblau mit gelben Staubgefäßen, Mai bis Juni)
- **'Mme Le Coultre'**
  (weiß, Juni bis Juli)
- **'Dr. Ruppel'**
  (kräftig rosa mit karminfarbenen Streifen, Mai bis Juli)
- **'The President'**
  (dunkelviolett, Juni bis Juli)
- **'Rouge Cardinal'**
  (rubinrot, Juli bis September)

Welche Sommer-blumen passen zu Rosen?

Während Sommerblumen neben Gartengehölzen ohne Bedenken arrangiert werden, ist das Thema Rosen und Sommerblumen seit jeher von besonderer Brisanz. Warum sich mancher Rosenpurist vehement gegen diese »Blütenehe« stemmt, läßt sich nur erahnen. Als Grund wird unter anderem die Grelle der Sommerblumenfarben genannt, die nicht zur Königin der Blumen passe. Für die Mehrheit der Gartenfreunde steht jedoch unstrittig der Blütenspaß und nicht die »Standesfrage« im Vordergrund. Und den vermitteln Sommerblumen und Rosen als ergiebigste Farbenspender ohne Zweifel. Zudem mindert der Artenreichtum den Befallsdruck u. a. durch Blattläuse und Rosenzikaden.

Natürlich sollten auch Sommerblumen wie die Stauden den Rosen nicht zu nahe kommen. Dies zum einen wegen der Nährstofffrage – hier gilt ähnliches wie bei den Stauden –, zum anderen verhindern Sommerblumen, dicht mit Rosen vermischt, durch ihre Blattmasse ein zügiges Abtrocknen des Rosenlaubes – mit pilzfördernden Folgen.

Ideal eignen sich Sommerblumen zum Auffüllen einzelner Leerstellen im Rosenbeet, als Ersatz für eingegangene Rosenstöcke. Man pflanzt sie rosenwurzelschonend mit Hilfe der Grabegabel ein und muß nicht mit den Folgen der Bodenmüdigkeit rechnen.

Zwei besonders anfängerfreundliche, rosengerechte Sommerblumen sind *Cosmos bipinnatus* (Schmuckkörbchen) und *Nigella damascena* (Jungfer im Grünen).

Dicht herangehen können Sie mit Sommerblumen unter Rosenstämmen. Dadurch ergeben sich imposante Bilder – wenn die blütenbeladenen Kronen ihre bunte Rosenfülle eine Etage über dem Sommerblumenozean ausbreiten. Stimmen dann noch die Farbkontraste, ist das private Gartenparadies perfekt.

Keine falsche Scheu: Auch Sommerblumen sind harmonische Rosenbegleiter. Farbenreicher und pflegeleichter geht's nicht.

Sommerblumen zu Rosen

Sommerblumen	Blütenfarbe	Höhe in cm	Hinweise
Sommer-Blutströpfchen (Adonis aestivalis)	vielfarbig	30 - 50	Blütezeit variabel
Leberbalsam (Ageratum-Sorten)	blau, rosa, weiß	15 - 20	gut wässern
Ochsenzunge (Anchusa capensis)	blau	25 - 30	volle Sonne
Garten-Löwenmaul (Antirrhinum majus)	purpur und gelb	20 - 100	örtlich auch Halbstrauch
Blaues Gänseblümchen (Brachycome iberidifolia)	blau	20	keine pralle Sonne
Browallie (Browalia speciosa)	blau, weiß	15 - 25	vollsonnig, warm
Schmuckkörbchen (Cosmos bipinnatus)	rosarot	100 - 120	Blütezeit VII - X
Blaudolde (Didiscus caeruleus)	himmelblau	60	sonniger, warmer Platz
Dahlien (Dahlia-Hybriden)	gelb, weiß, violett	bis 40	Sonne
Schlafmützchen (Eschscholzia californica)	vielfarbig	20 - 50	Blütezeit VI - X
Schnee-auf-dem-Berge (Euphorbia marginata)	weiße Hochblätter	70 - 100	Blütezeit VII - X
Mittagsgold (Gazania-Hybriden)	weiß, gelb, orange	15 - 25	volle Sonne
Schleifenblume (Iberis umbellata)	lila oder purpur	20 - 30	Blütezeit VI - VIII
Männertreu (Lobelia erinus)	blau, rotviolett, weiß	10 - 30	Blütezeit V - X
Duftsteinrich (Lobularia maritima)	weiß, rosa, lila	10 - 15	Blütezeit VI - VIII
Elfenspiegel (Nemesia-Sorten)	blau, rot	20 - 50	viele Sorten
Jungfer im Grünen (Nigella damascena)	blau, rosa, weiß	50	Blütezeit VI - IX
Einjahrs-Phlox (Phlox drummondii)	vielfarbig	10 - 50	Blütezeit VII -IX
Garten-Resede (Reseda odorata)	gelblich, rote Staubgefäße	15 - 60	Blütezeit VII - IX
Kreuzkraut (Senecio bicolor)	gelb	bis 80	graufilziges Blatt
Verbene (Verbena bonariensis)	hellblau	bis 200	mag keine Nässe
Zinnie (Zinnia angustifolia 'White Star')	weiß	40	warmer Platz

Welche Laub-gehölze passen zu Rosen?

Laubgehölze strukturieren unsere Gärten. Rund ums Jahr bilden sie die Kulisse für die private Garteninszenierung. Damit sie nicht mit den Rosen um das lebensnotwendige Licht konkurrieren, pflanzt man sie ausreichend weit entfernt voneinander. Je wuchsfreudiger ein Laubgehölz ist, desto größer ist der Abstand zu den Rosen zu wählen. Dies gilt vor allem für Bäume und Groß-sträucher. Wird die Abstandsregel beachtet, bremst ein Hintergrund aus Laubgehölzen rosenfördernd die Zugluft und schützt die Rosen im Winter vor kalten, austrock-nenden Ostwinden.

Laubgehölze bieten aufgrund ihres Laub-, Wuchs- und Blüten-reichtums zahllose Gestaltungs-möglichkeiten zusammen mit Rosen. Die meisten Ziersträucher blühen im Frühling vor den Rosen und treten nicht in optische Kon-kurrenz zur »Königin der Blumen«. Buntlaubige Gehölze sollten Sie jedoch dezent einsetzen. Je sparsamer man sie verwendet, desto mehr Kontraste können sie schaffen. Sommerblühenden Sträuchern, die zeitgleich mit der Rose blühen, verschafft man ein wenig Distanz, damit sich die Blüten-pracht nicht gegenseitig die Schau stiehlt.

Der Charme Alter Rosen erhält durch formale Buchshecken den passenden Rahmen.

Blaublühende Gehölze ergänzen die Farbenpalette der Rosenblüten. Gut passen:

- **Bartblume** *(Caryopteris clandonensis* 'Kew Blue')
- **Säckelblume** *(Ceanothus*-Sorten)
- **Blauraute** *(Perovskia atriplicifolia* 'Blue Spire')

sowie Hortensien, Buddleien, Flieder und Hibiscus in blauen Sorten.

Immergrüne Laubgehölze fungieren als ruhende Pole im wechselnden Farbenspiel des Gartenjahres. Für die Nachbarschaft zu Rosen empfehlen sich:

- **Immergrüne Kissen-Berberitze** *(Berberis candidula)*
- **Hoher Buchsbaum** *(Buxus sempervirens* 'Arborescens')
- **Buchs 'Blauer Heinz'** *(Buxus sempervirens*-Sorte)
- **Strauch-Hülse** *(Ilex meserveae*-Sorten)

- **Flache Heckenmyrte** *(Lonicera nitida* 'Maigrün')
- **Schmuck-Mahonie** *(Mahonia bealei)*
- **Schattenglöckchen** *(Pieris japonica*-Sorten)

Daneben eignen sich eine Reihe weiterer Laubgehölze besonders für den rosenbegleitenden Einsatz:

- **Gold-Ahorn** *(Acer shirasawanum* 'Aureum'): Gelbleuchtender Edelstrauch mit Fernost-Flair. Für bodenfeuchte Standorte, bis 200 cm hoch, Blätter goldgelb und eingeschnitten. Durch seinen trichterförmigen, lichten Wuchs läßt sich dieser wertvolle Ahorn gut unterpflanzen.

- **Westamerikanischer Blumenriegel** *(Cornus nuttallii):* Der schönste Hartriegel, empfehlenswert für Sammler edler Gehölze. Großer Strauch mit eiförmigem Laub, das im Herbst rot leuchtet. Im Mai auffallend cremeweiße, blütenähnliche Hochblätter (siehe Bild Seite 104).

- **Duft-Ginster** *(Cytisus nigricans* 'Cyni'): Blühwunder in Gelb, bis 100 cm hoch. Die sehr hitzeverträglichen, dunkelgelben, nach Honig duftenden Blüten erscheinen im Sommer und sind eine ergiebige Bienenweide.

- **Maiblumenstrauch** *(Deutzia gracilis):* Keine Deutzie wächst filigraner. Der Kleinstrauch wird bis 80 cm hoch und ziert mit zartweißen Blüten von Mai bis Juni. Die nek-

Der Gold-Ahorn ist als Gartengehölz der Edelklasse Gold wert.

Der herrliche Westamerikanische Blumenriegel wächst sehr langsam.

Perlmuttstrauch

(Kolkwitzia amabilis):
Rosaweißes Blühwunder, das Frühjahr und Sommer farbenfroh verbindet. Wuchs überhängend, bis 200 cm hoch. Bienenweide für Hecken und Einzelstellung.

Das Blütenwunder *Kolkwitzia* läßt man viel zu selten im Garten erscheinen.

tar- und pollenspendende Bienenweide liebt einen kräftigen Rückschnitt im Frühjahr, der sie zur kräftigen Blüte anregt und sie in gartengerechten Maßen hält.

Prunkspiere *(Exochorda x macrantha* 'The Bride'):

Diese Prunkspiere mit den größten Einzelblüten sieht man viel zu selten. Im Mai ist ihre Blüte ein einziger weißer Blütentraubenvorhang. Der Strauch wird bis 100 cm hoch, das Laub ist eiförmig-länglich.

Goldglöckchen, Forsythie

(Forsythia-Gartensorten):
Weitverbreiteter Frühlingskünder mit gelber Fernwirkung. Ein starker Rückschnitt der älteren Blü-

tentriebe erhöht die Blütenfülle. Für kleinere Gärten eignen sich Zwerg-Forsythien (z. B. 'Mélée d'Or') besonders gut.

Federbuschstrauch

(Fothergilla major):
Prächtiger Edelstrauch mit leuchtender Herbstfärbung und grünlichweißen Blütenähren im Mai, die wie Kerzen auf einer Torte sitzen.

Gefüllter Ranunkelstrauch

(Kerria japonica 'Pleniflora'):
Allerweltsstrauch, mit dem man nicht viel verkehrt machen kann. Nelkenartige, gelbe Blütenrosetten von April bis Juni. Ideal in gemischten Blütenhecken, auf Böschungen und an Zäunen.

Stern-Magnolie

(Magnolia stellata 'Royal Star'):
Schöne, sehr edle Frühjahrs-Magnolie mit schneeweißen, sternförmigen Blüten, auch für kleine Gartenbereiche passend. Wunderkind, blüht bereits in jungen Jahren üppig.

Niedrige Blutpflaume

(Prunus x cistena):
Dieser Blutpflaumenzwerg paßt noch in kleinste Gärten. Er wird

kaum über 150 cm hoch und ziert durch dunkelrotes Laub. Hellrosa Blüte ab April.

• Zierkirsche 'Brillant'
(Prunus kurilensis-Sorte): Blühkünstler, entweder als Strauch oder als Stämmchen. Bereits die junge Pflanze erstrahlt ganz in Weiß. Auch für den Vasenschnitt.

• Säulen-Zierkirsche
(Prunus serrulata 'Amanogawa'): Blühendes »Ausrufezeichen« im April/Mai, zart weißlichrosa gefüllte Blüten umgarnen eine schlanke Wuchssäule, die mit wenig Platz auskommt.

• Rosa Kissen-Spiere
(Spiraea japonica 'Little Princess'): Wuchszahme Blütenprinzessin mit weißlichrosa Blüten von Juni bis Juli. Niedrig bleibende, nur 30 bis 40 cm hohe nektar- und pollenspendende Bienenweide. Flächenstrauch.

• Winter-Schneeball
(Viburnum bodnantense 'Dawn'): Winterblüher mit Duft, rötliche Herbstfärbung, mannshohes Kleinod für die triste Jahreszeit. Auch für Kübel und Vasenschnitt.

Welche Nadelgehölze passen zu Rosen?

Nadelgehölze nehmen einen festen Platz in der privaten Gartenarchitektur ein. Ihr beständiges, Sommer wie Winter immergrünes Erscheinungsbild ist eine der wenigen Konstanten neben der nacheinander aufflammenden, vergänglichen Blütenfülle und Laubpracht von Stauden und Ziergehölzen. Ihr mitunter skurriler Wuchs setzt fast künstlerische Akzente, ihr meist dunkles Grün ebenso. Wenig bekannt ist, daß Nadelgehölze einen nicht minderen ökologischen Wert besitzen als ihre Kollegen aus der sommergrünen Branche. Sie sind unscheinbare, aber ergiebige Pollenquellen für Bienen, Hummeln und andere Insekten. Als immergrüne Hecken bieten sie Vögeln und anderen Tieren auch im Winter einen sicheren Schutz. Zudem gilt keine andere Pflanzengruppe als pflegeleichter und anspruchsloser.

Nadelgehölze lieben die Sonne, obwohl viele auch im Schatten wachsen. Ein Standort im vollen Schatten ist jedoch eine Tortur für die ruhigen Gartengesellen. Könnten sie schreien, müßte man sich in so manchem Garten die Ohren zuhalten.

Außer den Sorten/Arten mit grüner Laubfarbe gibt es blau- und gelbnadlige Auslesen, die sich ideal neben Rosen einsetzen lassen. Sie sind verläßliche Farbflecken im winterlichen Garten. Daneben kommt den vielen Zwergformen in kleinen Gärten eine besonders wichtige Rolle zu. Einige der schönsten Sorten werden nachfolgend vorgestellt.

Fruchtiger Nadelstreif: Rambler umgarnen und umarmen mit Vorliebe Nadelgehölze, deren Geäst sie mit ihren zahllosen Hagebuttenkugeln zieren.

Strauch-Wacholder sind Sonnenanbeter.

In größeren Gärten können auch **Nadelbäume** – in gebührendem Abstand zur Rose – mitunter passend sein. Wüchsige Wildrosen harmonieren z. B. bestens mit einer Schlangenhaut-Kiefer *(Pinus leucodermis)*, der schönsten aufrechten Kiefernart für den Hausgarten. Ihr breitbuschiger Wuchs, die schwarzgrüne, edle Benadelung und die attraktive, schlangenhautartige Rinde sind eine Augenweide rund ums Jahr.

Folgende **zwergige Nadelgehölze** sind empfehlenswerte Rosenbegleiter:

- **Niedrige Balsam-Tanne**
  (Abies balsamea 'Nana'):
  Flachkugeliges, kompaktes Nadelkissen. Allerdings stechen die Nadeln dieser üppigen Pollenquelle überhaupt nicht, sondern laden zum Streicheln ein. Auch für Kübel, Trog und Balkonkasten.

- **Blaue Kissenzypresse**
  (Chamaecyparis lawsoniana 'Minima Glauca'):
  Dicht- und kugelförmig wachsende Zwergform zum Kuscheln. Ebenfalls streichelzart benadelt. Auch für Kübel und Tröge.

- **Kleine Muschelzypresse**
  (Chamaecyparis obtusa 'Nana Gracilis'):
  Wertvoller Natur-Bonsai mit ostasiatischem Ambiente. Auch für Kübel und Tröge.

- **Kleine Silberzypresse**
  (Chamaecyparis pisifera 'Boulevard'):
  Kegelform mit Seidenglanz. Blaugrüne bis blauweiße Benadelung, dichte Wuchsform. Auch für Kübel und Tröge, erst nach vielen Jahren über 100 cm hoch werdend.

- **Haarzypresse** *(Chamaecyparis pisifera* 'Sungold'):
  Goldgelber Nadelgnom, ausgesprochen schwachwachsend und Sonne vertragend. Auch für Kübel und Tröge.

- **Kriech-Wacholder** *(Juniperus communis* 'Repanda'):
  Bodendecker, flachwachsendes Nadelpolster mit dunkelgrüner, silbrig gestreifter Benadelung. Auch für Kübel, über Mauernkronen überhängender Wuchs.

- **Blauer Teppich-Wacholder**
  (Juniperus horizontalis 'Wiltonii'):
  Bodendecker der Extraklasse, absolut flach und langsam wachsend, überzieht Fels und Stein spielend mit einem blauen Nadelteppich.

- **Gelber Strauch-Wacholder**
  (Juniperus media 'Old Gold'):
  Dieses Nadelgehölz ist Gold wert. Rund ums Jahr gelber, kompakt wachsender Strauch mit überhängenden Triebspitzen. Auch für Kübel.

- **Niedriger Wacholder**
  (Juniperus procumbens 'Nana'):
  Dieser Wacholder ist ein absolut niedrig wachsendes Polstergehölz. Ein heißer Tip für alle Rosenfreunde, die viele Tröge zu bepflanzen haben. Auch für Flächen.

- **Kriech-Wacholder** *(Juniperus squamata* 'Blue Carpet'):
  Stahlblauer Flächenbegrüner, dicht wachsend, für sonnige Lagen, robust, anspruchslos. Auch für Kübel.

- **Blauer Stern-Wacholder**
  (Juniperus squamata 'Blue Star'):
  Wirklich ein 'Blauer Star', bestens bewährt und kompakt wachsend. Bläuliche Benadelung von starker Farbintensität. Auch für Kübel und Trog. Top-Nadelgehölz für die Kombination mit Rosen.

- **Raketen-Wacholder** *(Juniperus virginiana* 'Blue Arrow'):
  Verbesserung der bekannten Sorte 'Skyrocket'. Auch im Alter dichter, schlankaufrechter Wuchs, blaugrüne Benadelung. 'Blue Arrow' bietet reichlich Toskana-Flair, da

er den echten Zypressen sehr ähnlich, aber in unseren Breiten frosthart ist. Auch für Kübel und Tröge.

Japanische Zwerg-Lärche
(Larix kaempferi 'Blue Ball'): Liebhabergehölz, breitkugelige Zwergrarität. Die Benadelung ist bläulich.

Igel-Fichte *(Picea abies* 'Echiniformis'):
Die Igel-Fichte vertreibt zwar keine Schnecken wie ihre tierischen Namensvettern, doch wie diese möchten Kenner das Zwerggehölz, das selten mehr als 2 cm im Jahr wächst, mit seinem igelförmigen Wuchs und der frischgrünen Benadelung im Garten nicht missen. Auch für Kübel und Balkonkästen.

Kleine Nest-Fichte
(Picea abies 'Little Gem'): Diese Fichtenselektion bildet Nester, in denen jeder Storch den idealen Nistplatz finden würde. Hellgrüne Nadeln, für sonnige Lagen geeignet. Auch für Tröge, in jungen Jahren außerdem für Balkonkästen.

Gnomen-Fichte
(Picea abies 'Pygmaea'): Kompakter, kugelförmiger, extrem langsam wachsender Nadelgnom. Auch für Kübel und Tröge.

Blaue Igel-Fichte
(Picea glauca 'Echiniformis'): Blaues Pendant zur grünen Igel-Fichte (siehe oben).

Zwergige Zuckerhut-Fichte
(Picea glauca 'Laurin'): Tolle Bestauslese, ideal für Tröge und Balkonkästen. Wächst wie ein kleiner Zwergenhut. Für Kenner exquisiter Nadelraritäten.

Kleine Blau-Fichte *(Picea pungens* 'Glauca Globosa'):
Kugelrunde Wuchsform mit stahlblauen Nadeln.

Mops-Kiefer
(Pinus mugo 'Mops'): Nadelgnom mit breitem, kegelförmigem Wuchs, kaum über 80 cm hoch. Die Nadeln sind frischgrün und stehen sehr dicht. Ideal zu Rosen, auch für Tröge.

Streichel-Kiefer
(Pinus strobus 'Radiata'): Langsam wachsender Strauch zum Kraulen. Bläulichgrüne Benadelung. Paßt gut zu Rosen.

Kissen-Eibe
(Taxus baccata 'Repandens'): Flächenbegrüner, flachwachsende Zwerg-Eibe für alle Lichtverhältnisse, ob sonnig oder vollschattig, Benadelung dunkelgrün.

Goldgelber Lebensbaum
(Thuja occidentalis 'Sunkist'): Goldgelber, kleiner Lebensbaum mit kegelförmigem Wuchs. Auch für Kübel.

Kissen-Hemlocktanne
(Tsuga canadensis 'Nana'): Miniaturausgabe der großen Hemlocktanne. Eine dunkelgrüne Zwergform, kaum kniehoch werdend. Auch für Kübel und Tröge, Grabstellen und Vorgärten.

Die Kissen-Hemlocktanne ist ein Nadeldäumling mit geringem Platzbedarf.

Welche Gräser und Bambusse passen zu Rosen?

Der Hunger nach Licht ist Gräsern und Rosen gemein, beide lieben sonnige Standorte. Plaziert man beispielsweise niedrige Gräser neben Beetrosen oder höhere Arten neben Strauch- und Wildrosen, ergeben sich überraschend harmonische Gartenbilder mit einem sehr naturhaften Ambiente. Auch im Wurzelbereich stellen die Gräser für Rosen keine Konkurrenz dar.

Bambusse sind immergrüne Gräser, die in horst- und ausläuferbildende Arten/Sorten eingeteilt werden. Letztere sollten Sie durch eine Spezialfolie an einer allzu üppigen Ausbreitung hindern. Viele Bambusse bezaubern neben Strauch- und Wildrosen mit ihrem fernöstlichen Charme. Unsere Auswahl beschränkt sich auf mittelhohe Arten.

Das Wandern ist des Bambus' Lust: Ausläuferbildende Bambus-Arten wie *Sasa* hindert eine eingegrabene Spezialfolie am unerwünschten Gang durch den Garten in die Rosenbeete. Mit den immergrünen Gräsern kommt reichlich winterliches Grün in die Rosengärten.

Chinaschilf *(Miscanthus)* gibt dem im Winter kahlen Rosenbeet Halt und Struktur.

Gräser als Rosenbegleiter

Gräser	Blattfarbe	Höhe in cm (Laub/Blüte)	Hinweise
Silberährengras *(Achnatherum)*	hellgrün	bis 60/80	schweifartige Blütenrispe
Reitgras *(Calamagrostis)*	gelblichgrüne Halme	100/160	horstartig, dichttriebig
Rote Segge *(Carex buchananii)*	rotbraune Halme	40/50	steif aufrechte Blatthorste
Japan-Segge *(Carex-Sorte)*	Blätter dunkelgrün	30/40	für halbschattige Lagen
Rasenschmiele *(Deschampsia)*	dunkelgrüne Blatthorste	bis 60/100	für sonnige bis halb-schattige Lagen
Blauschwingel *(Festuca glauca)*	stahlblaue Blatthorste	15/20	niedrige Polster
Bärenfellgras *(Festuca gautieri)*	grüne Blatthorste	15 bis 20	rasenartig, niedrig
Japangras *(Hakonechloa macra)*	bläulich	bis 30/60	für wintermilde Standorte
Blaustrahlhafer *(Helictotrichon)*	bläulichgrün	60/100	immergrüne Horste
Chinaschilf *(Miscanthus)*	grünlich	150/200	Riesengräser
Feinhalm-Chinaschilf *(Miscanthus)*	hellgrün	120/150	für sonnige Lagen
Zebra-Chinaschilf *(Miscanthus sinensis 'Zebrinus')*	gelb gestreift	120/150	dichtbuschig
Pfeifengras *(Molinia)*	grünlich	bis 50/200	goldene Oktoberfärbung
Rutenhirse *(Panicum)*	grün, auch rötlichgrau	bis 120/170	mittelstark wachsend
Lampenputzergras *(Pennisetum)*	grünlich	50/70	dekorative Blütenähren
Zotten-Rauhgras *(Spodiopogon)*	graugrün	50/100	Schnittgras
Reiherfedergras *(Stipa barbata)*	gelblichgrün	30/80	für sonnige Lagen

Schirmbambus
(Fargesia murielae 'Phönix')
Schirmbambus-Sorte der neuen Generation. Wächst mittelstark und horstartig, guter Sichtschutz, Halme olivgrün, breitausladende Wuchsform, Höhe 2 m.

Schattenbambus
(Indocalamus tesselatus)
Diese ausläufertreibende Art wird etwa einen Meter hoch und bleibt mit ihrer Größe im Rahmen. Dekorativer Blattschmuck.

Gold–Bambus
(Phyllostachys aurea)
Eine ausläufertreibende Bambus-Art mit grüngelben, sehr zierenden Halmen, die etwa 2,50 bis 3 m hoch wird.

Buschbambus
(Pleioblastus pumilus)
Sehr niedrige, ausläufertreibende Bambus-Art. Die Halme sind grün, dicht und wachsen straff senkrecht. Höhe 50 bis 80 cm.

Zwergbambus
(Sasa kurilensis)
Ausläufertreibende Bambus-Art mit sehr attraktiver Blattform. Höhe 1,5 m.

Zwergbambus
(Sasa palmata var. nebulosa)
Ausläufertreibende Art, Höhe 1,5 bis 2 m. Auffallend großes, zierendes Laub.

Wuchszahme Horstgräser wie der Blauschwingel passen gut zu Rosen.

Die Praxis – Rosen hegen und pflegen

Die Rose ist zu Unrecht als besonders pflegeaufwendig verschrien. Wer jedoch die grundsätzlichen Bedürfnisse unseres schönsten Gartengehölzes erfüllt, wird mit dem Superblüher Rose nicht mehr Mühe haben als mit Stauden, Sommerblumen und Ziergehölzen.

Winterschutz bei Rosenstämmen einmal anders – fachgerecht und attraktiv zugleich.

Wie werden Rosen angeboten?

Der Weg zum eigenen Rosenparadies beginnt mit dem Kauf der Pflanzware. Auch in diesem Punkt ist die Rose die Königin der Vielfalt. Niedrige Rosenbüsche und Rosenstämme bietet der Fachhandel in verschiedenen Formen an: wurzelnackt, beutelverpackt, wurzelballiert oder im großen Container bzw. kleinen Topfballen.

Seit Jahrzehnten gibt es die Angebotsform der **wurzelnackten Rosen**; beim Postversand spielen sie heute noch die Hauptrolle. Eine wurzelnackte Rose aus den Einschlagbeeten der Baumschulen ist eine verpackungsfreie Rose. Sie befindet sich im Zustand absoluter Winterruhe, sie »schläft« quasi. Sobald sie aus dem Beet gezogen wird, muß ihre nackte Wurzel vor direkter Sonneneinstrahlung und Wind geschützt werden. Schon wenn die feinen, rindenlosen Wurzeln auch nur kurzzeitig ungeschützt Sonne und Wind ausgesetzt sind, haben sie den sicheren Todesstoß erhalten. Wurzeln ohne Erde sind wie Fische ohne Wasser - außerhalb ihres Elementes sind sie in besonderem Maße auf unseren Schutz angewiesen. Selbst beste Bodenvorbereitung und fachlichste Pflanzung können eine einmal geschädigte oder vertrocknete Rosenwurzel nicht mehr zum Leben erwecken.

Bei **verpackten** bzw. **beutelverpackten Rosen** sind die empfindlichen Rosenwurzeln in ein feuchtespendendes Naturmaterial, beispielsweise Moos oder Pflanzerde, eingepackt, das bei sachgemäßer Handhabung ein Austrocknen der hochsensiblen Wurzeln verhindert. Verpackte Rosen im Folienbeutel bzw. in einer Kunststoffbox mit Farbbild finden Sie häufig in GartenCentern oder Baumarkt-Gartenabteilungen. Die oberirdischen, grünen Triebe der Pflanzen sind oft mit einem glänzenden Wachs überzogen. Es verhindert eine übermäßige Verdunstung der eingepackten Rosen und fällt nach dem Pflanzen nach und nach von alleine ab. Versuchen Sie niemals mit Gewalt, das Wachs zu entfernen. Dabei würde die Rinde der Rosentriebe mit Sicherheit in Mitleidenschaft gezogen werden. Oft haben die verpackten Rosen bereits im Beutel junge, sehr zerbrechliche Feinwurzeln gebildet, die für das spätere Anwachsen von großer Bedeutung sind. Achten Sie deshalb sorgfältig darauf, sie nicht zu beschädigen, denn je mehr frische Feinwurzeln zerstört werden, desto weiter wird die Rose in ihrer Entwicklung zurückgeworfen.

Verpackte Rosen sind empfehlenswert, wenn es sich bei ihnen um frische, ausgereifte Pflanzen handelt. Vorzeitig in der Verpackung ausgetriebene Ware reagiert nach dem Pflanzen im Garten empfindlich auf Frost und wächst oft nur sehr schwer an. Vom Kauf überständiger, deutlich vorgetriebener Beutelrosen ist daher abzuraten.

Wurzelballierte Rosen sind eine noch junge Angebotsform. Die Rosenwurzeln stecken in einem Erdballen, der von einem Karton oder einem Netz zusammengehalten wird. Im Aussehen erinnert das oft an eine umnetzte Salamiwurst. Zusätzlich ist der Wurzelballen mit einem feuchthaltenden Folienbeutel, den Sie vor dem Pflanzen entfernen müssen, überzogen. Netz und Karton zersetzen sich im Boden und können deshalb bedenkenlos mitgepflanzt werden. Diese neue Angebotsform für Rosen hat sich für den Handel und den Gartenfreund als sehr vorteilhaft erwiesen, vor allem, weil bei dieser Verpackungsart bereits ge-

Containerrosen lassen sich rund ums Jahr pflanzen. Ab Mai findet sich in GartenBaumschulen und im Fachhandel ein sortenreiches, blühendes Angebot.

bildete Feinwurzeln nicht mehr gestört werden. Die gepflanzte Rose wächst zügig weiter und darf deshalb auch beim Kauf schon ausgetrieben und belaubt sein. Wurzelballierte Rosen tragen zur Abfallreduzierung bei und bieten außerdem dem Gartenfreund eine hohe Gewähr dafür, daß seine Neuerwerbungen auch anwachsen werden.

Containerrosen sind Rosen in Kunststoffbehältnissen – den sogenannten Containern. Sie sehen, was Sie kaufen, da Containerrosen in der Regel blühend angeboten werden. Ein weiterer Vorteil: Containerrosen können rund ums Jahr, außer bei Frost, gepflanzt werden. Angeboten werden sie vor allem ab Mai, wenn die Pflanzzeit der wurzelnackten Rosen vorbei ist. Das Volumen der Kunststoff-Container liegt in der Regel zwischen zwei und fünf Litern.

Qualitäts-Containerrosen zeichnet eine feste, stabile Durchwurzelung ihres Ballens aus. Sie müssen mehrere Monate im Topf gewachsen sein. Achten Sie darauf, denn vor dem Verkauf schnell in Container getopfte Rosen weisen keine entsprechende Ballenfestigkeit auf. Beim Austopfen zerfällt ihr Ballen, frische Feinwurzeln leiden Schaden, die Rosen wachsen nach dem Pflanzen - wenn überhaupt - nur zögerlich weiter.

Wurzelechte Pflanzware von zahlreichen Flächenrosen wird in kleineren **Topfballen**, kleinen, quadratischen bzw. runden Kunststofftöpfen, angeboten.

Pflanzzeiten

Die verschiedenen Angebotsformen verlängern die klassischen Pflanzzeiten für Rosen entscheidend und machen eine Pflanzung rund ums Jahr möglich:

Wie die Grafik zeigt, können Rosen, von Frostperioden abgesehen, das ganze Jahr über gepflanzt werden. Bei Lufttemperaturen unter 0 °C sollten Sie sicherheitshalber keine Rosen pflanzen, selbst wenn der Boden offen ist und eine Erdbewegung möglich wäre. Frieren die lebenswichtigen, feinen, dünnen Wurzeln ein und werden dann bewegt, brechen sie wie Glas. Ihre innere Zellstruktur wird zerstört.

Herbstpflanzung

Die ideale Pflanzzeit für wurzelnackte und beutelverpackte Rosen beginnt im Oktober und reicht bis Mitte November. Der Gartenboden verfügt dann noch über eine ausreichende Bodenwärme, die das vorwinterliche Wurzelwachstum der frisch gepflanzten Rosen fördert – eine wichtige Voraussetzung für den notwendigen »Schulterschluß« zwischen Rose und Erde.

Vor Oktober kauft und pflanzt ein Rosenkenner keine wurzelnackten oder verpackten Rosen. Derartige Pflanzware ist zu früh geerntet worden, die Triebe sind in der Regel nicht ausgereift und in höchstem Maße frostgefährdet.

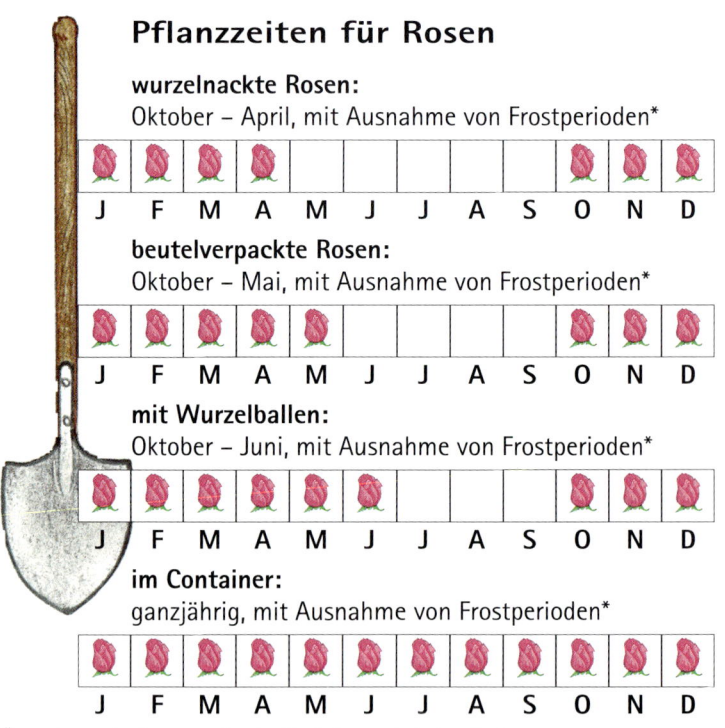

Pflanzzeiten für Rosen

wurzelnackte Rosen:
Oktober – April, mit Ausnahme von Frostperioden*

| J | F | M | A | M | J | J | A | S | O | N | D |

beutelverpackte Rosen:
Oktober – Mai, mit Ausnahme von Frostperioden*

| J | F | M | A | M | J | J | A | S | O | N | D |

mit Wurzelballen:
Oktober – Juni, mit Ausnahme von Frostperioden*

| J | F | M | A | M | J | J | A | S | O | N | D |

im Container:
ganzjährig, mit Ausnahme von Frostperioden*

| J | F | M | A | M | J | J | A | S | O | N | D |

*= andauernder Frost; vereinzelte Nachtfröste sind ohne Bedeutung

Wer in frostreichen Höhenlagen zu Hause ist bzw. extrem schwere Böden sein eigen nennt, pflanzt Rosen sicherheitshalber erst im Frühjahr.

Frühjahrspflanzung

Wurzelnackte und beutelverpackte Rosen können von dem Zeitpunkt an, ab dem der Boden frostfrei ist, bis ins zeitige Frühjahr gesetzt werden. Rosen, die – sachgemäß gelagert – in den Klimakammern der Baumschulen an einem vorzeitigen Austreiben gehindert wurden, lassen sich bis in den Mai hinein pflanzen. Wichtig ist bei der späten Pflanzung von zurückgehaltenen, nicht ausgetriebenen Rosen generell, sie nach dem Pflanzen anzuhäufeln.

Tip Allgemein läßt sich sagen: Je später im Frühjahr gepflanzt werden soll (oder kann), desto eher sollte man auf wurzelballierte oder getopfte Rosen zurückgreifen.

Sommerpflanzung

Dank Containerrosen ist das Einpflanzen von Rosen in sommerlicher Hitze im Garten risikolos möglich. Die feinen, lebensnotwendigen Feinwurzeln bleiben im festen Wurzelballen von Qualitätsware beim Pflanzen unversehrt. Achten Sie jedoch unbedingt darauf, die Rosen danach fortlaufend zu bewässern.

Wo man Rosen kaufen kann

Viele Gartenfreunde erstehen ihre ersten Rosenpflanzen, nachdem sie sie in einem der bunten Kataloge der Rosenzüchter ausgesucht haben. Brillante Fotos und stimulierende Texte verführen dazu, die Rosenauswahl ausschließlich nach diesen »Verlobungsbildern« zu richten. Aber selten ist eine blumige Heiratsanzeige die Gewähr für die richtige Partnerwahl. Neben einem hübschen Äußeren sollte bei den Rosen auf Wuchsformen, Robustheit und die Deckungsgleichheit von vorhandenem Standort und den jeweiligen Ansprüchen der ausgewählten Rose geachtet werden. Denn erfüllt die ausgewählte Sorte im Garten nicht die in sie

Ursprüngliche Frische: Mitunter werden Rosensträucher und -stämme im Herbst und Frühjahr aus dem Einschlag angeboten.

gesetzten Erwartungen, wird aus der Liebe auf den ersten Blick rasch eine lang andauernde Abneigung.

Um dies zu verhindern, empfiehlt sich das genaue Lesen der Katalogtexte, das Blättern in Gartenbüchern oder die persönliche Beratung im Fachhandel. Ist die Sortenwahl getroffen, folgt die Frage nach den Bezugsquellen. Dafür bieten sich zwei Einkaufswege an: entweder die Bestellung per Post oder der Einkauf direkt vor Ort.

Einkauf vor Ort

Wer Fachberatung wünscht, sollte den Weg zu einer Baumschule (GartenBaumschule), einem GartenCenter oder einem Gartenfachgeschäft einschlagen. Auch Baumärkte mit angeschlossener, gut sortierter Rosenabteilung sind eine Einkaufsmöglichkeit. Keine Beratung ist in Supermärkten zu erwarten, die bisweilen mit Billigangeboten von namenlosen Rosen aufwarten.

Bewährt hat sich der Einkauf in Baumschulen, die noch selbst ihre Rosen anziehen. Dort können Sie sich, quasi wie in einem lebenden Rosenkatalog, ab Juni viele Rosensorten auf den Feldern anschauen. Pflanzware aus der Region ist an die vorherrschenden Klima- und Bodenbedingungen angepaßt, logischerweise kultivieren die Baumschulen zudem das Sortimentsangebot, das sich im Lokalklima am besten bewährt hat.

Einkauf per Post

Die bekannten Rosenschulen gelten als seriöse Versandanbieter. Es handelt sich um traditionsreiche Firmen, die in der Regel nur Qualitätsware versenden und auf eine langfristige Zufriedenheit ihrer Kunden großen Wert legen. Viele ihrer Kunden sind langjährige Stammkunden.

Per Post werden aus Transportgründen wurzelnackte Rosen verschickt. Das bedeutet, daß sich die Auslieferung der Ware auf die Hauptpflanzzeiten im Herbst und Frühjahr beschränkt. Neuheiten sollten Sie sehr frühzeitig reservieren lassen, da sie erfahrungsgemäß nur in kleinen Stückzahlen vorrätig und schnell vergriffen sind. Mittels Telefon und Fax können sich Rosenfreunde mit Detailfragen auch direkt an die Rosenzüchter wenden (Adressen von Rosenschulen finden sich im Anhang, Seite 155).

Erreicht die Rosensendung den Empfänger zu einem ungünstigen Zeitpunkt, kann das ungeöffnete Paket an einem kühlen, frostfreien Ort ohne Probleme kurzfristig gelagert werden. Sind die Rosen bei der Ankunft eingefroren (z. B. bei frostigen Temperaturen während des Frühjahrsversands), ist dies ebenfalls kein Grund zur Beunruhigung. Lassen Sie die Sendung an einem kühlen, aber frostfreien Ort langsam – d. h. etwa 48 Stunden – auftauen. Gefrorene, steife Rosenwurzeln dürfen niemals bewegt, geschweige denn geschnitten werden.

Wie erkennt man Qualität?

Die Qualität einer Rosenpflanze läßt sich unabhängig von ihrer Angebotsform beurteilen. Bestimmte Qualitätskriterien gelten für wurzelnackte, beutelverpackte oder getopfte Rosen gleichermaßen.

Der Bund deutscher Baumschulen (BdB) – der Berufsverband der Baumschulen mit Sitz in Pinneberg bei Hamburg – hat u. a. für

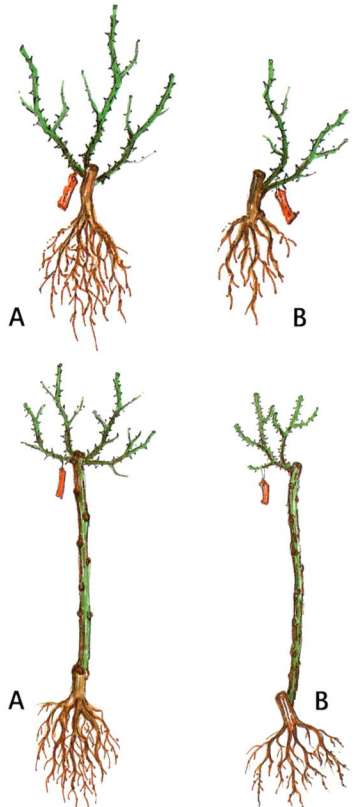

Güteklassen A und B (oben Busch, unten Stamm).

Rosen Gütebestimmungen formuliert. Diese Bestimmungen sind europaweit anerkannt und werden in allen Handelsstufen akzeptiert.

Die Güteklassen

Veredelte Rosen werden in zwei Güteklassen unterteilt.

Rosen der **Güteklasse A** müssen neben einem gut verzweigten Wurzelwerk mindestens drei kräftige Triebe aufweisen, wovon mindestens zwei der Veredlungsstelle entspringen müssen. Der dritte Trieb darf bis zu 5 cm über der Veredlungsstelle ansetzen.

Rosen der **Güteklasse B** müssen ebenfalls mit gut verzweigtem Wurzelwerk angeboten werden und mindestens zwei der Veredlungsstelle entspringende Triebe haben. Eine B-Rose muß nicht schlechter als eine A-Rose sein, sie ist keinesfalls eine Rose zweiter Klasse. Sie bietet lediglich etwas weniger Holzmasse und damit Triebsubstanz.

Für **Stammrosen** gelten ebenfalls Gütebestimmungen, die neben der Triebanzahl auch die Anzahl der vorhandenen Veredlungsstellen berücksichtigen. Die Krone von Stammrosen der Güteklasse A muß sich aus drei kräftigen Trieben, die aus mindestens zwei Veredlungsstellen entspringen, zusammensetzen. Der Stamm muß stabil und gerade gewachsen sein. Der Stamm-Durchmesser beträgt unmittelbar unter der Veredlungsstelle mindestens 9 mm. Die Kronen von Stammrosen der Güteklasse B wachsen aus nur einer Veredlung. Sie neigen deshalb zu einseitigem Wuchs – ein Makel, der sich nicht mehr korrigieren läßt.

Alle Qualitätsrosen weisen grundsätzlich eine gute Feinwurzelbildung auf.

Qualität aus dem Inneren

Die innere Qualität einer Rose basiert erstens auf der umweltbewußten Kultur des Produzenten und zweitens auf der fachgerechten Behandlung der Rosen im Handel. Qualitätsware zeigt festes Holz und glatte, pralle Triebe ohne Rindenflecken. Die Wurzeln sind nicht glasig und nach leichtem Ankratzen mit dem Fingernagel innen weiß. Eingeschrumpelte Rinde ist ein Hinweis auf Trockenschäden. Entscheidend für die Qualität einer Rosenpflanze ist nicht die Triebstärke, sondern die Triebhärte, die Sie beim Pflanzschnitt der oberirdischen Rosentriebe an einem merklichen Widerstand erkennen.

Die Wahl des richtigen Standorts

Rosen sind ausgesprochene Sonnenkinder. Sie lieben luftige Plätze mit Sonnengarantie – ähnlich wie wir Menschen auch. Die richtige Wahl des Standortes ist das A und O und der Erfolgsgarant für Spaß an Rosen. Auf rosengerechten Standorten bleiben robuste Rosen auch ohne Einsatz von Pflanzenschutzmitteln gesund.

Die wichtigste Rosenformel: Rosen lieben Sonne und luftige Pflanzplätze. Stimmt die Standortwahl, ist die Rose weiter weniger heikel, als man oft annimmt.

Dennoch sind Rosen keine Extremisten. Auf die richtige Mischung aus Licht, Boden, Klima und Sortenrobustheit kommt es entscheidend an. Sonnige, windumspielte Standorte sorgen für üppige Blütenfülle und das rasche Abtrocknen nasser Rosenblätter. Dadurch wird der Befallsdruck durch Pilzkrankheiten erheblich gemindert. Sonnig, aber nicht heiß – so faßte schon Rosenfreund Konrad Adenauer die rosigen Belange treffend zusammen.

Deshalb ist auf extrem heißen Standorten – insbesondere vor Mauern und Wänden in südlicher Lage – eine Rosenpflanzung nur bedingt zu empfehlen. Hitzespeichernde Mauern, Gehwegplatten und Asphalt wirken wie ein Backofen und reflektieren Sonnenstrahlen nach allen Seiten, die dadurch auch auf die ungeschützte Blattunterseite der Rosen treffen – die Folge sind Blattverbrennungen. Zudem fördert extreme Lufttrockenheit die Ausbreitung von Spinnmilben, die lästige Plagegeister sein können. Auf sehr heißen Standorten verblühen Rosen schneller und ihre Farben neigen zum Verblassen. In Frage kommen für »hitzige« Standorte nur besonders kleinlaubige, sehr robuste Rosensorten.

Rosen bevorzugen einen tiefgründigen, sandig-lehmigen Boden mit ausreichenden Humus- und Nährstoffanteilen. Ein guter Rosenboden weist keine Extreme auf. Ideal ist eine ausgewogene Mischung aus Humus, Lehm und Sand. Rosen sind relativ boden-

tolerant – in allen unverdichteten Gartenböden, in denen andere Ziergehölze problemlos wachsen, ist auch eine Rosenpflanzung möglich.

Wer mit extremen Bodentypen zu kämpfen hat, kann deren Auswirkungen nur durch einen gesteigerten Pflegeaufwand abschwächen. So ist eine Rosenpflanzung beispielsweise auf ausgesprochenem Sandboden mit schlechter Wasser- und Nährstoffspeicherung nur auf der Grundlage einer Bodenverbesserung sinnvoll, die den Humusanteil deutlich und langfristig auf mindestens acht Prozent erhöht. Sie müßten also vor der Pflanzung entsprechende Mengen gereiften Gartenkomposts einarbeiten. Ist dies nicht möglich, wird es Ihnen nur mit Hilfe fortlaufender Bewässerungs- und Pflegemaßnahmen gelingen, Rosen auf derartig armen Böden zu kultivieren. Mit der geringsten zusätzlichen Pflege kommen auf solchen armen Böden vitale Strauchrosen aus. Sie wachsen dort ähnlich wie Beetrosen und ermöglichen damit eine vertretbare Rosenkultur.

Rosen sind ausgesprochene Tiefwurzler, die ihre Wurzeln ziemlich schnell einen Meter und tiefer ins Erdreich hinabsenken. Stoßen sie dabei in den oberen Bodenschichten auf eine undurchdringliche Sperre, zeigt die Pflanze rasch einen Kümmerwuchs. Vor allem Neubaugärten mit mangelnder Tiefgründigkeit werden oft zur Rosenfalle. Häufig wurde dort wenig Mutterboden auf verdichtetem Bauschutt aufgetragen. Eine

Mutterbodenschicht von mindestens 60 bis 80 cm ist für eine langfristig angelegte Rosenpflanzung jedoch unbedingt notwendig.

Anmerkungen zum Kleinklima

Unter Kleinklima verstehen wir das Klima, das in jedem kleinsten Gartenraum herrscht. Sie können – im Gegensatz zum Großklima – direkt darauf reagieren, indem Sie beengte, luftstille Ecken, in denen kein ausreichender Luftaustausch stattfindet, bei der Pflanzung von Rosen meiden bzw. eine sehr bedachte Sortenauswahl treffen.

Ein weiterer, für Rosen ungeeigneter Standort liegt unter den Kronentraufen alter, großkroniger Laubbäume. Im Tropfbereich der Kronen dieser Baummethusaleme kann das Laub der Rosenpflanzen durch die erhöhte Luftfeuchtigkeit nicht schnell genug abtrocknen, daß Mehltau- und Sternrußtaupilzen der Nährboden rechtzeitig entzogen würde.

Lichte, halbschattige Gartenplätze sind mögliche Rosenstandorte, erfordern aber eine präzise Sortenwahl. In Frage kommen beispielsweise bestimmte Rambler- und Strauchrosen-Sorten.

Vollschattige Lagen sind eine Strafe für Rosen, die auf solchen Standorten nur traurig vor sich hin kümmern. Pflanzen Sie dort lieber schattentolerante Gehölze wie Eiben, Feuerdorn, Mahonien oder Efeu, oder aber Stauden wie z. B. Astilben.

Die Nachbaukrankheit oder: Warum Böden »rosenmüde« sein können

Auf das Problem rosenmüder Böden wollen wir etwas ausführlicher eingehen, da es – neben dem Rosenschnitt – zu den am meisten diskutierten Fragen unter Rosenfreunden zählt.

Vorab kann gesagt werden: Zur Dramatisierung besteht kein Anlaß, wenn das vorhandene Wissen sachgerecht umgesetzt wird.

Es ist bekannt, daß Rosen durchaus viele Jahrzehnte am gleichen Standort sehr gut wachsen und - wie die 600 Jahre alte Rose am Hildesheimer Dom belegt – mitunter ein biblisches Alter erreichen können. Pflanzt man jedoch Rosen auf einen Standort, auf dem bereits zuvor mehrere Jahre Rosen gewachsen sind, kann das Phänomen der Nachbaukrankheit (Bodenmüdigkeit) auftreten – die Rosen kümmern. Die Ursachen sind trotz zahlreicher Untersuchungen bis heute nicht abschließend geklärt. Man vermutet, daß vor allem eine Mischung aus Faktoren wie Strahlenpilzen, Mikroorganismen, Wurzelgiften und Nematoden, die sich über Jahre im Rosenbeet angesammelt haben, zu dem gravierenden Kümmerwuchs von Rosen auf »müden« Böden führen. Es ist offensichlich, daß jungen Rosen die Hinterlassenschaften ihrer Vorgänger nicht behagen. Interessant für den Gartenfreund sind dabei die unterschiedlichen Grade

der Auswirkungen bei verschiedenen Bodenarten.

Die Hälfte aller Müdigkeitseffekte wird durch **Nematoden** verursacht. Diese sogenannten Wurzelälchen saugen an den frischen Spitzen der aktiven Feinwurzeln der Rose und verhindern damit eine ausreichende Nährstoffaufnahme. Auf leichten Sandböden sind die Älchen sehr beweglich, eine Erklärung dafür, warum ihre negativen Auswirkungen auf schweren Böden – wenn über-

Neuere Untersuchungen beleuchten den Einfluß von **Mikroorganismen:** Auch sie greifen die Wurzelspitzen an und verhindern eine gesunde Entwicklung der Pflanzen.

Viele Versuche wurden zu der Frage unternommen, wie sich die Bodenmüdigkeit mit einem vertretbaren Aufwand überspielen und die Mühsal eines großflächigen Bodenaustausches vermeiden läßt. Sie können für Rosenfreunde durchaus nachah-

Bodenmüdigkeit endet oft in rosiger Tristesse. Humusgaben können hilfreich sein.

haupt – erst sehr viel später sichtbar werden. Eine Gründüngung mit *Tagetes erecta* vor einer Rosenpflanzung kann wirksam Abhilfe schaffen. Zudem widerstehen vitalwüchsige Strauchrosen den nematodenbedingten Nachbaukrankheiten besser als ihre schwächerwüchsigen Beetrosen-Kollegen.

menswert sein – wenn mit den Böden der Versuchsorte vergleichbare Bodentypen vorliegen. Klaus-Jürgen Strobel hat die einzelnen Versuche im Rosenjahrbuch 1997 des Vereins Deutscher Rosenfreunde zusammengefaßt:

Rosengarten Zweibrücken: Bei Neupflanzungen wird das Pflanzloch spatenbreit viereckig etwa 40 bis 45 cm tief ausgehoben. In diese Pflanzgrube kommt die pflanzfertig geschnittene Rose zusammen mit einer neuen Pflanzerde, die aus einem Gemisch aus getrocknetem Kuhdung und frischer Erde besteht, in der zuvor keine Rosen eingepflanzt waren.

Rosengarten Gönewein (Steinfurth): Die Rosenschule Gönewein entfernt in ihrem Rosengarten die Aushuberde des Pflanzlochs und füllt beim Neupflanzen eine sehr gute Topferde ein, die mit Langzeitdüngern oder/und Hornspänen vermischt ist.

Rosarium Dortmund: Bei jeder Neupflanzung wird der Pflanzerde mit bestem Erfolg verrotteter Pferdedung zugefügt.

Strobel schließt daraus: »Die guten Ergebnisse einer optimalen Humusversorgung lassen die Schlußfolgerung zu, daß besonders eine Rose mit nackten Wurzeln den Bodenmüdigkeitsbakterien im Verhältnis zur Fläche der vorhandenen Wurzeln stärker ausgesetzt ist. Nach einem Kulturjahr in der frischen Erde verteilen sich die Müdigkeitseffekte auf eine größere Wurzeloberfläche und stören die Nahrungsaufnahme weniger. Demnach haben Containerrosen theoretisch eine bessere Chance, bei einer Nachpflanzung auf müdem Boden, den Minderwuchs zu überspielen. Sie verfügen über eine viel größere Wurzeloberfläche, die den Angriff der schädlichen Mikroorganismen abwehren kann.«

Fazit: Eine hundertprozentig sichere Abhilfe – insbesondere auf leichteren Böden, in denen z. B. Nematoden sehr beweglich sind – schafft nur die Beseitigung des rosenmüden Bodens, was wegen des weitverzweigten, tiefen Wurzelwerks der Vorgängerrosen einen aufwendigen Bodenaustausch bedeutet. Vor der Rosenneupflanzung muß dazu die Erde bis zu 70 cm tief ausgehoben und durch neuen, rosenfrischen Boden ersetzt werden. Da ist die Suche nach einem neuen Standort für die neuen Rosen doch wesentlich bequemer. Die Entscheidung trifft aber letztendlich jeder Gartenfreund selbst.

Wie pflanzt man Rosen?

Die beste Anwachsgarantie für jede Rosenpflanzung ist und bleibt die **gründliche Bodenvorbereitung.** Diese Selbstverständlichkeit wird leider häufig ignoriert, oft mit fatalen Folgen. Wichtig ist vor allem bei verdichteten Böden eine tiefgründige Bodenlockerung, zum einen, um den Wurzeln den Abstieg in tiefere Bodenregionen zu ermöglichen, zum anderen, um die für Rosen tödliche Staunässe zu vermeiden. Gartenrosen sind keine Seerosen - wie schon Altmeister Wilhelm Kordes treffend bemerkte. Unter Umständen müssen Sie durch eine Drainage aus Kieselsteinen für einen einwandfreien Wasserabgang sorgen.

Ein fleißiger, nachhaltiger Lockerer verdichteter Böden ist zudem der Regenwurm – auch deshalb lohnt es sich für ein aktives Bodenleben zu sorgen.

Wer nicht für einen optimalen Start seiner Rosen sorgt, darf sich über Mißerfolge – die mitunter erst ein oder zwei Jahre später sichtbar werden – nicht wundern. Zögerlich wachsende Rosen gelten als anfälliger für Schädlinge und Krankheiten.

Ebenso wichtig wie die Bodenlockerung sind **unkrautfreie Pflanzflächen.** Entfernen Sie vor dem Pflanzen der Rosen alle Wurzelunkräuter – am besten mit der Grabegabel – aus dem Beet. Das ist viel Arbeit, aber die Unkräuter später aus dem stachelbewehrten Rosenbeet entfernen zu müssen, ist eine ungleich größere Mühe.

Das preiswerteste und beste Bodenverbesserungsmittel ist und bleibt ein ausgewogener **Gartenkompost.** Organische Materialien werden in den Bio-Kreislauf zurückgeführt, ein Vorgang, der das Bodenleben und damit das Wachstum der Rosen fördert. Bei einer Rosenpflanzung können bis zu dreißig Prozent Gartenkompostanteile unter die Pflanzerde gemischt werden.

Eine Aussaat von *Tagetes erecta* als **Gründüngung** ab April vor der Rosenpflanzung im Herbst verbessert die Bodenstruktur und die Fruchtbarkeit. Das Bodenleben wird aktiviert, rosenfeindliche Nematoden werden vertrieben und Bienen und Hummeln finden Pollen als Futter. Vor der Aussaat sollten Sie die vorgesehene Fläche peinlich genau von Unkraut befreien.

So pflanzt man richtig

Beschädigte Wurzeln werden bis knapp oberhalb der Schadstelle entfernt. Die Feinwurzeln bleiben grundsätzlich unbeschnitten, denn je mehr davon an der Rose verbleiben, desto sicherer wächst sie an. Die oberirdischen, grünen Triebe der wurzelnackten, beutelverpackten und wurzelballierten Rosen werden bis auf etwa 20 cm (Scherenlänge) mit einer scharfen Schere zurückgenommen. Alle Rosen, die mit nackter Wurzel gepflanzt werden, sollten Sie grundsätzlich vor der Herbst- oder Frühjahrspflanzung vier bis fünf Stunden mit allen Trieb- und Wurzelteilen in ein Wasserbad legen. Die Triebe können auf diese Art und Weise Feuchtigkeitsverluste ausgleichen.

Ist der Gartenboden sehr naß und schmierig, dann lassen Sie ihn vor dem Pflanzen zunächst abtrocknen. Sonst sind rosenfeindliche Bodenverdichtungen, die den langfristigen Erfolg der Rosenpflanzung in Frage stellen, vorprogrammiert. Ob Sie sofort nach dem Rosenkauf pflanzen oder – aus welchen Gründen auch immer – mit dem Pflanzen noch warten müssen: Die empfindlichen wurzelnackten Rosen sollten Sie komplett mit nassem Sackleinen oder Ähnlichem abdecken und so vor und auch noch während des Einpflanzens vor Wind und Sonne schützen.

Das Pflanzloch sollte in Höhe, Tiefe und Breite etwa 30 bis 40 cm

①

Rosen 4 bis 5 Stunden in ein Wasserbad legen.

②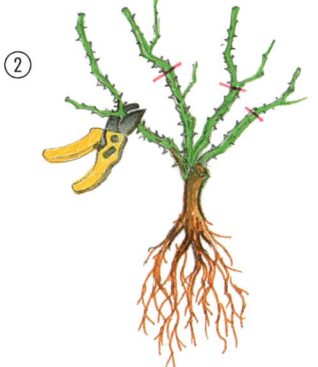

Triebe stark, Wurzeln schwach schneiden.

③ **Richtig**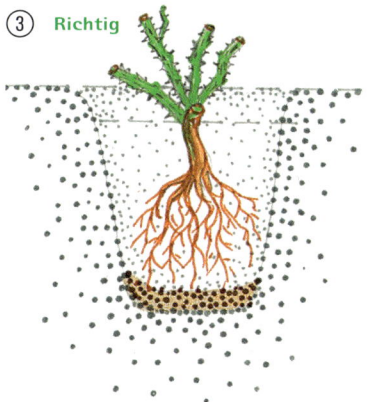

Veredlungsstelle 5 cm tief setzen; das Pflanzloch so großzügig ausheben, daß die Wurzeln frei hängen können.

④ **Falsch**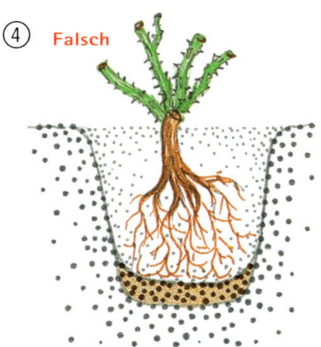

Falsch: Die Veredlungsstelle befindet sich über der Erdoberfläche, die Wurzeln liegen gebogen im Pflanzloch.

⑤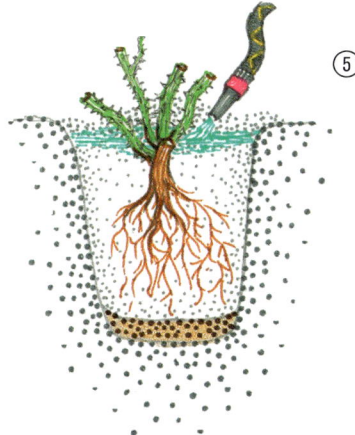

Wichtig ist das Einschlämmen mit Schlauch oder Kanne.

⑥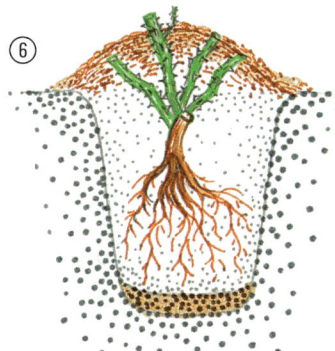

Immer anhäufeln, auch bei Frühjahrspflanzung!

messen, zumindest sollte die Pflanzgrube nach dem Ausheben nach allen Seiten eine Handbreit größer als der Ballen bzw. die nackten Wurzeln sein. Die Pflanzlocherde kann mit abgelagertem Gartenkompost bis zu einem Kompostanteil von 30 Prozent vermischt werden. Torf und mineralische Kurzzeitdünger haben im Pflanzloch für Rosen nichts zu suchen, ebensowenig wie eine eventuell vor dem Pflanzen entfernte Grasnarbe, die, mit in die Pflanzgrube gegeben, nur Wurzelfäulnis fördert. Wenn Sie Ihren neuen Rosen etwas Gutes tun wollen, dann mischen Sie lediglich etwa 50 Gramm Hornspäne oder einige Körner Langzeitdünger unter die Pflanzerde.

Die Sohle des Pflanzlochs wird mit der Grabegabel gründlich aufgelockert, damit ein einwandfreier Wasserabfluß möglich ist. Rosenwurzeln dürfen zu keiner Zeit im Wasser stehen. Dann stellen Sie die Rose senkrecht in das Pflanzloch. Noch besser: Ein zweiter Helfer hält die Rose fest, so daß die Wurzeln frei und ungebogen in der Pflanzgrube baumeln können.

Nach dem Pflanzen muß sich die Veredlungsstelle 5 cm (auf ausgesprochen lehmigen, bindigen Böden 3 cm) tief in der Erde befinden. Dies hat folgende Gründe: Erstens wird die Neigung der Veredlungsunterlage zur Wildtriebbildung unterdrückt, und zweitens der Frostschutz für die Rose verbessert. Ein quer über die Pflanzgrube gelegter Stab hilft beim Ab-

schätzen der korrekten Pflanzhöhe. Mit einzukalkulieren ist dabei, daß sich die Erde später um 1 bis 2 cm setzt. Bitte jedoch nicht des Guten zu viel tun und die Rose wesentlich tiefer als 5 cm pflanzen. Die erdbedeckten Edeltriebe einer derart »beerdigten« Rose neigen dann dazu, eigene Wurzeln zu bilden. Die vitalitätsfördernde Wildunterlage wird unter Umständen abgestoßen, und ihr wuchsfördernder Einfluß ginge verloren.

Füllen Sie die Pflanzgrube mit der Pflanzlocherde auf und treten Sie die Rose leicht mit dem Absatz an. Halten Sie die Rose dabei fest, damit sich die wichtige Höhenpositionierung nicht gravierend ändert. Mit dem Gartenschlauch wird nach dem Pflanzen kräftig eingeschlämmt, um eventuelle Hohlräume zu schließen und für einen optimalen Bodenschluß zu sorgen. Ein kleiner Erdwall um die Rose sorgt dafür, daß das

Die Veredlungsstelle der Rosen muß nach dem Pflanzen etwa 5 cm tief im Gartenboden verschwunden sein.

Schlämmwasser an Ort und Stelle bleibt und sich nicht weiträumig im Beet verbreitet.

Anhäufeln nie vergessen

Zum Abschluß erfolgt das Anhäufeln. Ziehen Sie die Erde um die Rose etwa 15 cm hoch, so daß nur noch die Triebspitzen der Rosenstöcke zu sehen sind. Angehäufelt wird sowohl bei der Frühjahrs- als auch bei der Herbstpflanzung. Das Anhäufeln schützt die Rosen vor Wind, Sonne und Frost. Die Herbstpflanzung wird im April, die Frühjahrspflanzung acht Wochen nach dem Pflanzen abgehäufelt – frühestens jedoch, wenn die Neutriebe eine Länge von 10 cm erreicht haben.

Zusätzliche Pflanztips

Wurzelechte Rosen – als die heute häufig Flächenrosen in kleinen Topfballen angeboten werden – behandelt man ähnlich wie Containerrosen. Der Topf wird entfernt, der Wurzelfilz aufgerissen, der Wurzelballen kurz getaucht und so hoch gepflanzt, daß der obere Ballenrand mit der Erde abschließt. Auf eine Veredlungsstelle muß bei wurzelechten Rosen nicht geachtet werden.

Von wurzelballierten Rosen sind die Verpackungsfolien vor dem Pflanzen zu entfernen. Netze bzw. ballenumgebende Kartons können aber mitgepflanzt werden.

Containerrosen werden behutsam aus den Töpfen herausgenommen und die Wurzelballen so lange in Wasser getaucht, bis keine Blasen mehr aufsteigen. Der Boden im Pflanzloch um den Ballen ist gut zu lockern. Sie können ihn mit Gartenkompost aufbessern. So entsteht eine das Wachstum der Wurzeln fördernde Übergangszone zwischen Ballenerde und Gartenboden, die dem Aufbau einer selbständigen Wasser- und Nährstoffversorgung der Rose dient. Die Pflanzhöhe entspricht der Position, die die Rose im fachgerecht getopften Container hatte. Auch die Veredlungsstelle einer Containerrose muß nach dem Auspflanzen im Garten 5 cm unter der Erde liegen.

Pflanzen von Stammrosen

Vor dem Pflanzen sollten Sie für die oft dünnen Rosenstämme generell einen stützenden, der Höhe des Stämmchens entsprechenden Pfahl in das Pflanzloch einschlagen. Der Pfahl reicht bis in die Krone. Nachdem der Rosenstamm eingepflanzt ist, wird er mit Hilfe von Kokos, Jute oder Bast an mehreren Stellen – mindestens zweimal – am Pfahl fixiert (siehe Grafik).

Das Pflanzen der Stammrosen gleicht dem der veredelten Buschrosen. Pflanzlöcher für Hochstammrosen sollten allerdings etwas geräumiger als die ihrer niedrigen »Kollegen« ausfallen. Man achtet außerdem nicht auf

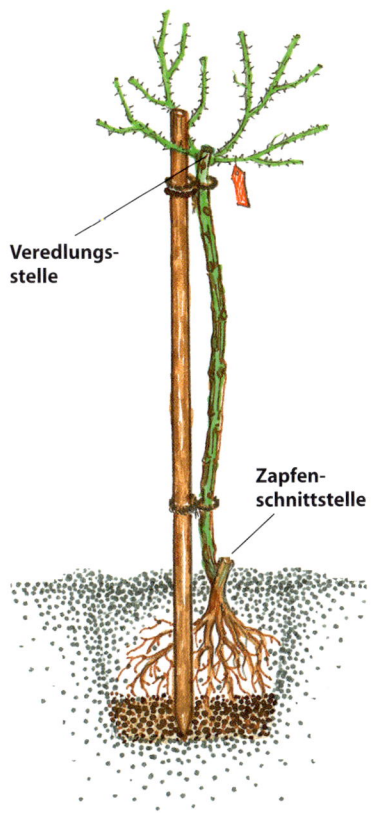

Veredlungsstelle

Zapfenschnittstelle

Um Wurzelverletzungen zu vermeiden, wird der Pfahl vor (!) dem Einsetzen der Stammrose in das Pflanzloch eingeschlagen.

eine untere Veredlungsstelle, sondern auf die sogenannte Zapfenschnittstelle. Diese bleibt grundsätzlich deutlich über der Erdoberfläche.

Durch die Ausrichtung der Zapfenschnittstelle ist die Richtung für das winterliche Umlegen der Rosenstämme festgelegt (siehe Bild Seite 142). Die Zapfenschnittstelle weist grundsätzlich in die Umlegerichtung. Zu bedenken ist deshalb vor dem Pflanzen, ob der zur Verfügung stehende Platz für

die eventuell anstehende Winterschutzmaßnahme ausreicht. Stehen die Stämme beispielsweise an einem Zaun oder vor einer Mauer, ist das Umlegen oft nur in einer Richtung möglich.

Was man über die Pflanzdichte wissen sollte

Nur ein geschlossener Pflanzenbestand beschattet den Boden ideal, fördert ein aktives Bodenleben und entspricht der naturnahen Gehölzverwendung. In der freien Natur gibt es nur relativ selten offene Böden, so daß Bodenlebewesen auf direkte Bodenbestrahlung oft negativ reagieren. Deshalb ist es besonders dann, wenn mit Rosen ein gesamtes Beet abgedeckt werden soll, wichtig, die richtige Pflanzdichte zu kennen, um Lücken zu vermeiden.

Bei Beet- und Edelrosen ist ein Pflanzabstand zwischen 30 und 40 cm ideal. Schwachwüchsige Zwergrosen pflanzt man mit 20 bis 25 cm entsprechend enger. Bei breitwachsenden Flächenrosen können die Abstände sortenunterschiedlich wesentlich größer sein. Bei zu dichter Pflanzung würden sich diese Rosen nur gegenseitig nach oben schieben. Strauchrosen erfordern – je nach Wuchsstärke – einen Pflanzabstand von 80 bis 150 cm. Bei Stammrosen sollte nach jeder Seite ein Freiraum von mindestens 60 cm gewährleistet sein.

Düngen mit Augenmaß

Rosen haben einen vergleichsweise hohen Nährstoffbedarf. Vor allem öfterblühende Rosen, von denen unter Umständen im Sommer wiederholt Schnittrosen geerntet werden, benötigen eine entsprechende Nährstoffzufuhr, damit sie immer wieder neue Triebe entwickeln können. Nur ausgewogen versorgte Rosen erfreuen durch reiche Blütenbildung und höchstmögliche Vitalität. »Hungerleider« sind viel stärker für Pilzerkrankungen, zum Beipiel Mehltau, anfällig. Auch ein anfangs gehaltvoller Gartenboden verarmt mit der Zeit, wenn ihm keine neuen Nährstoffe in organischer bzw. mineralischer Form zugefügt werden.

Sichere Informationen zum Nährstoffbedarf Ihres Bodens erhalten Sie durch eine Bodenprobe – dem »Doping-Test« für Böden. Bodenuntersuchungsinstitute geben auf der Grundlage der ermittelten Werte für relativ wenig Geld verläßliche Düngerempfehlungen für Ihren Boden. Die Adressen der Institute finden Sie in Gartenfachzeitschriften und -büchern. Beispielsweise bieten die Landwirtschaftlichen Untersuchungs- und Forschungsanstalten – kurz LUFAs genannt – bundesweit ihre Dienste an. Ganz ideal ist es, die Bodenuntersuchung alle drei bis vier Jahre zu wiederholen.

Nachfolgend einige grundsätzliche Bemerkungen zu den wesentlichen Nährstoffen Stickstoff, Phosphor, Kalium, Magnesium, Kalzium und Eisen:

Stickstoff (N) benötigen Rosen für die Triebentwicklung. Hellgrüne Blätter signalisieren N-Mangel. N-Überschuß bewirkt ein für Krankheiten und Schädlinge stark anfälliges Gewebe und fördert die Bildung wasserhaltiger, weicher Triebe, die im Winter bereits leichten Frösten durch ihre fehlende Holzhärte ausgeliefert und daher dem frühen Untergang geweiht sind. Nach dem ersten Juli sollten Sie deshalb jegliche mineralische N-Düngung unterlassen.

Phosphor (P) fördert die Blüten- und Hagebuttenbildung. Der Phosphorbedarf von Rosen ist nicht groß. Gut versorgte Gartenböden stellen den Rosen meist ausreichend P zur Verfügung. P-Mangel tritt sehr selten auf und zeigt sich durch kleine, bläulichgrüne Blätter, die an den Blatträndern eine Purpurbronze-Färbung zeigen.

Kalium (K), kurz Kali genannt, reguliert den Stoffwechsel und Wasserhaushalt der Rosen. Erfahrene Rosenfreunde düngen mit Patentkali ab Ende August/Anfang September (50 g/m²), um die Holzreife ihrer öfterblühenden Rosen zu fördern. Echter K-Mangel ist auf vitalen Gartenböden selten und zeigt sich in Form einer spärlichen Laubentwicklung. Am Blattrand treten dunkelgrüne oder braungraue Flecken auf.

Magnesium (Mg) ist ein wichtiger Blattaufbaustoff. Typisch für ein Mg-Defizit sind mosaikförmige, gelbe Flecken, die vom Hauptnerv des Fiederblatts ausgehen. Mg-Mangel kann durch Bittersalzgaben ausgeglichen werden.

Kalzium (Ca), sprich **Kalk,** ist vor allem als Regulativ für den **pH-Wert** des Bodens bekannt. Der pH-Wert drückt die Konzentration der Bodensäure aus. Für Rosen gilt ein pH-Wert von 6,5 bis 7 im neutralen Bereich auf sandig-lehmigen Standorten als ideal. Bei schwereren Böden werden leicht höhere Werte um 7 empfohlen. Als Nährstoff ist Kalzium wichtig für den Aufbau eines stabilen Pflanzengewebes. Kalk ist also Bodenverbesserungsmittel und Nährstoff in einem.

Den pH-Wert Ihres Gartenbodens – und damit einen möglichen Kalkbedarf – können Sie mit Hilfe eines der im Fachhandel angebotenen Sets leicht selbst ermitteln. Sie sind einfach zu handhaben und erfordern kein Spezialwissen. Meist reicht der in vielen Düngern enthaltene Kalkanteil zur Versorgung der Rosen aus. Viele Hausgärten gelten sogar als überkalkt. Wenn eine Extra-Kalkung wirklich nötig ist, sollte sie im Herbst bzw. Winter durchgeführt werden. Im Frühjahr sollten Sie Kalk nur ausbringen, wenn bis zur Pflanzung noch einige Wochen Zeit bleiben.

Wer Kalk ausstreut, sollte bedenken, daß dieser einen erheblichen Einfluß auf den Boden hat. Übertriebenes Kalken laugt den Boden aus, ein Mangel begünstigt unter Umständen die Bindung von Eisen im Boden.

Eisen(Fe)–Mangel macht sich durch **Chlorose** (Gelbfärbung der Blätter) bemerkbar. Zwar ist fast immer ausreichend Eisen im Boden vorhanden, es steht jedoch aufgrund zu niedriger oder zu hoher pH-Werte bisweilen nicht in einer Form zur Verfügung, in der die Rosen es aufnehmen können. Eisendünger wie »Sequestren« oder »Fetrilon« gleichen einen akuten Fe-Mangel aus – allerdings nur für eine begrenzte Zeit.

Düngerarten

Man unterscheidet zwischen mineralischen und organischen Düngern sowie Mischformen aus beiden. Zwei wichtige Hinweise vorab: Feste Dünger dürfen niemals über Blatt oder Blüte der Rose gestreut werden. Und: Ein verantwortungsbewußter Gartenfreund hält sich an die Dosierungsangaben auf der Packung. Zuviel Dünger – egal in welcher Art und Weise verabreicht – wirkt sich immer nachteilig aus und erhöht beispielsweise die Krankheitsanfälligkeit von Rosen beträchtlich.

Die einzelnen Düngerarten haben jeweils ihre verschiedenen Vor- und Nachteile.

Eisenmangel kann zur Laubchlorose führen. Eisendünger helfen kurzfristig.

Mineralische Dünger (z.B. Nitrophoska perfekt): Leicht wasserlösliche Nährstoffkonzentrate, die preiswert angeboten und umgehend im Boden wirksam werden **(Kurzzeitdünger)**. Mineralische Dünger sind eine Nährstoff-Soforthilfe und besitzen keine den Boden verbessernden Eigenschaften. Im Gegenteil: Allzu üppig dosiert, werden in ihnen enthaltene Nährstoffe wie Stickstoff nicht umgehend von den Pflanzen aufgenommen und gelangen ins Grundwasser. Eine Überdosierung führt außerdem zu einem Salzschock im Boden, von dem sich die für das Wachstum der Rosen wichtigen Mikroorganismen nur langsam erholen. Im Zweifelsfalle gibt eine Bodenprobe Aufschluß über den tatsächlichen Nährstoffbedarf.

Setzen Sie Mineraldünger nur bei Ihren schon mehrere Jahre im Garten stehenden Rosen ein. An frischgepflanzten Rosen haben sie nichts zu suchen. Das Beachten der Herstellerangaben auf der Verpackung ist selbstverständlich.

Verzichten Sie nach dem 1. Juli eines Jahres grundsätzlich auf Gaben von mineralischen Düngern. Ist nach diesem Termin zum Beispiel bei Schnittrosen noch ein Stickstoffbedarf auszugleichen, eignen sich hierfür flüssige Blattdünger am besten. Bei trübem Wetter oder abends kommt diese Nährstofffeuerwehr in schwacher Konzentration von maximal zwei Prozent zum Einsatz.

Langzeitdünger (Depotdünger) sind ebenfalls mineralische Dünger. Jedoch sind die einzelnen Düngerkörner von einer halbdurchlässigen Harzhülle umgeben, die dafür Sorge trägt, daß die enthaltenen Nährstoffe temperaturabhängig abgegeben werden. Bei höheren Bodentemperaturen werden entsprechend mehr, bei niedrigen Temperaturen weniger Nährstoffe freigesetzt – etwa in der von den Rosen benötigten Menge. Eine Auswaschung der Nährstoffe ist damit fast ausgeschlossen.

Organische Dünger geben ihre Nährstoffe erst nach ihrem Abbau durch Mikroorganismen ab. Diese zeitliche Verzögerung ist beim Ausbringen der Dünger entsprechend einzuplanen. Beispielsweise haben sich Hornspäne als Stickstoffquelle bewährt, wenn sie bereits im Spätherbst ausgestreut werden (80 bis 120 g/m²). Im Frühjahr folgt eine gleich starke Gabe. Auch mit organischen Düngern kann man Rosen überdüngen, ein verantwortungsvoller Umgang mit ihnen sollte daher selbstverständlich sein.

Ein weiterer, sehr guter organischer Dünger ist ausgereifter, abgelagerter und ausgewogener **Gartenkompost**. Zur Kompostherstellung eignen sich viele organische Haus- und Gartenabfälle. Rosenblätter und -zweige, die mit den hartnäckigen Dauersporen des Sternrußtaus befallen sind, gehören nicht auf den Kompost.

Rosendünger sind Mehrnährstoffdünger mit organischen Anteilen. Die im Fachhandel angebotenen Rosendünger sind in der Regel auf die Nährstoffansprüche der Rosen abgestimmt, können aber durchaus von recht unterschiedlicher Zusammensetzung sein. Ein Blick auf die Packung gibt Aufschluß über Struktur und Mengendosierung.

Wassergaben...

Wasser kann für Rosen Fluch und Segen bedeuten: Einerseits fördert eine optimale Wasserversorgung die Widerstandsfähigkeit gegen Pilzbefall, andererseits führt Staunässe rasch zum Absterben der Rosenwurzeln.

Den sicheren Garaus bereitet ein Rosenfreund seinen Rosen aber durch regelmäßiges Wässern über das Laub. Dabei besteht eigentlich nur in extrem sommertrockenen Jahren die Notwendigkeit zur Bewässerung. Mehrjährig eingewurzelte Rosen regeln ihren Wasserhaushalt selbst. Lediglich bei jungen Rosenpflanzen ist auf ein Wasserdefizit zu achten, zumindest, bis sie sich über tiefergehende Wurzeln selbst versorgen können.

Der ökologisch eingestellte Rosenfreund wird seine Rosen in den beschriebenen Fällen möglichst mit gesammeltem Regenwasser versorgen wollen. Das Gießen mit wertvollem Leitungswasser kann damit häufig umgangen werden.

...im Frühjahr

Ein Wassermangel kann witterungsbedingt bereits im Frühjahr auftreten. Er behindert unter Umständen den um diese Zeit wichtigen Nährstofffluß. Abhilfe schafft eine Bodenlockerung mit der Grabegabel, die verkrustete Erdoberflächen rosenwurzelschonend aufbricht. Muß bei jungen Rosen im Frühjahr gewässert werden, dann geschieht dies einmal, dafür aber sehr ausgiebig. Anschließendes Mulchen hält die Feuchtigkeit länger im Boden fest. Wer nicht mulcht, sollte fortlaufend im Sommer immer wieder die oberste Bodenkruste durch flaches Hacken aufbrechen. Dies gilt besonders nach heftigen, verschlämmend wirkenden Regenfällen.

...im Sommer

Öfterblühende Rosensorten reagieren auf Durst mit weniger Blü-

Wässern ja, Duschen nein. Das permanente Gießen über das Laub zwingt jede Rose in die Knie und ist eine Einladung an Sternrußtau & Co.

Selbst vitale Kletterrosen mit großem Durst decken in heißen Jahren ihren Wasserbedarf selbständig. Mit ihren Wurzeln saugen alte Rosenstöcke aus mehreren Metern Tiefe Wasser an. Nur in Ausnahmejahren ist eine Bewässerung sinnvoll.

ten und höherer Pilzanfälligkeit. Ist die Erde bis in etwa zehn Zentimeter Tiefe trocken, ist eine ausgiebige Wassergabe notwendig. Dabei legt man einen am Ende offenen oder perforierten Schlauch frühmorgens direkt an die Rosen und wässert bei geringem Druck durchdringend. Das kann durchaus eine Stunde und mehr dauern – nur Mengen ab 30 l/m² sind bei anhaltender Trockenheit wirksam. Wird durch eine zu kurze Bewässerung nur der Oberboden angefeuchtet, bleibt das Wasser für die Rosen praktisch wirkungslos.

Strauch- und Kletterrosen unter Vordächern sind besonders trockenheitsgefährdet. Mangelnde Niederschläge müssen rechtzeitig und regelmäßig ausgeglichen werden.

Ab September wird nicht mehr bewässert, damit die Rose ihr Wachstum einstellen kann. Die Triebe reifen aus und sorgen für entsprechende Frosthärte.

Richtig mulchen

Mulchen meint das Abdecken des Bodens mit organischen Reststoffen. Als Tiefwurzler ist die eingewachsene Rose auf gehaltvollen, tiefgründigen Böden eigentlich nie wirklich trockenheitsgefährdet. Für Rosen bietet das Mulchen deshalb vor allen Dingen in sommertrockenen Gebieten oder beispielsweise auf ausgesprochen sandigen Böden Vorteile.

Sachgerechtes Mulchen wirkt sich positiv auf die Bodenfeuchte und die Bodenstruktur aus. Unkrautbesatz wird zudem reduziert – vorausgesetzt, vor dem Mulchen wurden die Flächen von allen Wurzelunkräutern gründlich befreit. Es versteht sich von selbst, daß der verantwortungsbewußte Rosenfreund Unkräuter ausschließlich mechanisch, sprich durch Hacken bzw. Jäten und ohne den Einsatz von Unkraut-

vernichtungsmitteln (Herbiziden) entfernt. Verschiedene Mulchmaterialien stehen zur Verfügung: Stallmist, Gartenkompost, Rasenschnitt, Stroh, Sägemehl und Rindenprodukte (niemals aber frischer Holzhäcksel!).

Bewährt hat sich für Rosen Gartenkompost aus eigener Produktion oder Rindenmulch aus dem Fachhandel. Das ist zerkleinerte Rinde, die ohne weitere Zusatzstoffe zur Bodenabdeckung verwendet wird. Vor dem Ausbringen des Rindenmulchs muß ein Stickstoffdünger gestreut werden. Rindenmulch fixiert in den ersten beiden Monaten nach der Ausbringung größere Mengen an Bodenstickstoff, der ohne Ausgleichsdüngung den Rosen fehlen würde. Deshalb sind zusätzliche Düngegaben von Hornspänen (130 g/m²) vor der Mulchausbringung notwendig.

Das Mulchmaterial wird maximal drei bis vier Zentimeter hoch im Frühjahr nach dem Schnitt der Rosen und der Ausgleichsdüngung ausgebracht. Oft wird beim Mulchen des Guten zuviel getan und die Rosen unter einer Schicht von bis zu 10 Zentimetern Höhe begraben. Neben Stickstoffentzug können dann unter Umständen die im Rindenmulch enthaltene Stoffe, wie Gerbsäure und Lignin, nachteilig wirkende Konzentrationen im Boden erreichen. Idealerweise sammelt jeder Gartenfreund eigene Erfahrungen mit dem Mulchen und verzichtet insbesondere bei frischgepflanzten Rosenbeeten auf Experimente.

Mehr Sortensicherheit durch das ADR-Prädikat

Das ADR-Prädikat hilft bei der Auswahl relativ robuster Sorten. ADR-Rose – diese Buchstaben stehen für die härteste Rosenprüfung der Welt und kürzen den offiziellen Titel griffig ab: Allgemeine Deutsche Rosenneuheitenprüfung. Vater dieser Prüfung, die 1950 erstmals durchgeführt wurde, ist Wilhelm Kordes II. Die Zielsetzung war klar: Nur bewährte Sorten sollten in den Handel kommen.

Seit 1975 steht die Widerstandsfähigkeit der Rosen im Mittelpunkt der Prüfung. Die Sorten müssen sich – ohne den Einsatz von Pflanzenschutzmitteln – über drei bis vier Jahre an verschiedenen Standorten bundesweit bewähren. Ein Arbeitskreis von Fachleuten bewertet die Sichtungsergebnisse jährlich und prämiert die Sorten, die während der Prüfung die notwendige Punktzahl erreicht haben, mit dem ADR-Prädikat.

Mittlerweile haben über 1 500 Sorten die ADR-Prüfung durchlaufen. Folgende, in diesem Buch genannte Sorten, haben das ADR-Prädikat erhalten (geordnet nach dem Jahr der ADR-Vergabe):

Daneben gibt es noch eine ganze Reihe weiterer ADR-Rosen, die in einer Broschüre des Bundes deutscher Baumschulen (BdB) zusammengefaßt sind (siehe Seite 155).

1952
'Flammentanz'® (Rambler, Blüte rot, gefüllt, einmalblühend)

1954
'Dortmund'® (Kletterrose, Blüte rot, einfach, öfterblühend)

1958
'Dirigent'® (Strauchrose, Blüte rot, halbgefüllt, öfterblühend)

1960
'Schneewittchen'® (Strauchrose, Blüte weiß, gefüllt, öfterblühend)

1964
'Duftwolke'® (Beetrose, Blüte rot, gefüllt, öfterblühend, Duft)

1968
'Bischofsstadt Paderborn'® (Strauchrose, Blüte rot, einfach, öfterblühend)
'Lichtkönigin Lucia'® (Strauchrose, Blüte gelb, gefüllt, öfterblühend)

1970
'Edelweiß'® (Beetrose, Blüte weiß, gefüllt, öfterblühend)

1971
'Fontaine'® (Strauchrose, Blüte rot, gefüllt, öfterblühend)

1973
'Escapade'® (Beetrose, Blüte lila/weiß, halbgefüllt, öfterblühend)
'Friesia'® (Beetrose, Blüte gelb, gefüllt, öfterblühend, Duft)

1974
'Montana'® (Beetrose, Blüte rot, gefüllt, öfterblühend)
'Westerland'® (Strauchrose, Blüte aprikot, halbgefüllt, öfterblühend)

1975
'Morning Jewel'® (Kletterrose, Blüte rosa, halbgefüllt, öfterblühend, Duft)

1977
'Chorus'® (Beetrose, Blüte rot, gefüllt, öfterblühend)
'Grandhotel'® (Strauchrose, Blüte rot, gefüllt, öfterblühend)

1978
'Mildred Scheel'® (Edelrose, Blüte rot, gefüllt, öfterblühend, Duft)

1979
'La Sevillana'® (Beetrose, Blüte rot, halbgefüllt, öfterblühend)

1980
'Red Yesterday'® (Flächenrose, Blüte rot, weißes Auge, einfach, öfterblühend)

1982
'Aachener Dom'® (Edelrose, Blüte rosa, gefüllt, öfterblühend)
'Angela'® (Strauchrose, Blüte altrosa, halbgefüllt, öfterblühend)
'Bonica® '82' (Beetrose, Blüte rosa, gefüllt, öfterblühend)
'IGA '83 München'® (Strauchrose, Blüte rosa, gefüllt, öfterblühend)

1985
'Banzai® '83' (Edelrose, Blüte gelb-rot, gefüllt, öfterblühend, Duft)

1986
'Romanze'® (Strauchrose, Blüte rosa, gefüllt, öfterblühend)

'La Sevillana'®, ADR-Rose 1979.

1987

'Elina'® (Edelrose, hellgelb, gefüllt, öfterblühend, leichter Duft)

'Lavender Dream'® (Flächenrose, Blüte lavendelfarben, halbgefüllt, öfterblühend, Duft)

'Pink Meidiland'® (Flächenrose, Blüte pink/weiß, einfach, öfterblühend)

'Sommerwind'® (Flächenrose, Blüte rosa, halbgefüllt, öfterblühend)

1989

'Vogelpark Walsrode'® (Strauchrose, Blüte rosa, gefüllt, öfterblühend)

1990

'Heidetraum'® (Flächenrose, Blüte rosa, halbgefüllt, öfterblühend)

1991

'Schneeflocke'® (Beetrose, Blüte weiß, halbgefüllt, öfterblühend)

'Super Excelsa'® (Rambler, Blüte karminrosa, gefüllt, öfterblühend)

1992

'Pierette'® (Flächenrose, Rugosa-Sorte, Blüte rosa, gefüllt, öfterblühend, Duft)

1993

'Mirato'® (Flächenrose, Blüte rosa, gefüllt, öfterblühend)

1994

'Bingo Meidiland'® (Flächenrose, Blüte rosa, einfach, öfterblühend)

1995

'Aspirin'®-Rose (Flächenrose, Blüte weiß, gefüllt, öfterblühend)

1996

'Rosenprofessor Sieber'® (Beetrose, Blüte rosa, gefüllt, öfterblühend)

'Sommerabend'® (Flächenrose, Blüte rot, einfach, öfterblühend)

Rosiger Pflanzenschutz mit Toleranz

Unsere Einteilung von Lebewesen in Gut und Böse, sprich Nützling oder Schädling, ist sehr subjektiv. Was wir als unästhetisch an einer Rosenpflanze empfinden, ist für andere die Ernährungsgrundlage. Wer jede Laus verfolgt, kann nicht erwarten, daß sich eine nennenswerte Nützlingsfauna aufbaut. Viele Pilz- und Insektenarten sind in ihrer Existenz von der Rose abhängig. Das überkommene Ideal der staubgewischten Rose entzieht ihnen aber jede Lebensgrundlage. Wer ökologische Kreisläufe in seinem Garten unterstützen will, stülpt über seine Rosen keine Glasglocken. Und eine Rose, die einmal »niest«, sprich etwa Mehltau oder ähnliches hat, ist noch lange kein Fall für die gärtnerische Notaufnahme. Erst wenn ein Befall den Rosen ernsthaft Schaden zufügen könnte, sollte man zu Bekämpfungsmaßnahmen greifen.

Jede rosige Robustheit ist relativ, weil sie – außer von der genetischen Veranlagung der einzelnen Sorten – von vielen äußeren Faktoren abhängt. Unter falschen Standortbedingungen versagt selbst die robusteste ADR-Rose. Auch die Bestandsdichte hat einen großen Einfluß: Je großflächiger man Rosen pflanzt, desto robuster müssen die Sorten sein.

Zukunft durch Toleranz

Zeitgemäße Rosenpflege hält die Waage zwischen Toleranz und Pflanzenschutz.

Die Befallsstärke durch Sternrußtau und Mehltau variiert unter Umständen von Jahr zu Jahr erheblich und ist stark witterungsabhängig. So können am selben Standort unter gleichen Pflegebedingungen in einem Jahr sehr starke, in einem anderen kaum sichtbare Befallserscheinungen auftreten. In feuchtwarmen Sommern zeigt sich häufiger Mehltau, während in verregneten Jahren Sternrußtau dominieren kann.

Krankheiten und Schädlinge sind einem ständigen Selektionsprozeß unterworfen, sie entwickeln sich fortwährend weiter. Neue Stämme sind meist resistenter als ihre Vorgänger. Eine mögliche Folge davon ist, daß ältere Rosensorten, einst wegen ihrer Robustheit gelobt, Jahrzehnte später als anfällig gelten.

Verantwortungsbewußte Rosenfreunde sollten mögliche Auswirkungen des Einsatzes von Pflanzenschutzmitteln kennen und auf ihre Anwendung - wann immer möglich - verzichten. Übermäßiger Einsatz von Pflanzenschutzmitteln kann Nützlinge vernichten, Resistenzen bei Krankheitserregern fördern, zu Auswaschungen in den Boden und damit ins Grundwasser führen, Artenreichtum reduzieren und Ökosysteme destabilisieren.

Wichtige Rosenschädlinge

Rosenblattlaus

Grüne oder schwarze Läuse, die die jungen, noch weichen Triebspitzen befallen. Starker Befall führt zu Verkrüppelungen und Triebverkrümmungen. Massenhaftes Auftreten bei warmer, trockener Witterung, besonders April bis Mai ist eine »lausige« Zeit.

Einfach und biologisch: Abstreifen und Zerdrücken der Blattläuse mit den (behandschuhten) Fingerspitzen.

Rosenpflaster unter der Krone von Rosenstämmen haben sich bewährt.

Übertriebene Stickstoffdüngung und Wassermangel laden Blattläuse geradezu ein, die weichen Rosentriebe anzustechen. Heiße, lufttrockene Standorte meiden.

Bekämpfung mit Handelspräparaten: Neudosan, Pirimor, Celaflor-Rosenpflaster (beispielsweise bei Rosenstämmen). Alternative: Nützlinge fördern, die wichtige Blattlausvertilger sind (Marienkäfer, Florfliegen u. a.).

Hausmittel: Abspritzen kräftiger Triebe mit kaltem, scharfem Wasserstrahl, kleine Lausmengen mit einer feinen Bürste abstreifen oder mit den Fingerspitzen wegschnippen bzw. Tiere zerdrücken. Zwiebel- und Knoblauchsäfte.

Rote Spinne und Gemeine Spinnmilbe

Sehr kleine, orangerote Tierchen, die an der Blattunterseite saugen und nur mit der Lupe sicher zu erkennen sind. Die Blattoberseiten verfärben sich unregelmäßig braungelb gesprenkelt, vor allem entlang der Adern. Nahe verwandt

mit der Roten Spinne ist die Gemeine Spinnmilbe. Sie ist an ihrem feinem Seidengespinst zwischen Blättern, Blattstielen und Trieben zu erkennen.

Spinnmilben treten bei trockenheißer Witterung ab Mai massenhaft auf. Deshalb ist die Vermeidung extrem lufttrockener Standorte die beste Vorbeugemaßnahme. Besonders gefährdet sind Rosen in heißer Südlage vor Wänden. Befallene Blätter absammeln und vernichten.

Auffällig ist das Gespinst der Gemeinen Spinnmilbe. Windstille Plätze meiden.

Bekämpfung mit Handelspräparaten: Neudosan, Folimat-Rosenspray, jedoch bilden Spinnmilben rasch resistente Stämme. Raubmilben-Einsatz.

Hausmittel: Ackerschachtelhalmbrühe.

Rosenblattrollwespe

Eingerollte Blätter durch Eiablage am Blattrand. In den dadurch entstehenden, sehr auffallenden und typischen Blattröllchen ent-

Nicht schön, bei geringem Befall aber völlig harmlos: Rosenblattrollwespe.

wickeln sich ab Mai die grünlich-weißen Larven. Ab Juli verlassen die Larven die Blattröllchen, um sich im Boden zu verpuppen und im nächsten Jahr als kleine Wespen wiederum ihre Eier in den Rosenblättern abzulegen. Vorbeugende Maßnahmen sind nicht erfolgversprechend, Blätter ab April beobachten.

Bekämpfung: Absammeln und Zerdrücken der winzigen Larven mit der Hand. Der Entwicklungszyklus - und damit der Befallsdruck für das nächste Jahr - wird durch das Entfernen der Larven unterbrochen. Nützlinge wie Blaumeisen und Schlupfwespen fördern. Spritzungen sind nicht sinnvoll.

Rosenzikade

Die Oberseiten der Blätter sind weißlich gesprenkelt. Auf der Blattunterseite findet man grünlichweiße, blattlausähnliche Insekten, die sich hüpfend fortbewegen und an den Rosenblättern

saugen. Rosenzikaden überwintern in Mauerspalten, dies erklärt den häufigen Befall bei Kletterrosen. Beste Vorbeugung: Trockene, warme Standorte meiden - dies gilt in besonderem Maße für Kletterrosen in Südlagen.

Bekämpfung mit Handelspräparaten: Winterspritzung mit Ölemulsion, Ambush, Neudosan bei Befall.

Hausmittel: Brennesselbrühe.

Thrips (Blasenfuß)

Thripse schädigen vor allem die Blütenblätter blühreifer Rosenknospen. Die Blütenblätter zeigen nach dem Befall am Rand braune Flecken. Bei einer Klopfprobe springen einige der winzig kleinen Insekten aus der befallenen Blüte auf die Handoberfläche. Thripse treten insbesondere ab Juni bei sehr heißer Witterung auf. Die Bekämpfung gestaltet sich schwierig, da der Befall erst sehr spät zu erkennen ist.

Bekämpfung mit Handelspräparaten: Neudosan, Ambush. Systemische Mittel bekämpfen die Thripse über den Saftstrom. Befallene Blüten sofort entfernen und vernichten.

Rosengallwespe (Rosenäpfel)

Die Rosengallwespe tritt u. a. an Wildrosen auf. Auffallend sind die bis golfballgroßen Gallen - Wucherungen, die durch ihre haarartigen Auswüchse wie mit Moos bewachsen erscheinen. Sie werden auch als Rosen- bzw. Schlafäpfel bezeichnet. In ihnen finden sich die weißen Larven der Gallwespe.

Bekämpfung: Das Entfernen der betroffenen Triebe genügt. In der frühen Heilmedizin galten die Rosenäpfel als Schlafmittel.

Triebbohrer

Beginnen Triebe schlagartig am oberen Ende zu welken, ist häufig der Rosentriebbohrer am Werk. Spaltet man den Trieb an der Welkestelle in Längsrichtung, entdeckt man einen Fraßgang, in dem eine kleine Raupe sitzt. Je nach Fraßrichtung unterscheidet man zwischen dem Abwärtssteigenden Rosentriebbohrer (Fraßgang von oben nach unten) und - bei umgekehrter Fraßrichtung - dem Aufwärtssteigenden Rosentriebbohrer. Befallene Triebe werden bis ins gesunde Holz abgeschnitten und mit den Raupen vernichtet. Oft jährlich wiederkehrender Befall an denselben Standorten. Wen der Befall stört, dem helfen nur systemische Insektizide, die allerdings auch den Nützlingen die Fraßgrundlage entziehen.

Bekämpfung mit Handelspräparaten: Decis, Ambush.

Wurzelnematoden (Wurzelälchen)

Schädigen die Rosenpflanze durch Saug- und Bohraktivitäten an den Wurzeln. Die Wurzel reagiert mit typischen, knotigen Wucherungen. Nematoden können eine Form der sogenannten Nachbaukrankheit bei Rosen auslösen (siehe Seite 117). Die Bekämpfung ist sehr schwierig, eine Gründüngung mit *Tagetes erecta* wirkt der weiteren Verbreitung entgegen.

Wichtige Rosenkrankheiten

Sternrußtau

Auf den Blattoberflächen treten violettschwarze Flecken auf, die sternförmig auslaufen. Die Blätter werden gelb und fallen ab. Diese aggressivste Pilzkrankheit bei Rosen tritt zuerst am bodennahen Laub auf und erfaßt die gesamte Pflanze nach und nach von unten nach oben. Die Krankheit zeigt sich meist im Spätsommer und Herbst, in besonders regenreichen Sommern mitunter auch schon ab Juni. Oft sind befallene Rosenpflanzen bereits im August laublos. Infolgedessen wird die Rose im Herbst zwangsläufig zum Neuaustrieb gezwungen; ein Ausreifen der Triebe als wichtigste Frostschutzmaßnahme ist dann nicht möglich, und die Pflanze ist in höchstem Maße frostanfällig.

Sternrußtau gilt als die gefährlichste Rosenkrankheit. Hilfreich ist die Auswahl robuster Sorten.

Beste Verbeugung gegen die Geißel der Rosenfreunde sind robuste Sorten, die auf einen licht- und luftumspielten Standort gepflanzt werden. Niemals Blätter mutwillig von oben beregnen. Befallenes Laub absammeln und zum Hausmüll geben – die unverwüstlichen Dauersporen gehören nicht auf den Kompost!

Bekämpfung mit Handelpräparaten: Baymat Rosenspritzmittel, Saprol neu, Neudo-Vital.

Hausmittel: Ackerschachtelhalmbrühe.

Echter Mehltau

Mehlig-weißer Belag auf der Oberseite junger Blätter sowie auf den Blütenkelchen und Triebspitzen. Das betroffene Laub kräuselt sich und färbt sich rötlich. Tritt bereits ab dem Frühsommer bei feuchtwarmer Witterung mit Temperaturen über 20°C auf. Beste Vorbeugung ist die Wahl robuster Sorten, eine ausgewogene Düngung und das Meiden windstiller Standorte.

Bekämpfung mit Handelspräparaten: Baymat Rosenspritzmittel, Compo Rosenspray, Saprol neu, Neudo-Vital, Netzschwefel, Bioblatt-Mehltaumittel, Telmion (Rapsölpräparat), Niemöl, Milsana (vorbeugendes Knöterich-Präparat).

Hausmittel: Ackerschachtelhalmbrühe, Brennesseljauche.

Falscher Mehltau

Weißlicher Schimmelbelag auf der Blattunterseite. Der Befall be-

Mehltau verbreitet sich besonders bei feucht-schwüler Witterung.

ginnt an jungen Blättern und breitet sich von oben nach unten aus. Auf der Blattoberseite sind dunkle Flecken sichtbar, befallene Blätter welken und fallen ab. Falscher Mehltau tritt vor allem während starker Temperaturschwankungen im Spätsommer und Herbst auf. Zu achten ist auf einen sonnigen Standort der Rosen, der ein rasches Abtrocknen der Blätter ermöglicht. Befallene Blättern vernichten, nicht kompostieren.

Bekämpfung mit Handelspräparaten: Nur vorbeugend sinnvoll, mit Aliette, Polyram WG, Dithane Ultra, Previcur, Fonganil neu.

Rosenrost

Orange- bis rostfarbene, stäubende Sporenlager an der Blattunterseite. Im Herbst sind die Pusteln schwarzbraun. Tritt oft auf stark lehmigen Standorten auf, jahrgangsweise in sehr unterschiedlicher Intensität. Hohe Luftfeuchtigkeit fördert einen Befall. Befallenes Laub nicht kompostieren, sondern vernichten.

Bekämpfung mit Handelspräparaten: Dithane Ultra, Saprol neu, Neudo-Vital.
Hausmittel: Farnkraut-, Wermutbzw. Ackerschachtelhalmbrühe.

Rindenfleckenkrankheit

Bräunlichrote Flecken auf den Trieben. Befallene Triebe entfernen, mit Stickstoffdüngung sparsam umgehen.
Bekämpfung mit Handelspräparaten: Kupferspritzmittel während der Vegetationsruhe der Rosen dämmen die weitere Ausbreitung ein.

Der Einsatz von Pflanzenschutzmitteln

Nur weil im Fachhandel eine Fülle von Pflanzenschutzmitteln angeboten wird, sollte dies nicht als Freifahrtschein für deren hemmungslosen Einsatz mißverstanden werden. Jeder Naturliebhaber steht in der Verantwortung, mit Pflanzenschutzmitteln besonders sorgsam umzugehen.

Insektenschreck Niemöl

Die Inhaltsstoffe der Niembaum-Samen werden in Asien, Südamerika und Afrika u. a. gegen Läuse eingesetzt. Man nutzt die insektenvertreibende und -abwehrende Wirkung von Niemöl, das für den Menschen ungiftig ist und als nützlingsschonend gilt. Die Extrakte wirken einerseits auf das Hormonsystem der Insekten und unterbinden ihre Häutung, andererseits können sie fraßverhindernd wirken.

Allgemeine Hinweise

- nur für den Hobbygärtner zugelassene Mittel verwenden
- Präparate niemals in die offene Blüte spritzen
- Pflanzenschutzmittel nur bei windstillem Wetter einsetzen
- bienenungefährliche und nützlingsschonende Mittel verwenden
- Hinweise auf den Packungsbeilagen peinlich genau beachten
- Präparatreste als Sondermüll sachgerecht entsorgen
- Arbeitsmittel nach Gebrauch sorgfältig reinigen

Herstellung des Extraktes: Gemahlene Niemsamen mit Wasser vermischen (50 Gramm pro Liter).

Das Ganze fünf Stunden ziehen lassen und danach den Extrakt durch einen Kaffeefilter abgießen.

Großmutters Hausmittel

Der Einsatz von Omas Hausmitteln erlebt eine Renaissance. Sie bewirken indes keine Wunder, ihre Wirksamkeit hängt von einer ganzheitlichen Anwendungsweise ab. Ein nur einmaliger Gebrauch ist vergebliche Mühe. Die Wirkung beruht maßgeblich auf der inneren Stärkung der Rosen nach regelmäßigem Einsatz.

Brühen: Frisches oder getrocknetes Pflanzenmaterial wird einen Tag lang eingeweicht und etwa eine halbe Stunde gekocht. Im bedeckten Topf läßt man die Mischung abkühlen, um sie danach durchzuseihen. Die so gewonnene

Brühen und Jauchen können durchaus eine Alternative zur »chemischen Keule« sein.

Brühe wird im Verhältnis 1:5 mit Wasser verdünnt und auf die befallenen Teile der Rosenpflanzen gespritzt.

Jauchen: Im Gegensatz zur Brühe setzt man eine Jauche ausschließlich mit kaltem Wasser an. Das zerkleinerte Pflanzenmaterial wird in einem Behältnis mit Wasser übergossen und in die Sonne gestellt. Nach einigen Tagen setzt die Gärung ein, Luftbläschen steigen auf. Je nach Gärzeit erhält man entweder frische oder vergorene Jauche. Die vergorene Jauche wird im Verhältnis 1:20, die frische Jauche im Verhältnis 1:50 mit Wasser verdünnt und gespritzt.

Schmierseifen–Lösungen können auf dem Rosenlaub zu Verbrennungen führen, deshalb Vorsicht beim Einsatz von Eigenmischungen.

Nur wenn Nützlinge eine Futtergrundlage finden, können sie sich etablieren.

Rosennützlinge – die Natur als Verbündeter des Rosenfreundes

Leider wird in den meisten Rosenbüchern auf die naturnahe, sehr effektive Bekämpfung von Schädlingen durch Nützlinge unverständlicherweise nicht oder nur am Rande eingegangen. Einer der Gründe: Bis eine wirksame Nützlingspopulation aufgebaut ist, bedarf es einiger Geduld. Zudem müssen Nützlinge ausreichend viele Schädlinge vorfinden. Dies stellt manchen Rosenfreund auf eine ästhetische Geduldsprobe, denn er muß einen Grundbefall seiner Pflanzen mit Schädlingen tolerieren lernen.

Dem Einsatz von Nützlingen liegt die Überlegung zugrunde, daß jedes Lebewesen seine natürlichen Gegenspieler hat. Äußere Einwirkungen können das Verhältnis zu Ungunsten der Nützlinge verschieben, schlimmstenfalls wird bei der Blattlausbekämpfung der natürliche Feind gleich mit vernichtet. Die Folge: noch mehr Läuse. Viel gescheiter ist es, den Nützlingen durch ein artenreiches Blütenangebot und die Schaffung von Überwinterungsnischen im Kampf gegen Laus & Co. den Rücken zu stärken.

Marienkäfer

Eine Marienkäferlarve kann während ihrer dreiwöchigen Entwicklungszeit bis zu 600 Blatt- und Schildläuse verspeisen. Man erkennt die Larven - die dem späteren Marienkäfer in nichts ähneln - an ihrer bläulichschwarzen Farbe. Sie werden bis zu einen Zentimeter lang und haben sechs Beine. Auch der erwachsene Marienkäfer stürzt tagtäglich bis etwa hundert Blattläuse ins Unglück. Allerdings gelten Marienkäfer als Kältemuffel, erst bei Temperaturen von 22 °C und mehr kontrollieren sie einen Lausbefall wirksam. Marienkäfer überwintern oft unter Laub; deshalb ein paar Laubhaufen im Garten liegen lassen. Auch Hecken und verfilzte Grasnarben bieten Schutz.

Schwebfliegen

Schwebfliegen-Larven sind grünlich und etwa zwei Zentimeter lang. Da sie nicht sehr beweglich sind, legt die Mutterfliege sie unmittelbar in den Blattlaushorden ab. Eine Larve »schafft« während ihrer zweiwöchigen Entwicklungszeit 400 bis 800 Blattläuse. Die erwachsene Schwebfliege sieht mit ihrem schwarzgelb gestreiften Hinterleib wie eine kleine Wespe aus, die durch schnelle Flügelbewegung förmlich vor den Blüten zu schweben scheint. Wegen ihres Wespenlooks fürchten sich ihre natürlichen Feinde vor einem Wespenstich - tatsächlich ist die Schwebfliege absolut harmlos. Jedes Jahr werden mehrere Generationen produziert. Schwebfliegen können Farben erkennen; beliebte Anflugziele sind Phazelia, Fenchel, Rainfarn oder Nachtkerze, überhaupt Korbblütler wie gelbe Margeriten oder Ringelblumen. Auch das Gelb von

Schwebfliegen sind nützliche Schadens-begrenzer.

Rugosa-Rosen lockt sie im beson-deren Maße. Entsprechend gilt es, den Gartentisch zu decken, falls die Anwesenheit dieses Nützlings erwünscht ist.

Florfliegen

Florfliegen-Larven sind denen der Marienkäfer ähnlich, jedoch von hellbrauner Farbe. Mit ihren Saug-zangen ergreifen die Larven die Blattläuse und saugen sie aus. Das erwachsene Insekt sieht einer kleinen Libelle ähnlich und favori-siert - im Gegensatz zu den Larven - Pollen und Nektar als Speise. Durch beständige Vermehrung sorgt es jedoch für immer neue Larven, die auch Raupeneier und Milben nicht »links liegen« lassen. Im Fachhandel gibt es Florfliegen-Kästen zu kaufen, die - als Win-terquartier ab September in Wie-sen aufgestellt - zur Vermehrung des Nützlings beitragen.

Ohrwürmer

Sie sind etwa 2 cm lang, braun und an ihren Hinterleibszangen leicht zu erkennen. Nachts gehen sie auf Blattlauspirsch. Wer ihren Bestand fördern will, hängt mit Holzwolle gefüllte Blumentöpfe als Unterkünfte für die Ohrwür-mer in die Rosensträucher. Auch mundgeblasene Rosenkugeln sind ideale, ästhetisch ansprechende Nistplätze. (Rosenkugeln sind übri-gens ein hübsches Gestaltungs-element im Garten.)

Schlupfwespen

Sie legen ihre Eier in die Eier und Larven anderer Insekten, wie z. B. der Blattläuse. Ein Schlupfwes-pen-Weibchen kann bis zu 1000 Läuse anstechen.

Raubmilben

Raubmilben haben es auf die Rote Spinne oder ihre Eier abgesehen. Obwohl ein naher Verwandter, kennt die Raubmilbe kein Pardon. Sie kann etwa fünf erwachsene Tiere bzw. zwanzig Eier pro Tag aussaugen.

Hinweis: Schlupfwespen und Raubmilben sind im Nützlingsver-sand erhältlich und müssen immer wieder neu ausgesetzt werden.

Laufkäfer, Eidechsen u. a.

Locker aufgeschichtete Steinhau-fen bieten diesen Nützlingen gu-ten Schutz und Lebensraum.

Vögel

Viele Vogelarten füttern ihren Nachwuchs mit Insekten, bei-spielsweise Raupen. Sträucher und Stauden bieten den Vögeln schützenden Lebensraum, ebenso Meisenkästen. Wer viele Katzen im Garten hat, sollte ihnen ein Glöckchen als Warnsignal für die Vögel um den Hals hängen. Ein gangbarer Kompromiß, auch für Katzenliebhaber.

Kein Aprilscherz, sondern ein hilfreicher Bio-Tip: Eine gewisse Anzahl Rosen sorgt dafür, daß benachbarte Fichten und Obstbäume ohne Läuse leben können. Voraussetzung: Die Rosen müssen eine ausreichend große Zahl von Schwebfliegen anlocken. Deren Larven halten die Läuse im Zaum.

Das Schneiden der Rosen – der Widerspenstigen Zähmung

Der Rosenschnitt ist keine Wissenschaft oder Kunstform, obwohl man kein anderes Thema unter Gartenfreunden heftiger und intensiver diskutiert. Es wird in zahlreichen Büchern seitenlang und wortreich abgehandelt – mit Anleitungen, die den Anfänger häufig mehr verwirren als aufklären. Durch die unterschiedlichen Schnittansprüche und Blührhythmen der einzelnen Rosengruppen bzw. -sorten verliert so mancher Rosenfreund rasch den Überblick.

Es gibt also keine Patentrezepte, auch in diesem Buch läßt sich der Rosenschnitt nicht mit einem Satz abhandeln. Jedoch gibt es grundsätzliche Regeln, die dem Anfänger den Einstieg ins Thema erleichtern. Die wichtigste vorab:

> Je mehr kräftiges, junges, grünes Holz bei öfterblühenden Gartenrosen vorhanden ist, desto mehr Blüten können entwickelt werden.

An dieser Maxime orientieren sich die Schnittempfehlungen insbesondere für die weitverbreiteten Beet-, Zwerg- und Edelrosen. Die Sorten dieser Rosengruppen verlangen nach einem regelmäßigen Schnitt. Nur so kann Sonnenlicht auf untere, ruhende Knospen fallen und diese zur Entwicklung neuer Triebe anregen. Blieben

beispielsweise Edelrosen und Rugosa-Rosen ungeschnitten, würden sie sich rasch zu hochbeinigen »Stelzenrosen« aufbauen – mit abnehmender Blühwilligkeit und Blütengröße und der Neigung zum frühzeitigen Vergreisen.

Regelmäßig und sachgerecht geschnittene, niedrige Rosen entwickeln mehr leistungsfähiges Laub als ihre ungeschnittenen Kollegen.

> Mehr Laub bedeutet mehr Produktion rosenwichtiger Aufbaustoffe.

Ein übertrieben tiefer Schnitt direkt über der Bodenoberfläche bewirkt jedoch das Gegenteil und wirft die Rose weit zurück:

> Ohne Holz kein Laub, und ohne Laub keine Blüten.

Im Herbst oder Frühjahr schneiden?

Der richtige und risikoärmste Zeitpunkt für den Rosenschnitt ist grundsätzlich das Frühjahr, etwa zur Forsythienblüte, frühestens jedoch ab Ende März. Im Herbst kürzen ordnungsliebende Gartenfreunde lediglich überlange Triebe ein, um der Wind- bzw. Schneebruchgefahr vorzubeugen.

Der früher übliche Herbstschnitt der grünen Triebe hat sich aus mehreren Gründen als fatal für die spätere Entwicklung der Rosen erwiesen. Erstens können Rosen kurz vor dem Winter offene Wunden nicht mehr schließen, der Frost kann ungehindert bis tief in das Mark der Pflanze eindringen.

Wer die wichtigsten Schnittregeln beherrscht, dem ist jährliche Blütenpracht garantiert.

Zweitens treiben die eingekürzten Rosen im Frühjahr unmittelbar mit der ersten Wärme aus den untersten Knospen aus. Diese Neutriebe sind in höchstem Maße spätfrostgefährdet. Erfrieren sie, ist die Existenz der gesamten Pflanze bedroht.

Deshalb sollte der Frühjahrsschnitt der Rosen auch nicht zu früh angesetzt werden. Ein früher Austrieb verunsichert viele Gartenfreunde. Sie glauben nach milden Wintern, bereits im Februar mit dem Schnitt zu spät dran zu sein. Haben sich zu diesem Zeitpunkt an den Triebspitzen schon kurze, vorzeitige Triebe entwickelt, können diese beim eigentlichen Frühjahrschnitt bedenkenlos entfernt werden. Der Rose wird kein Schaden zugefügt.

Grundsätzlich gelten folgende Regeln: Alle durch Krankheiten, Verletzungen oder Frost geschädigten, bräunlichen Triebe werden bis in das gesunde, innen noch grünlichweiße Holz zurückzuschnitten. Sehr dünne und schwache Triebe sind ebenfalls am Triebansatz zu entfernen.

Ansonsten gelten für die einzelnen Rosengruppen unterschiedliche Schnittkriterien, jede Klasse hat andere Ansprüche. Der Rosenfreund sollte eines bedenken: Jeder Schnitt ist im wahrsten Sinne des Wortes ein einschneidender Eingriff im Leben der Rose. Für die Entwicklung starker, wuchs- und blühfreudiger Neutriebe ist vor allem eine ausreichende und ausgewogene Ernährung der Rosen unabdingbar.

Tip Notieren Sie sich bei der Neupflanzung von Strauch- und Kletterrosen Hinweise zur Blührhythmik der neuen Rosen. Für die späteren Schnittmaßnahmen ist es – ähnlich wie bei modernen *Clematis*-Sorten - von grundlegender Bedeutung, ob eine Rose einmal- oder öfterblühend ist.

Unstrittig sind jedoch die Wachstumsgesetze: Starker Rückschnitt, der nur wenige Knospen am Strauch beläßt, fördert wenige, dafür aber längere und stärkere Triebe. Leichter Rückschnitt sorgt für zahlreiche, aber dafür deutlich kürzere und schwächere Neutriebe. Diese Erkenntnis setzt man wie folgt um:

Starke Rosentriebe schwach, schwache kräftig zurückschneiden.

Ein starker Rückschitt bewirkt einen starken Austrieb weniger, kräftiger Triebe.

Ein schwacher Rückschnitt bewirkt einen schwachen Austrieb vieler, aber dünnerer Triebe.

Wachstumsgesetze

Wie umfangreich ein Rosenschnitt ausfallen soll, läßt sich nicht allgemeingültig darlegen. Der Umfang hängt u.a. vom Ausmaß der Winterschäden ab, die in unterschiedlichen Regionen deutlich differieren können, und orientiert sich an den Zielen des Gärtners.

Richtige Schnittführung

Der Schnitt wird etwa 5 mm oberhalb einer Knospe leicht schräg angesetzt, damit Regenwasser von dem weichen und sehr empfindlichen Neutrieb ablaufen kann. 5 mm sollten deshalb über der Knospe stehengelassen werden, weil Rosentriebe nach dem

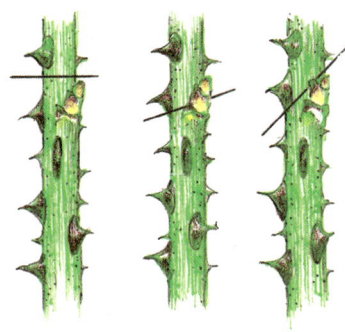

Falscher Schnitt

Richtiger Schnitt

Schnitt stets leicht zurücktrocknen. Um die Wundfläche so klein wie möglich zu halten, ist die Schere nicht übertrieben schräg anzusetzen. Die auf dem obersten Punkt des eingekürzten Triebes verbliebene Knospe sollte - vom Strauchinneren weg - nach außen weisen. Keinesfalls sollen größere Zapfenstummel nach dem Schnitt stehenbleiben. Die verwendete Rosenschere muß nicht besonders teuer, aber scharf sein. Sie muß die Triebe glatt und sauber abschneiden und nicht abquetschen.

Das Schnittgut hält man in einer Hand fest und trägt es gleich aus den Beeten hinaus. Ordnung muß in diesem Falle wirklich sein: Es dürfen keine Schnittabfälle zwischen den Rosen liegen bleiben, da sie potentielle Krankheitsherde darstellen. Hatte man beispielsweise im Vorjahr stark mit Sternrußtau zu kämpfen, sitzen auf den Trieben mit Sicherheit Dauersporen dieser aggressiven Krankheit. Derartig befallene Triebe werden nicht kompostiert, sondern aus dem Garten entfernt. Auch beim sommerlichen Unkrautjäten können liegengebliebene Rosentriebe mit ihren eingetrockneten Stacheln eine pieksige Überraschung darstellen.

Frühjahrsschnitt der öfterblühenden Buschrosen (Zwerg-, Beet- und Edelrosen)

Der Schnitt von Zwerg-, Beet- und Edelrosen erfolgt ab Ende März. Zunächst werden die Rosen abgehäufelt, dann wird krankes, altersschwaches und abgestorbenes Holz an der Ansatzstelle entfernt. Bei Zwergrosen erfolgt der Rückschnitt bis auf etwa zehn bis fünfzehn Zentimeter Höhe und ist damit am stärksten, bei den Beet- und Edelrosen variiert die Schnitthöhe zwischen 20 und 40 Zentimeter über dem Boden - je nachdem, welche Wirkung bei den unterschiedlichen Sorten erzielt werden soll.

Beim Festlegen der richtigen Schnitthöhe müssen keine Knospen abgezählt werden. Wer sich an die genannten Richthöhen hält, braucht nicht zu befürchten, daß an seinen Rosen zu wenig Knospen verbleiben. Wenn möglich, sollte die oberste Knospe nach außen weisen.

Es sei nochmals darauf hingewiesen, daß der Rückschnitt in erster Linie unbrauchbares Triebmaterial aus den Rosen entfernen und nicht als Selbstzweck erfolgen soll. Nur der Erhalt möglichst großer Mengen vital-grüner Triebe sichert eine üppige Sommerblüte. Wer zuviel des Guten tut, bringt sich um einen Teil des sommerlichen Blütengenusses.

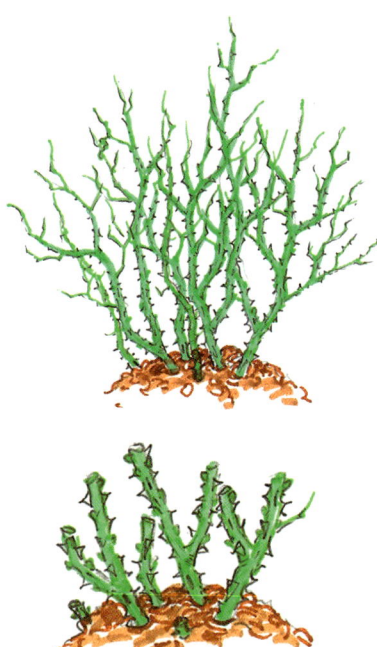

Beet-, Edel- und Zwergrosen werden bis auf vier bis fünf Augen (Knospen) zurückgeschnitten.

Manche Edelrosen neigen dazu, mit nur einem Grundtrieb nach dem Schnitt das Gartenjahr beginnen zu wollen. Das Ergebnis wäre eine einbeinige Pflanze mit einer übergroßen, kohlkopfähnlichen Riesenblüte ohne rosige Eleganz. Um eine Verzweigung und einen besseren Blütenproporz zu erreichen, wird der Grundtrieb ab Mai entspitzt (**pinziert**).

Schnitt der einmalblühenden Kletterrosen

Öfterblühende Buschrosen blühen an den diesjährigen Trieben, trotz Frühjahrsschnitt steht der Sommerblüte nichts im Wege. Anders verhält es sich bei einmalblühenden Kletterrosen: Sie blühen erst an den vorjährigen Langtrieben. Die dort entspringenden Seitentriebe entwickeln die üppige Blütenpracht. Mit einem Schnitt der Langtriebe im Frühjahr würde man sich um diesen Rosentraum bringen.

Deshalb gilt: Junge Einmalblüher schneidet man überhaupt nicht, sondern biegt ihre Ruten möglichst in die Horizontale oder zumindest in die Schräge. Dadurch kommt es zu einem Saftstau in den Trieben, blühfreudiges Seitenholz wird verstärkt angesetzt.

Ältere einmalblühende Rosen schneidet man grundsätzlich nach der Blüte. Der Schnitt beschränkt sich auf das Auslichten der Kletterkünstler. Abgeblühte Seitentriebe nimmt man auf zwei bis

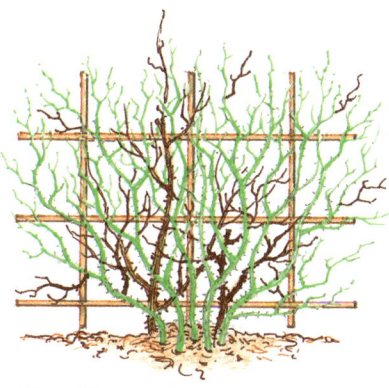

Öfterblühende Kletterrosen: Entfernen Sie im Frühjahr das tote Holz sowie alte (über fünf Jahre alte) Triebe.

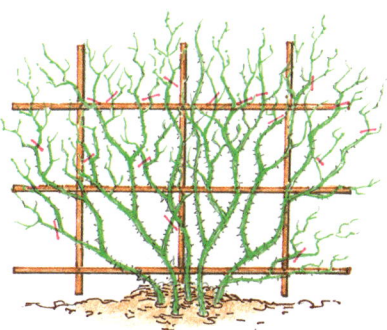

Die Seitentriebe werden im Frühjahr auf wenige Augen eingekürzt. Nach der Blüte können im Sommer abgeblühte Kurztriebe wiederum auf drei bis fünf Augen zurückgeschnitten werden. Lohn dieser Mühe ist eine zweite, allerdings etwas schwächere Blüte.

drei Knospen zurück (allerdings ist dann kein Hagebuttenansatz mehr möglich). Diesjährige Triebe bleiben immer stehen. Sie sind das Blütengerüst für das folgende Jahr.

Ramblerrosen

Die häufigsten einmalblühenden Kletterrosen sind die sogenannten Ramblerrosen. Sie werden nicht jährlich geschnitten, sondern können - wenn ihre Wuchsvitalität den Gartenrahmen zu sprengen droht - nach vier bis fünf Jahren durch radikalen Rückschnitt aufgefrischt werden. Die Rambler werden dazu nach der Blüte bis zum Boden zurückgeschnitten, nur die im gleichen Jahr gewachsenen Langtriebe verbleiben als Blütengerüst für das nächste Jahr.

Frühjahrsschnitt der öfterblühenden Kletterrosen

Öfterblühende Kletterrosen blühen am diesjährigen und am mehrjährigen Holz. Wie bei den Buschrosen werden im Frühjahr alle abgestorbenen und kranken Triebe an der Ansatzstelle entfernt, Seitenholz wird eingekürzt. Triebe, die über fünf Jahre alt sind, gelten als abgetragen und werden ebenfalls abgeschnitten. Ansonsten bleiben die Kletterrosen im Frühjahr ungeschnitten. Das Beste ist, immer für ein ausgewogenes Verhältnis von Trieben verschiedener Altersstufen Sorge zu tragen.

Kräftige Seitentriebe kürzt man nach der Blüte bis auf drei bis fünf Augen ein (Sommerschnitt, siehe auch Seite 139f.). Sie treiben erneut aus und blühen – wie die Buschrosen – nach etwa sechs bis sieben Wochen ein zweites Mal.

Neue Langtriebe werden am Kletterspalier horizontal bis schräg festgebunden. Sie sind das Blütengerüst für das nächste Jahr.

Schnitt der einmal–blühenden Strauch–rosen und Wildrosen

Einmalblühende Strauchrosen (und auch die Parkrosen) blühen am mehrjährigen Holz. Die Rosen dieser Gruppe werden fast nicht geschnitten. Nur totes und krankes Holz wird entfernt. Bei mangelndem Raumangebot erfolgt ein kräftiger Verjüngungsschnitt nach fünf Jahren.

Die einmalblühende Strauchrose 'Ferdy' blüht am mehrjährigen Holz. Ein Schnitt würde die Blütenpracht ruinieren.

Frühjahrsschnitt der öfterblühenden Strauchrosen

Öfterblühende Strauchrosen bilden zwar auch am diesjährigen Holz Blüten aus. Dennoch werden sie nicht wie die Buschrosen jährlich bodennah zurückgeschnitten. Sie sind ohne Schnitt ausreichend blüh- und wuchswillig. Schnittmaßnahmen beschränken sich auf das Entfernen alter Äste. Nach der Blüte erfolgt der für öfter-

blühende Sorten typische Sommerschnitt (s. Seite 139), d. h. Verblühtes wird bis auf ein bis zwei kräftige Knospen zurückgenommen. Die zweite Blüte erscheint nach sechs bis sieben Wochen.

Turnusmäßig können die Sträucher alle fünf Jahre stark verjüngt werden.

Schnitt der Alten, Englischen und Romantischen Nostalgierosen

Die meisten Alten Rosen blühen am mehrjährigen Holz. Nur altes, krankes und abgestorbenes Holz wird entfernt. Alle fünf Jahre ist ein Verjüngungsschnitt möglich, aber nicht unbedingt notwendig. Manche Sorten neigen zur Bildung weit überhängender Langtriebe, die nicht geschnitten, sondern am Boden festgehakt werden. Sie bilden dann blütenreiches Seitenholz.

Englische Rosen wachsen meist strauchartig. Sie werden wie öfterblühende Strauchrosen geschnitten.

Bei den Romantischen Nostalgierosen entspricht der Schnitt dem der jeweiligen Rosengruppe, die im »Profil« angegeben ist. Er erfolgt also z. B. bei 'Ballade'® wie bei den Beetrosen.

Flächenrosen schneiden

Flächenrosen schneidet man nicht jährlich. Dies würde ihre Hauptaufgabe, nämlich Flächen pflegeleicht abzudecken, ad absurdum führen. Ein radikaler Verjüngungsschnitt ist nur alle fünf Jahre sinnvoll. Wurzelechte Flächenrosen können mit der Heckenschere auf eine Höhe von dreißig Zentimetern zurückgenommen werden.

Stammrosen schneiden

Wie bei den Beetrosen schneidet man auch die Kronen der Fuß-, Halb- und Hochstämme – je nach

Öfterblühende Strauchrosen müssen – wenn überhaupt nur alle fünf Jahre geschnitten werden.

Wer will, kann die Sträucher jedoch regelmäßig auslichten und einen Teil der Grundtriebe einkürzen.

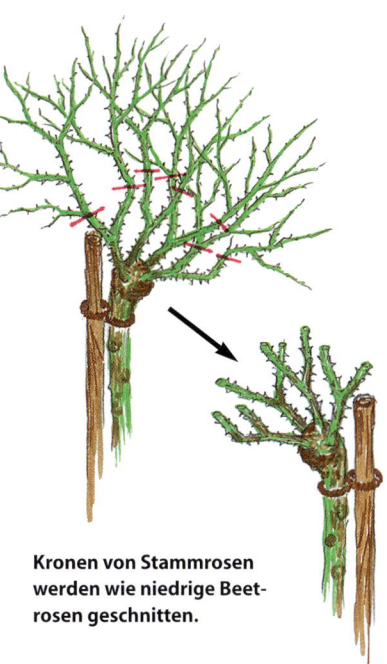

Kronen von Stammrosen werden wie niedrige Beetrosen geschnitten.

Sorte und Zielsetzung – auf etwa 20 cm Länge (= Scherenlänge) zurück.

Kaskadenrosen werden nur leicht ausgelichtet und in Form gebracht, mehrjähriges Holz als Blütenbasis muß unbedingt erhalten bleiben. Einmalblühende Sorten werden erst nach der Blüte geschnitten.

Schnitt stark zurückgefrorener Stammrosen

Trotz sorgfältig getroffener Schutzmaßnahmen, wie etwa das Einbinden der Kronen mit Nadelholzreisig oder das im bitterfrostigen Ostdeutschland bewährte Umlegen der Stämme, können die Kronen im Frühjahr bis ins Mark zurückgefroren sein, der Stamm ist scheinbar mausetot.

Machen die frostgeschädigten Kronen bis Mitte April keine An-

stalten, auszutreiben, hilft nur ein radikaler Rückschnitt zur Aktivierung der sogenannten »schlafenden Augen«. Diese kaum sichtbaren Reserveknospen befinden sich sozusagen in Ruhestellung direkt am Kronenansatz. Nur der extrem harte Schnitt bis dicht an die Veredlungsstelle zwingt sie zum Austreiben. Bis Mitte Mai treiben die Knospen mit etwas Glück zügig durch und bilden eine neue, in der Regel buschige Krone aus.

Bleiben die Wiederbelebungsversuche ohne Erfolg, d. h. sind auch die letzten schlafenden Knospen total erfroren bzw. vertrocknet, ist trotzdem noch lange nicht alles verloren. Der Wildstamm, auf den die Edelkrone vor Jahren in der Baumschule aufveredelt wurde, erfriert fast nie. Er treibt unterhalb der toten Rosenkrone ab Mai aus. Ab Mitte Juni kann der Stamm dann okuliert werden. Die Okulation ist eine weitverbreitete Vermehrungsmethode von Rosen-Edelsorten und wird im Kapitel »Vermehrung« beschrieben (siehe Seite 163f.).

Harter Rückschnitt wirkt bei totgeglaubten Stammkronen oft Wunder.

Die Alternative zur Neuveredlung des alten ist der Kauf eines neuen Rosenstamms. Aber Vorsicht: Soll an der gleichen Stelle, an der sich der alte Rosenstamm seit Jahren entwickelt hatte, wiederum ein Stamm wachsen, muß der Boden wegen der Gefahr des Auftretens der Nachbaukrankheit (siehe Seite 117) mindestens sechzig Zentimeter tief ausgetauscht werden – mit Sicherheit ein schweißtreibenderes »Vergnügen« als das Nachveredeln eines frostgeschädigten Altstammes.

Mögliche Schnittstelle für den Sommerschnitt.

Sommerschnitt der Blüten

Der Sommerschnitt bei Rosen hat nichts mit den bisher beschriebenen Triebrückschnitten zu tun. Nach der Juniblüte können alle öfterblühenden Zwerg-, Beet-, Edel-, Strauch-, Kletterrosen bis unter die Blüte bzw. den Blütenstand zurückgeschnitten werden, d. h. das Verblühte wird entfernt. Dieser Sommerschnitt regt die Bildung neuer Triebe an, nach etwa

Schneiden Sie die abgeblühten Seitentriebe von öfterblühenden Kletter- und Strauchrosen...

...nach der ersten Blüte im Sommer zurück.

Bereits nach 6 Wochen erfreuen Sie die Rosen durch eine neue Blüte.

sechs Wochen blühen die Rosen erneut. Zudem werden durch den Sommerschnitt bei Rosensorten, die sich schlecht »reinigen« – d. h. deren Blütenblätter während der Blüte nach häufigen Niederschlägen faulen (Mumienbildung) –, potentielle Fäulnis- und damit Krankheitsherde entfernt.

Als Richtschnur für die Schnittlänge dient das erste, voll ausgebildete Laubblatt, über dem der Schnitt angesetzt wird. (Für alle, die unsicher sind: Die Rose zeigt die richtige Schnittstelle oft durch einen beginnenden Neuaustrieb unterhalb der Blüte selbst an. Direkt über diesem Neuaustrieb wird das Verblühte entfernt.) Ein tieferer Sommerschnitt entzieht der

Rose zuviel wertvolle Laubfläche. Die Nachblüte verzögert sich dann vor allem bei extrem heißem Wetter deutlich.

Deshalb gilt: Je mehr Laub die Rose behält, desto rascher treibt sie nach.

Einmalblühende Sorten erhalten generell keinen Sommerschnitt!

Tip Hinweis für alle Hagebutten ausbildenden Sorten: Mit dem Sommerschnitt entscheidet der Rosenfreund zugleich über den Umfang der Hagebuttenernte. Mit dem Ausschneiden der Blüten wird auch der Fruchtansatz unterbunden oder zumindest dessen Ausreife verzögert.

Deutliche Unterschiede: links der klein- und hellaubige Wildtrieb, rechts der großlaubige Edeltrieb.

Wildtriebe an Stammrosen muß man erbarmungslos an der Ansatzstelle abschneiden.

Entfernen der Wildtriebe

Rosen sind meist auf Wildrosenunterlagen veredelt. Mitunter treiben aus der Unterlage – oder bei Stammrosen aus dem Stamm – Wildtriebe aus. Diese Wildtriebe lassen sich durch ihr kleineres, sehr stark gefiedertes, oft hellgrünes und mattes Laub leicht von den dunkelgrünen, häufig glänzenden Blättern der Edeltriebe unterscheiden. Sie müssen möglichst früh direkt an der Ansatzstelle abgerissen werden.

Solche Wildtriebe sollten baldmöglichst entfernt werden.

Wie man Rosen sicher über den Winter bringt

Indirekter Winterschutz

Vor dem eigentlichen Winterschutz ab Dezember kann der Rosenfreund durch vielfältige Maßnahmen das Überwinterungspotential seiner Rosenpflanzen beeinflussen.

Der Frostschutz beginnt mit dem Pflanzen von in unserer Klimazone ausreichend frostharten Sorten. Die von den etablierten Rosenfirmen angebotenen modernen Gartenrosen erfüllen diese Bedingung. Bei einigen alten Liebhabersorten, zum Beispiel Teerosen, oder Sorten, die in deutschen Lizenzausgaben englischer Gartenbücher empfohlen werden, empfiehlt es sich jedoch, die Frosthärte zu überprüfen.

Vom Rosentyp kann man nicht grundsätzlich auf die zu erwartende Frosthärte schließen, jedoch lassen zahlreiche Erfahrungen vieler Rosenfreunde Tendenzen erkennen. Ein Indiz für ungewöhnlich gute Frosthärte kann die Blührhythmik sein. In besonders eisigen Lagen hat sich die Polarhärte der einmalblühenden Strauch- und Kletterrosen bewährt. Als frostheikel gelten dagegen beispielsweise aprikot- bis orangefarbene Edelrosen mit Duft. In Zweifelsfällen gibt die örtliche Baumschule Auskunft.

Wichtig ist auch das sachgerechte Pflanzen der veredelten Gartenrosen. Die Veredlungsstelle muß 5 cm tief im Boden sein. Selbst wenn bei Polarfrösten die Triebe bis auf den Boden zurückfrieren, kann die Rose dann aus dem Erdreich wieder mit Edeltrieben austreiben.

Niemals Rosen nach dem 1. Juli eines Jahres Stickstoffgaben verabreichen. Ähnlich wie beim Menschen bringt auch bei Rosen ein Überangebot an Nährstoffen mitunter den gesamten Kreislauf aus dem Lot. Für Rosen könnte man plakativ formulieren: Friß und stirb. Stickstoffsünden schränken die Holzreife der Rose unmittelbar ein, da der Starkzehrer Rose – gezwungenermaßen – ohne Unterlaß futtern muß und bis in den Herbst hinein wächst. Für das Ausreifen der Triebe bis zum ersten Frost bleibt keine Zeit. Öfterblühende Rosen kennen eigentlich keine Winterruhe. Hielte man sie im temperierten, hellen Gewächshaus, würden sie den Winter hindurch immer weiter wachsen. Den gleichen Effekt bewirken Schnitt-

Ein Laubkäfig schützt Rosen ideal vor Winterfrösten und der Wintersonne.

maßnahmen im Spätsommer und ein starker Befall durch Sternrußtau. Die Rose kommt nicht zur Ruhe, wird durch Trieb- bzw. Laubverlust immer wieder zu Nottrieben gezwungen. Trifft eine Frostwelle auf eine solch aktive Rose, ist es vorbei mit all der rosigen Herrlichkeit.

Kali reguliert den Wasserhaushalt der Rosen. Eine Kaligabe (50 g Patentkali/m^2) ab Ende August/Anfang September fördert die Entwässerung der Zellen und damit die Holzreife der Rosen.

Direkter Winterschutz

Edel-, Zwerg- und Beetrosen

Bewährt hat sich das Anhäufeln der niedrigen Gartenrosen (Edel-, Zwerg- und Beetrosen). Ab Dezember werden die ausgereiften Triebe etwa 15 bis 20 Zentimeter hoch mit lockerer Lauberde, Gartenkompost oder ähnlichem angehäufelt (aber niemals mit Torf!). Über die jetzt noch herausschauenden Triebe legt man einen zusätzlich Schutz aus Nadelholzreisig. Besonders formstabil und isolierend ist Kiefernreisig, aber auch Tannen- und Fichtenreisig erfüllt seine Schutzaufgabe ausreichend gut.

Strauch- und Kletterrrosen

Zum Schutz der Triebe vor starker, direkter Sonneneinstrahlung im Januar und Februar wird im Dezember in die Rosen Nadelreisig hineingehängt, denn eine direkte

Bestrahlung der Triebe durch die winterliche Sonne aktiviert die Rose umgehend. Im Saft befindliche Rosentriebe sind jedoch in höchstem Maße frostgefährdet. Steht Reisig nicht zur Verfügung, greift man auf Sackleinen oder Jutegewebe zurück. Auch austrocknende Winde werden so abgehalten, dennoch wird Luft durchgelassen und damit einem Wärmestau - der einen vorzeitigen Austrieb provozieren würde - vorgebeugt. Niemals Rosen zum Schutz in Plastikfolien einpacken!

Stammrosen

Die Kronen alter Stammrosen werden, unabhängig von ihrer Stammhöhe, ähnlich wie die Strauch- und Kletterrosen mit Sackleinen bzw. Nadelreisig eingepackt.

In besonderen Frostlagen empfiehlt sich das Umlegen der Stämme. Dazu wird der Stamm in Richtung der Zapfenstelle zum Boden gebogen und mit Haken befestigt. Zwangsläufig reißen beim Umlegen auch einige Stammwurzeln

Falscher Winterschutz durch Umlegen: Ohne Schutz wird der Stamm von Nagetieren heimgesucht und ist außerdem der Wintersonne ausgesetzt.

Stammrosen werden mit Sackleinen und z. B. Holzwolle vor Frost geschützt.

im Boden. Dies ist kein Nachteil, sondern verlangsamt die Aufnahme von Wasser und fördert dadurch die Holzreife der Krone.

Die Krone wird locker mit Lauberde bzw. Gartenkompost bedeckt, aber nicht in den Boden eingegraben, weil in einer Mulde der Ablauf von Regenwasser nicht sicher gewährleistet ist. Zusätzlich wird der Stamm mit Reisig oder Sackleinen umwickelt, um ihn vor ungewohnter winterlicher Sonneneinstrahlung zu schützen. Sonst bestünde die Gefahr, daß der Stamm aktiviert wird. Frostschäden an der Rinde wären die Folge. Die Stämme werden im Frühjahr behutsam wieder aufgerichtet.

Ideal, aber aufwendig ist der Schutz der Stämme durch einen Drahtkäfig. Dieser wird um den Stamm herum aufgebaut und mit Stroh bzw. Laub bis über die Krone aufgefüllt.

Spezielle Werkzeuge rund um die Rose

Viele Gartengeräte und Werkzeuge, wie Spaten, Schere oder Astschere, die die Rosenpflege erleichtern, gehören zur Grundausstattung des Gartenfreundes. An dieser Stelle beschränken wir uns deshalb auf die speziellen Rosenwerkzeuge.

Mit dem **Abdorner** lassen sich die Stacheln am unteren Ende des Schnittrosenstieles leicht abstreifen. Eine zusätzlich am Abdorner angebrachte, scharfe Klinge benutzt man zum schrägen Anschneiden der unteren Stielenden. Der Abdorner ist ein hilfsreiches Werkzeug für alle Schnittrosenfans.

Die Anschaffung eines Okuliermessers lohnt sich nur, wenn entsprechend viele Rosen veredelt werden sollen.

Ein Spezialmesser für alle Rosenfreunde, die selbst nennenswerte Mengen von Rosen veredeln, ist das **Okuliermesser**. Seine besondere Klingenform ist auf das Anbringen des T-Schnittes und das Lösen der Rinde am Wurzelhals des Wildlings abgestimmt.

Mit der **Präsentierschere** läßt sich ein Schnittrosenstiel abschneiden, während er gleichzeitig von einem an der Scherenklinge angebrachten Wulst festgehalten wird (siehe Bild Seite 90). Ein praktisches Werkzeuge für alle, die oft Rosenstiele schneiden.

An der zweizinkigen **Rosengrabegabel** erkennt man den hochspezialisierten Rosenfreund. Sie dient zur Auflockerung des Bodens, ohne dabei den Rosenwurzeln Schaden zuzufügen.

Die Rosengrabegabel ist das Spezialwerkzeug der Rosenfans.

Problemloses Umpflanzen alter Rosenstöcke

R osen, die zehn und mehr Jahre alt sind, können - bei sachgerechter Handhabung - problemlos umgepflanzt werden. Dies ist möglich, da die Rosen selbst aus sehr alten Astteilen dank schlafender Augen wieder austreiben können.

Die beste Zeit zum Umpflanzen ist Ende November bis Anfang Dezember. Man gräbt die Rose behutsam frei. Dabei setzt man den Spaten so tief an - etwa 40 cm -, daß möglichst viele Feinwurzeln erhalten bleiben. Die Rosenpflanze wird mit oder ohne Erdballen aus dem Loch gehoben. Kann ein durchwurzelter Erdballen (Naturballen) erhalten werden, ist dies von Vorteil, aber nicht zwingend notwendig. Keinesfalls muß,

wie bei anderen alten Ziergehölzen üblich, ein Ballen gestochen werden. Dieser würde beim Tiefwurzler Rose mit ausgeprägter Hauptwurzel mit hoher Wahrscheinlichkeit sowieso nicht halten und beim Herausheben aus der Grube sofort zerfallen.

Die oberirdischen Triebe werden bis auf eine Handbreit zurückgeschnitten, altes und totes Holz wird gleich an der Ansatzstelle entfernt. Gepflanzt werden die alten »neuen« Rosen wie andere Rosen auch. Besonders wichtig ist das Anhäufeln der Pflanzen, damit sie nicht austrocknen. Haben im Frühjahr die Neutriebe etwa 10 cm Länge erreicht, kann abgehäufelt werden.

Wie man Rosen selbst vermehrt

G rundsätzlich unterscheidet man zwei Vermehrungsarten. Bei der ungeschlechtlichen (vegetativen) Vermehrung werden mittels abgetrennter Pflanzenteile die Eigenschaften der Eltern weitergegeben. Für den Rosenfreund kommen folgende vegetative Vermehrungsmethoden in Frage: Okulation, Steckholz, Steckling, Absenker oder Ausläufer. Die geschlechtliche Vermehrung durch Aussaat ist bei Wildrosen üblich. Für den privaten Rosenfreund spielt sie jedoch nur eine untergeordnete Rolle.

Veredlung (Okulation)

Die häufigste Vermehrungsart für Gartenrosen ist die Okulation. Darunter versteht man das Einsetzen einer Knospe einer edlen Rosensorte in eine Wildlingsunterlage. Die Wildlingsunterlagen kann man – mit etwas Glück – in einer örtlichen Baumschule in Fünfzig-Stück-Bunden kaufen. Eine für viele Klima- und Bodenbereiche bewährte Unterlage ist *Rosa laxa*. Stehen keine derartigen Sämlingsunterlagen zur Verfügung, bieten sich bewurzelte Steckhölzer von Wildrosen als Unterlage an.

Okuliert wird entweder mit einem speziellen Okulier- oder einem anderen scharfen Messer an heißen Julitagen, wenn die Unterlage im vollen Saft steht und ihre Rinde sich leicht lösen läßt. Zuerst wird auf dem Wurzelhals des Wildlings ein sogenannter T-Schnitt angebracht. Von der edlen Rose wird ein etwa 2 cm langes Rindenstück mit einer Knospe entnommen. Die Rinde um den T-Schnitt wird sorgsam ge-

Hier sieht man T-Schnitt und eingeschobene Edelknospe vor dem Verbinden.

lockert, und die Edelknospe in den geöffneten T-Schnitt eingeschoben. Abschließend wird die Veredlungsstelle mit Bast oder einem Gummibändchen verbunden.

Im Frühjahr wird der obere Teil des Wildlings über dem T-Schnitt abgeschnitten. Der geballte Saftstrom der Unterlage zwingt nun die Edelknospe zum Durchtreiben. Eine neue Rose kann heranwachsen. Damit sich die neue Rose mehrtriebig und buschig aufbaut, wird der erste Edeltrieb im Juni auf einer Höhe von etwa 20 cm entspitzt.

Auch Stammrosen können okuliert werden – in jeder gewünschten Kronenhöhe. Drei Okulationen gleichmäßig rund um den Stamm verteilt, sorgen für eine runde, ausgewogene Kronenentwicklung. Alte Stammrosen, die ihre Edelkrone durch Frost eingebüßt haben, lassen sich mittels Okulation neu veredeln.

Stecklinge

Besonders Zwerg-, Flächen- und Wildrosen bieten sich für eine Stecklingsvermehrung an. Stecklingsvermehrte, wurzelechte Rosen bilden keine lästigen Wildtriebe. Rosenstecklinge werden ab Juni geschnitten. Je früher gesteckt wird, desto mehr Holz kann die Stecklingsrose noch im gleichen Jahr aufbauen. Je mehr Substanz sie hat, desto größer sind ihre Überwinterungschancen. Geschnitten werden Stecklinge mit zwei bis drei Blattansätzen und höchstens 10 cm Länge.

Dann entfernt man das unterste Blatt und steckt den Steckling bis zum nächsten Blattansatz etwa 2 cm tief in eine Schale mit lockerer, sandiger Pflanzerde. Anschließend wird die Schale mit einer Folie überspannt.

Nach drei bis vier Wochen haben die Stecklinge neue Wurzeln gebildet. Im ersten Winter müssen sie frostfrei überwintert werden.

Steckhölzer

Eine erfolgversprechende Vermehrungsmethode vor allem für Kletterrosen ist der Schnitt von Steckhölzern. Man schneidet mit Messer oder Schere 20 cm lange, verholzte, blattlose Triebteile zu Steckhölzern, die man im Spätherbst oder zeitigen Frühjahr im Garten so tief in die gelockerte Erde steckt, daß nur noch die oberste Knospe herausschaut.

Ausläufer

Manche Rosenarten, wie *Rosa nitida*, *Rosa rugosa*, *Rosa rubiginosa*, *Rosa spinosissima* und *Rosa gallica*, haben die Neigung, Ausläufer zu bilden. Mit einem scharfen Spaten werden diese im Herbst oder zeitigen Frühjahr von der Mutterpflanze abgetrennt. Achtung: Ausläuferbildende Rosen können im Garten lästig werden. Dann empfiehlt sich der Einsatz von veredelter Pflanzware. Wichtig ist, daß nach dem Pflanzen die Veredlungsstelle – ausnahmsweise und im Gegensatz zur Pflanzung aller anderen Gartenrosen – über (!)

der Erdoberfläche bleibt. Bei dauerhaftem Erdkontakt würde der edle Rosenteil rasch eigene Wurzeln bilden, sich von der Unterlage lösen und wiederum Ausläufer bilden.

Absenker

Insbesondere Strauch- und Kletterrosen lassen sich durch Absenker vermehren. Dazu biegt man längere, verholzte Triebe nach unten, schneidet sie an der Krümmung leicht ein, legt sie in eine gelockerte Mulde und deckt sie mit Gartenkompost oder anderer, lockerer Erde ab. Der entstandene Erdhügel wird den Sommer über feucht gehalten. An der Triebkrümmung entstehen mit etwas Glück neue Wurzeln. Im kommenden Frühjahr wird das bewurzelte Triebstück zeitig von der Mutterpflanze getrennt und an den gewünschten Standort gepflanzt.

Aussaat

Die Aussaat kommt für Wildrosen in Betracht. Im Herbst werden die reifen Hagebutten geerntet und vom Fruchtfleisch befreit. Das Saatgut wird mit feuchtem Gartenkompost in einen Beutel gefüllt, der für sechs Wochen dichtverschlossen im Kühlschrank gelagert wird. Die Saat wird dann in einer mit sandiger Erde gefüllten Schale ausgesät.

Beginnt die Keimung, sind Tagestemperaturen um 20 °C und ausreichendes Tageslicht für die weitere Entwicklung der Keimlinge notwendig.

Rosiger Tourismus
zu schönen Rosengärten

Sind wir doch ehrlich: Die uferlose Vielfalt im Rosensortiment ist Wohl und Wehe zugleich. Wer sich einen Überblick verschaffen möchte, besucht am besten einen oder mehrere der vielen Rosengärten. Auf eigene Faust oder mit Gleichgesinnten, beispielsweise aus dem Verein Deutscher Rosenfreunde, hinterlassen die Rosarien während ihrer »Hochzeit« unvergeßliche und zugleich lehrreiche Eindrücke.

Der traumhafte Rosengarten in Baden-Baden bildet einen ersten Auftakt im bundesweiten Rosenreigen.

Rosengärten in Deutschland

Warum nicht einmal eine Rosenroute durch Deutschland planen? Durch die unterschiedlichen Klimazonen zwischen München und Flensburg blühen die Rosen in Abständen auf, die je nach jährlichem Witterungsverlauf zwischen sieben und vierzehn Tagen schwanken können. Sinnvollerweise beginnt eine derartige Rosentournee im Süden der Republik, etwa in Baden-Baden. Dann geht es über Bayern und Hessen Richtung Westen. Es folgt Ostdeutschland, und zu guter Letzt der Norden. Eine wochenlange Rosenreise, während der die Rosen nie zu verblühen scheinen.

Zur besseren Übersicht ist die Auswahl an sehenswerten Rosengärten nachfolgend nach der Postleitzahl geordnet. Weitere Angaben finden sich in dem Buch »Rosen« von Josef Sieber und dem Titel »Gärten 1998/99« von Ronald Clark (siehe Seite 155f.).

01277 Dresden
Der Rosengarten der sächsischen Landeshauptstadt, am Carusufer gelegen, beherbergt 18 300 Rosen in 90 Arten/Sorten. Weitere Informationen: Grünflächenamt, Bodenbacher Straße 36 – 40.

03042 Cottbus
Für die Bundesgartenschau 1995 wurde der Cottbuser Spreeauenpark geschaffen. Der Rosengarten ist ein Teil dieser imposanten Anlage, mit 6 500 Rosen in 100 Sorten.

03149 Forst
Der Ostdeutsche Rosengarten Forst in der Lausitz geht in seinen Ursprüngen auf das 25jährige Kronjubiläum Kaiser Wilhelms II. (1913) zurück und bietet heute in vielen Beetpflanzungen stattliche 35 000 Rosen in 400 Arten/Sorten. Daneben findet sich alter Baumbestand inmitten weiter Rasenflächen. Forst lohnt auch eine weitere Anreise. Weitere Informationen: Stadtverwaltung Forst, Amt 43 - Rosengarten, Wehrinselstraße 43.

04509 Delitzsch
Empfehlenswert ist der Rosengarten mit seinen 5 000 Rosen in 300 Arten/Sorten am Wallgraben in Delitzsch, nördlich von Leipzig gelegen. Weitere Rosenpflanzungen zieren den städtischen Bereich.

04860 Torgau
Rosengarten mit 450 Rosen in 35 Arten/Sorten (Schloßstraße).

06526 Sangerhausen
Das Europa-Rosarium Sangerhausen am Steinberger Weg wurde 1903 vom Verein Deutscher Rosenfreunde gegründet. Die größte Rosensammlung weltweit befindet sich am Steinberger Weg und ist mit 12,5 Hektar Gesamtfläche und 55 000 Rosen in 6 500 Arten/Sorten der Superlativ im Bereich Rosengärten. Höhepunkte u. a. der Wildrosenlehrpfad »Helmstal« (Blüte ab Ende Mai) und Gehölzsammlungen mit über 350 seltenen Baum- und Straucharten.

09126 Chemnitz
Der Rosenhof (Innere Klosterstraße, Theaterstraße) ist ein frei zugänglicher Rosengarten, der ab 1964 entstanden ist. Weitere Informationen: Garten-, Friedhofs- und Forstamt, Augustusburgerstraße 108.

10785 Berlin
Immer einen Besuch wert ist der Rosengarten im Großen Tiergarten mit seinen 5 300 Rosen in 110 Arten/Sorten (Gartenbauamt, Straße des 17. Juni Nr. 31). Weitere Rosenanlagen finden sich im Volkspark Mariendorf (1 700 Rosen in 20 Sorten) und im Britzer Garten, Ort der Bundesgartenschau 1985.

14467 Potsdam
Der ehemalige Rosengarten Charlottenhof wurde 1994 wiederaufgebaut.

20249 Hamburg
Der Rosengarten im Hamburger Stadtpark (Saarlandstraße) bietet 9 500 Rosen in 700 Arten/Sorten. Neu ist der 1994 entstandene Rosengarten in der Parkanlage Planten un Blomen (Tiergartenstraße, 20355 Hamburg-Mitte) mit 3 460 Rosen in 350 Sorten.

23701 Eutin
Einladender Rosengarten; zahlreiche Rosen in Hausgärten und im Stadtgrün Eutins.

Topadresse in der 1. Liga der Rosengärten im englischen Stil ist der Rosengarten Jensen in Glücksburg.

24960 Glücksburg

Ein besonderer Glücksgriff moderner Landschaftsgestaltung ist der 1991 zugängliche Schaugarten der Rosenschule Ingwer Jensen, direkt neben dem berühmten Glücksburger Wasserschloß (Am Schloßpark 2b) gelegen. 1 000 Rosen in 400 Arten/Sorten, darunter viele Alte und Englische Rosen, kombiniert mit zahlreichen Stauden und anderen Gehölzen, erfreuen den Gartenfreund. Im Juni sind die zahlreichen einmalblühenden Sorten ein besonderer Höhepunkt.

25365 Klein–Sparrieshoop bei Elmshorn

Der Kordes-Rosengarten der Rosenschule W. Kordes' Söhne (Rosenstraße 54) mit Schauanlage

präsentiert 3 200 Rosen in 270 Arten/Sorten, und erlaubt damit einen direkten Sortenvergleich. Daneben können die Rosenfelder der Rosenschule Kordes jederzeit besichtigt werden.

25421 Pinneberg

Der Rosengarten im Fahlt wurde 1934 eröffnet. Eingebettet im Stadtwald, beherbergt die sehr gepflegte Anlage heute 9 000 Rosen in 80 Sorten. Weitere Informationen: Garten- und Friedhofsabteilung, Hogenkamp 34.

25436 Uetersen

Das Rosarium Uetersen wurde 1932 auf Betreiben der Züchter Kordes und Tantau und weiterer Holsteiner Betriebe neugestaltet (Berliner Straße). Mittlerweile erwarten den Besucher 35 000 Rosen in 700 Arten/Sorten, die in einer weitläufigen Anlage mit Café, Restaurant und Hotel präsentiert werden. Viele Kletter- und Hochstammrosen. Weitere Informationen: Bauamt, Wassermühlenstraße 7.

25704 Meldorf

Die Historische Rosensammlung Meldorf beherbergt 50 verschollene Rosensorten aus der Dithmarscher Gartenhistorie. Aufgrund des Sortiments einmalblühender Rosen sehr kurze Blütezeit. Weitere Informationen: Landwirtschaftsmuseum, Jungfernstieg 4.

29664 Walsrode

Die Rosenhöhe im Vogelpark Walsrode, in seiner Art der größte Vogelpark der Welt, lohnt mit

15 000 Rosen in 43 Arten/Sorten einen Besuch. Daneben zahlreiche Rhododendren im Mai und sehenswerte Laubfärbung des Baumbestandes im Herbst.

30169 Hannover

Der Rosengarten im Stadtpark Hannover (Theodor-Heuss-Platz) beherbergt 5 300 Rosen in 140 Sorten. Ebenfalls für jeden Gartenfreund lohnenswert: die Herrenhäuser Gärten an der gleichnamigen Straße. Weitere Informationen: Grünflächenamt, Langensalzastraße 17.

Manche Rosengärten - wie im Rosarium Uetersen - bieten Übernachtungsmöglichkeiten inmitten der Rosenherrlichkeit. Frühstück mit Blick auf Blütenmeere - da will man mit keinem König tauschen.

31207 Peine

Wer Peine besucht, sollte einen Abstecher in den Rosengarten am Stadtpark einplanen. 1988 wurde der stimmungsvolle Rosengarten mit Rosen, Nadelgehölzen und Gräsern neu angelegt. Weitere Informationen: Tiefbauamt, Kantstraße 5.

31319 Sehnde–Rethmar

Rosenprüfgarten des Bundessortenamts in der Nähe von Hannover. Besuchsmöglichkeiten auf Anfrage bei der Bundessortenamt-Prüfstelle Rethmar, Hauptstr. 1. Zu sehen sind 4 000 Rosen in 1 400 Arten/Sorten.

31812 Bad Pyrmont

Der intensiv gepflegte Kurpark (17 Hektar) wartet mit 1 200 Rosen in 20 Sorten auf. Hervorragender Landschaftsgarten. Vielfältiges Sommerprogramm. Weitere Informationen: Kurverwaltung, Heiligenangerstraße 6.

33014 Bad Driburg

Inmitten des alten Kurparks liegt ein Rosengarten.

33334 Gütersloh

Der neue Rosengarten der Baum- und Rosenschule Noack ermöglicht dem Rosenfreund einen Überblick über die Sorten des bekannten Züchters. Verschiedene Gartenstile und insbesondere Artenreichtum (Gehölze, Stauden) bestimmen das Bild des Schaugartens, der 1999 eröffnet wurde.

33597 Bielefeld

Im Bürgerpark liegt der Rosengarten mit vielen Sorten. Weitere Informationen: Grünflächenamt, August-Schröder-Straße 4.

34131 Kassel

Die Ursprünge der historischen Rosensammlung im Park Schloß Wilhelmshöhe gehen bis in Klosterzeiten des 11. Jahrhunderts zurück. Den Besucher erwartet eine lebende »Geschichte der Strauchrosen«, eine verträumte Roseninsel sowie eine umfangreiche Rosensammlung mit 1 700 Rosen in 1 000 Arten/Sorten. Insbesondere Wildrosen, Alte Sorten und neue Strauchrosen haben Dr. Wernt und Hedi Grimm und ihre zahlreichen Helfer zusammengetragen. Einen weiteren Besuch lohnt in Kassel der im Wiederaufbau befindliche Rosenhang im Staatspark Karlsaue.

35037 Marburg

Der Rosengarten im Schloßpark Marburg erfreut mit 7 500 Rosen in 65 Arten/Sorten den Besucher. Weitere Informationen: Garten- und Friedhofsamt, Ockershäuser Allee 15.

38023 Braunschweig

Der kleine Rosengarten im Botanischen Garten der Technischen Universität (Humboldtstraße 1) beherbergt 500 Rosen in 150 Arten/Sorten.

39106 Magdeburg

Im April 1999 hat die Bundesgartenschau Magdeburg ihre Tore geöffnet. Sie liegt im Osten der Stadt, zwischen Alter Elbe und dem Stadion Neue Welt. Sehenswert die zahlreichen Rosenbeete und die imposanten Staudenpflanzungen. Weitere Informationen: Buga GmbH Magdeburg, Wittenberger Straße 17, Haus 6.

40474 Düsseldorf

Im Nordpark und Südpark u. a. Rosenanpflanzungen.

44139 Dortmund

Das Deutsche Rosarium Dortmund am Kaiserhain im Westfalenpark wurde 1969 durch den VDR gegründet. Im jungen »Rosengarten am Kaiserhain« wird der Kombination von Rosen mit anderen Freilandpflanzen breiter Raum eingeräumt. Erlebnisreich ist der »Rosenweg« mit 38 Stationen im Westfalenpark (An der Buschmühle 3). Insgesamt befinden sich 30 000 Rosen in 3 500 Arten/Sorten im Deutschen Rosarium, der drittgrößten Rosensammlung der Welt.

45133 Essen

Das Rosarium im weitläufigen Grugapark liegt am Gruga-Gelände und bietet sich für einen Ausflug an. Im Rosengarten finden sich 6 000 Rosen in 60 Arten/Sorten in klassisch-geometrischer Anordnung.

50676 Köln

Der Mülheimer Stadtgarten an der Lasallestraße beherbergt einen Rosengarten, ebenso der Klettenbergpark an der Siebengebirgsallee. Sehr sehenswert: die Rosenanpflanzung auf Fort X, ein Kölner Geheimtip. Weitere Informationen: Amt für Landschaftspflege und Grünflächen, Perlengraben 2.

Das Rosarium in Dortmund ist bekannt für seinen vielgestaltigen Einsatz der »Königin der Blumen«.

53103 Bonn
Empfehlenswert sind der rechtsrheinisch gelegene Rosengarten am Landgrabenweg (17 500 Rosen in 650 Arten/Sorten) und die auf der anderen Rheinseite befindliche Anlage an der Erhardstraße mit 5 800 Rosen in 65 Arten/Sorten. Weitere Informationen: Servicebetrieb Grün, Berliner Platz 2.

54224 Trier
Der Rosengarten im Nellspark wurde 1958/59 angelegt und zeigt 7 000 Rosen in 550 Arten/ Sorten, darunter viele Sorten Trierer Rosenzüchter (Peter Lambert).

55131 Mainz
Den 1925 in Verbindung mit einer Rosenschau entstandenen Rosen-

garten im Stadtpark (Göttelmannstraße) zieren 7 500 Rosen in 130 Arten/Sorten. Weitere Informationen: Grün- und Naturschutzamt, Geschwister-Scholl-Straße 4.

59348 Seppenrade
Seppenrade ist seit 1972 Rosendorf. Im Rosengarten finden sich 25 000 Rosen in 500 Arten/Sorten,

Die Liebhaberzüchtung 'Christl Flocke' führt Schultheis in Steinfurth.

neben bieten u. a. die Schaugärten der Rosenschulen Gönewein und Heinrich Schultheis im Sommer rosige Pracht. In Steinfurth zu Hause sind zudem Deutschlands einzige Bioland-Rosenschule, die Firma Michel & Ruf, und das Rosenmuseum, ein in seiner Art weltweit einzigartiges Spezialmuseum mit Rosendatenbank.

darunter auch Züchtungen des Liebhaberzüchters Ewald Scholle ('Christl Flocke').

60323 Frankfurt am Main

Der Rosengarten und Rosenneuheitengarten im Palmengarten (Siesmayerstraße 61) empfängt den Besucher mit 10 000 Rosen in 700 Arten/Sorten. Der Garten ist als Rosenparterre angelegt, Wege unterteilen das Areal in rechteckige und dreieckige Beete, Rosenhochstämme und Pergolen betonen formale Gartenkunst. Viele Englische Rosen des Züchters Charles Austin.

61231 Bad Nauheim-Steinfurth

Steinfurth liegt im Zentrum eines traditionsreichen Rosenanbaugebietes in der hessischen Wetterau. Sehenswert ist der Schau- und Prüfungsgarten der Rosen-Union (10 000 Rosen in 300 Arten/ Sorten), zu der sich zahlreiche Steinfurther Rosenbetriebe zusammengeschlossen haben. Da-

61348 Bad Homburg

Rosenpflanzungen im Kurpark, dem größten seiner Art in Deutschland. Allein die imposanten Sommerblumenpflanzungen lohnen einen Besuch.

63303 Dreieich

Burg Hayn in Dreieich mit Kräuter- und Rosengarten vor reiz-

Rosen, Rosen, Rosen – im hessischen Steinfurth scheint sich das Rosen-Mekka zu befinden. Kein Wunder, daß Jahr für Jahr Tausende von Rosenfreunden zu den Verkaufsflächen überregional bekannter Firmen wie Gönewein, Schultheis, Huber, Rosen-Union, Ruf und Dräger pilgern. Der ganze Ort schwelgt im Sommer in Rosen.

Im Zwei-Jahres-Rhythmus (gerade Jahreszahlen) findet das Steinfurther Rosenfest statt. Diese Gemeinschaftsschau aller Rosenbetriebe bietet u. a. eine Rosenschau, Rosenfachdiskussionen und den bekannten Rosenumzug.

voller Burgkulisse. Die heutige, überaus stimmungsvolle Anlage geht auf Entwürfe von Lore Wirth zurück. Weitere Informationen: Geschichts- und Heimatverein e.V. Dreieichenhain, Alte Schulgasse 4. Burgfest, Burgfestspiele.

64283 Darmstadt
Rosenhöhe wird der Rosengarten im gleichnamigen Park (Wolfskehlstraße) genannt. Geboten werden auf der höchsten Erhebung des Parks 10 000 Rosen in 290 Arten/Sorten. Weitere Informationen beim Gartenamt der Stadt Darmstadt.

65189 Wiesbaden
Rosenpflanzungen im Kurpark.

65343 Eltville
Der Rheingauer Rosengarten im Burggraben imponiert bereits ab Anfang Juni u. a. mit einer üppigen Kletterrosenwand. Zahlreiche Rosen im Stadtgrün.

65795 Hattersheim
1997 neueröffnete Anlage innerhalb des Regionalparks Rhein-Main. 6 000 Rosen in 100 Arten/Sorten. Weitere Informationen: Regionalpark Rhein-Main GmbH, Grabenstraße 1a, 65439 Flörsheim.

66104 Saarbrücken
Deutscher und Französischer Rosengarten im Deutsch-Französischen Garten (Metzer Straße/Deutschmühlental).

66482 Zweibrücken
Verschiedene Rosengärten: Europas Rosengarten Zweibrücken mit 60 000 Rosen in 2 000 Arten/Sorten (Rosengartenstraße); Wildrosengarten an der Fasanerie (Fasaneriestraße); und der ADR-Prüfungsgarten. Außerdem zahlreiche Pflanzungen im städtischen Grün. Weitere Informationen: Stadtbauamt Grünflächenverwaltung, Gymnasiumstraße 5–7.

66484 Schmitshausen
Rosendorf mit über 10 000 Rosen in 250 Sorten.

66564 Ottweiler
Rosenkreis Neunkirchen mit seinen Rosengärten, u. a. in Illingen-Hüttigweiler, Wemmetsweiler, Welschbach.

67059 Ludwigshafen
Rosensondergarten im Ebertpark (Erzbergerstraße). 2 790 Rosen in 250 Arten/Sorten.

68165 Mannheim
Sehr schöne Rosenpromenade im Luisenpark (2 000 Rosen in 300 Arten/Sorten), Herzogenriedpark (6 000 in 240 Arten/Sorten). Fantastische Sommerblumenpflanzungen.

69117 Heidelberg
100 000 Rosen in 30 Sorten bieten die öffentlichen Grünanlagen der Stadt Heidelberg. Weitere Informationen: Landschaftsamt Heidelberg, Kornmarkt 1.

70192 Stuttgart
Höhenpark Killesberg (Am Kocherhof), entstanden zur Internationalen Garten-Ausstellung 1993. Gehölz- und Staudenpflanzungen. Sehenswert das Tal der Rosen mit 18 000 Rosen in 400 Arten/Sorten. Des Weiteren: Rosengarten der Villa Berg mit 1800 Rosen in 30 Sorten (Sickstraße).

71640 Ludwigsburg
Das Blühende Barock mit Rosengarten (Marbacherstraße) verbindet barocke Architektur und edles Rosenambiente in Form von 15 000 Rosen in 350 Arten/Sorten. Weitere Informationen: Verwaltung des Blühenden Barock, Mömpelgardstraße 28.

76133 Karlsruhe
Im Rosengarten im Stadtgarten erwarten 15 000 Rosen in 190 Ar-

ten/Sorten den Besucher. Weitere Informationen: Gartenbauamt, Lammstraße 7a.

76275 Ettlingen
Schloßgarten mit Kräuter- und Rosengarten. Weitere Informationen: Stadtbauamt, Garten- und Friedhofsabteilung, Ottostraße 5.

76530 Baden–Baden
Zwei Rosengärten sind zu sehen: die Gönneranlage in der Ludwig-Wilhelm-Straße (25 000 Rosen in 350 Arten/Sorten, darunter sehr viele Kletterrosen) und der Rosen-Neuheitengarten auf dem Beutig in der Moltkestraße (5 000 Rosen in 200 Arten/Sorten), dem Austragungsort einer internationalen Rosenprüfung. Außerdem bietet Baden-Baden zahlreiche Rosenpflanzungen im städtischen Bereich, u. a. an der Grünen Ein-

fahrt/B 500 mit über 10 000 Kletter-, Strauch- und Flächenrosen. Weitere Informationen: Gartenamt, Winterhalterstraße 6.

77933 Lahr
Der Rosengarten mit formalem Flair liegt im Stadtpark der Stadt Lahr (Kaiserstraße 101) und zeigt 1 900 Rosen in 270 Arten/Sorten. Weitere Informationen: Stadtbauamt, Abt. Öffentliches Grün und Freiflächen, Am Stadtpark 2.

78465 Insel Mainau
Die Blumeninsel bietet mit 30 000 Rosen in 1 300 Arten/Sorten zahlreiche Rosenattraktionen, von der imposanten »Straße der Wild- und Strauchrosen« über den Italienischen Rosengarten bis zum Roseninformationsgarten. Weitere Informationen: Mainau GmbH, 78465 Insel Mainau.

79809 Weilheim-Nöggenschwiel
Über 20 000 Rosen schmücken das Rosendorf Nöggenschwiel, die von den Einwohnern in Eigeninitiave gepflegt werden. Rosengarten. Weitere Informationen: Verkehrsverein Nöggenschwiel, Fohrenbachstraße 6.

81541 München
Der Rosengarten Westpark, entstanden zur Internationalen Garten-Ausstellung 1983 (Westendstraße), beherbergt 25 000 Rosen in 420 Arten/Sorten. Der Rosensichtungsgarten (Sachsenstraße) präsentiert 5 000 Rosen in 220 Arten/Sorten. Im Stadtgebiet finden sich zudem 75 000 Rosen in 90 Arten/Sorten. Weitere Informationen: Stadtgärtendirektion, Eduard-Schmid-Straße 36.

85354 Freising–Weihenstephan
Rosengarten des Sichtungsgartens (Prüfgarten), zeigt 250 Rosen in 150 Arten/Sorten in zahlreichen Kombinationen mit Stauden und Ziersträuchern. Ein Muß für Staudenfreunde.

86825 Bad Wörishofen
Das Rosarium im Städtischen Kurpark beherbergt 5 000 Rosen in 500 Sorten. Weitere Informationen: Rathaus, Bürgermeister-Ledermann-Straße 1.

89070 Ulm
Elendsgarten (An der Adlerbastei) mit 650 Rosen in 80 Arten/Sorten. Weitere Informationen: Garten- und Friedhofsamt, Münchnerstraße 13.

Die Orangerie in Lahr ist eine Rosenreise wert. Was gibt es Schöneres, als unter blütenbehangenen Rosengängen Rosenromantik pur zu erleben.

Reif für die Insel: Die Mainau gilt als »die« Blumeninsel schlechthin. Auch die imposanten Rosenpflanzungen können sich sehen lassen und lohnen eine weite Anreise – beste Entspannungstherapie für alltagsgeplagte Gartenfreunde.

95028 Hof
Das Rosarium im Botanischen Garten wartet mit 1 600 Rosen in 80 Sorten auf. Weitere Informationen: Stadtgartenamt Hof, Münch-Ferber-Straße 10.

96049 Bamberg
Rosengarten im Renaissancegarten neben der fürstbischöflichen Residenz. 4 500 Rosen in 49 Sorten.

96450 Coburg
Der noch relativ junge Rosengarten am Anger zeigt 6 500 Rosen in 65 Sorten. Weitere Informationen: Grünflächenamt, Glockenberg 27.

97070 Würzburg
Rosenpflanzungen im Fürstengarten Festung Marienberg.

97450 Arnstein
Der kleine Rosengarten (200 m²) der Stadt Arnstein gibt Einblick in die Rosenzüchtung des letzten Jahrhunderts. Weitere Informationen: Stadt Arnstein, Marktstraße 37.

Rosengärten im Ausland

Österreich
- Baden bei Wien: Österreichisches Rosarium
- Linz: Rosengarten im Botanischen Garten
- Wien: Rosarium im Donaupark

Schweiz
- Dottikon-Rothenbül: Schaugarten der Rosenschule Huber mit vielen historischen Rosen

- Gelfingen bei Luzern:
  Barockgarten Schloß Heidegg
- Genf: Parc de la Grange
- Ittingen: Rosengarten
  in der Kartause
- Neuhausen: Rosengarten
  auf Charlottenfels

- Rapperswil: Rosengarten, bemerkenswert der Blindenrosengarten

Niederlande
- Amsterdam: Rosarium
  im Amstelpark
- Arcen bei Venlo: Schloßgarten

- Den Haag: Rosengarten
  im Westbroekpark
- Winschoten: Rosarium

Frankreich
- Chalon-sur-Sâone:
- Parc St. Nicolas
- Lyon: Parc de la Tête d'Or
- Orléans: Parc Floral
- Paris: L'Hay-les-Roses, Parc de
  Bagatelle im Bois de Boulogne,
  Parc de Malmaison

England
- Albrighton, Shropshire:
  Schaugarten der Rosenschule
  David Austin
- Hitchin, Hertfordshire:
  Schaugarten der Rosenschule
  Harkness
- London: Queen Mary Rose
  Garden im Regents Park,
  Kew Gardens
- Romsey, Hampshire: Mottisfont
  Abbey, Sammlung historischer
  Rosen
- St. Albans, Hertfordshire: Garten
  der Englischen Rosengesellschaft

Italien
- Cabriglia d'Arezzo: Rosengarten
  (Privatsammlung Prof. Fineschi)
- Genua: Villa Nervi
- Monza: Rosarium Villa Reale
  (Rosengarten der Italienischen
  Rosengesellschaft)
- Rom: Roseto di Roma

Spanien
- Madrid: Parque de Oestre

Dänemark
- Kopenhagen: Rosengarten
  im Valby Park

**Europaweit gibt es eine Vielzahl von Rosengärten, die einen Besuch lohnen.
Wer sich im Vorfeld informieren möchte, kann dies über die nationalen Rosengesellschaften tun. Die Adressen vieler Rosenvereine im In- und Ausland finden
sich im Anhang (Seite 156).**

Anhang

Bezugsquellen

**Adressen von Rosen-
schulen mit Post-
versand und eigenem
Katalog:**

Deutschland

BKN Strobel
Wedeler Weg 62
25421 Pinneberg

Rosen Gönewein
Steinfurther
Hauptstraße 1-5
61231 Bad
Nauheim/Steinfurth

Karl Hetzel
Am Stadion 18
75038 Oberderdingen

Ingwer Jensen
Am Schloßpark 2b
24960 Glücksburg

W. Kordes' Söhne
Rosenstraße 54
25365 Klein Offenseth-
Sparrieshoop

Werner Noack
Im Fenne 54
33334 Gütersloh

Rosen-Union
Steinfurther
Hauptstraße 25
61231 Bad Nauheim-
Steinfurth

Gustav Schlüter
Bahnhofstr. 5
25335 Bokholt-Hanred-
der

Walter Schultheis
Bad Nauheimer Straße
3-7
61231 Bad Nauheim-
Steinfurth

Rosen-Tantau
Tornescher Weg 13
25436 Uetersen

Udo Zuber-Goos
Alte Hohl 7
69168 Wiesloch-Baier-
tal

Österreich

Grumer Rosen
Raasdorfer Str. 28-30
A-2285 Leopoldsdorf

Gärtner Starkl
Baumschulen
A-3430
Frauenhofen/Tulln

Schweiz

Hauenstein AG
Landstr. 42
CH-8197 Rafz ZH

Richard Huber AG
Rothenbühl 8
CH-5605 Dottikon AG

England

Peter Beales Roses
London Road
Attleborough
GB-Norfolk NR17 1AY

Hillier Nurseries Ltd.
Ampfield House
Ampfield
GB-Romsey/Hants
SO5 9PA

David Austin Roses
Bowling Green Lane
Albrighton
GB-Wolverhampton,
WV7 3HB

Für fast alle im Buch
genannten Sorten sind
auch **Rosenschilder**
erhältlich bei:
Helmut P. Uhrmacher
Hauptstraße 16
27729 Axstedt

Literatur
De L'Aigle, Alma:
Begegnung mit Rosen.
Frick-Öhningen, Moos
1977.
  Austin, David: Alte Ro-
sen & Englische Rosen.
Du Mont, Köln 1993.
  Beales, Peter: Klassi-
sche Rosen. Du Mont,
Köln 1992.
  Beuchert, Marianne:
Symbolik der Pflanzen.
Insel, Frankfurt am Main
1995.
  Bund deutscher Baum-
schulen (BdB) e.V. (Hrsg.):
ADR-Rosen. Eigenverlag,
Pinneberg 1998.
  Burkhardt, Inge:
Rosendatenbank.
CD-ROM, Königsbrunn
1997.
  Clark, Ronald: Gärten
1998/99. Callwey,
München 1998.
  Erhardt, Anne und
Walter: PPP-Index
Pflanzen. Ulmer, 3. Auf-
lage, Stuttgart 1998.
  Gibson, Michael:
Strauchrosen. Müller-
Rüschlikon, Zürich 1978.
  Gottschalk, Werner:
Ratschläge für den
Rosenfreund. Neumann,
Leipzig 1990.
  Jacob, Anny/Grimm,
Wernt und Hedi/Müller,
Bruno: Alte Rosen und
Wildrosen. Ulmer, Stutt-
gart 1992.
  Jacobi, Karlheinz:
Rosen. BLV, 2. Auflage,
München 1994.
  Jäger, August: Rosen-
lexikon. Weiland, Leipzig
1983.
  Kordes, Wilhelm:
Das Rosenbuch. Scha-
per, Hannover 1977.
  W. Kordes' Söhne: 100
Jahre W. Kordes' Söhne.
Eigenverlag, 1987.
  Krüssmann, Gerd:
Rosen, Rosen, Rosen.

Parey, 2. Auflage, Berlin und Hamburg 1986.

· Kübler, Sabine: Blatt für Blatt die Rose. Katalog des Rosenmuseums Steinfurth.

· Markley, Robert: Die BLV-Rosenenzyklopädie. BLV, 2. Auflage, München 1998

· Markley, Robert: Freude an Rosen. Kosmos, Stuttgart 1995.

· Noack, Horst: Wild- und Parkrosen. Neumann-Neudamm, Melsungen 1989.

· Saakov, S. G.: Wild- und Gartenrosen. DLV, Berlin 1976.

· Scheerer, Otto: Rosen in unserem Garten. BLV, München 1969.

· Schneider, Camillo/ Mütze, Wilhelm: Das Rosenbuch. Verlag der Gartenschönheit, Berlin 1924.

· Schultheis, Heinrich: Rosen. Ulmer, Stuttgart 1996.

· Sieber, Josef: Rosen. BLV, München 1998.

· Squire, David/Newdick, Jane: Das Rosenbuch. Christian, Stuttgart 1995.

· Strobel, Klaus-Jürgen/ Markley, Robert: Rosen - Eigenschaften und Verwendung. 3. Auflage, Pinneberg 1997 (BdB-Handbuch IX).

· Timmermann, Georg/ Müller, Theo: Wildrosen und Weißdorne. Verlag des Schwäbischen Albvereins, Stuttgart 1994.

· Urban, Helga und Klaus: Rosenlexikon. CD-ROM, CED Elektronische Datenbanken, Troisdorf 1998.

· Woessner, Dietrich: Rosen für den Garten. Ulmer, 3. Auflage, Stuttgart 1996.

Kataloge (und teils CD-ROMs) gibt es u. a. von den Rosen-Baumschulen Kordes, Noack, Rosen-Union, Schultheis, Strobel und Tantau.

Rosen im Internet

Unter der Adresse »http:// www.uni-duesseldorf.de/ WWW/ulb/rose.html« findet der Rosenfreund eine Auswahl und erste Orientierungshilfe. Eine interessante amerikanische Homepage bietet zudem Informationen zu »75 Jahre AARS-Rosen« unter der Adresse »http://www.rose.org«. Sehenswerte Homepages von Firmen im Rosenbereich sind u. a. »meilland. com«, »moerheim.com«, »rosenhof-schultheis.de«, »kordes-rosen.com«.

Liebhaber-vereine

Verein Deutscher Rosenfreunde

Der Verein Deutscher Rosenfreunde wurde 1883 gegründet und informiert seine viele tausend Mitglieder umfassend über das Thema Rosen. Für einen vergleichsweise bescheidenen Jahresbeitrag von 40,-- DM (50,-- DM für Ehepaare) kann der interessierte Rosenfreund Mitglied dieser traditionsreichen Liebhabergesellschaft werden. Viermal im Jahr wird der mit vielen Fotos ausgestattete »Rosenbogen« an die Mitglieder verschickt. Der Rosenbogen bietet aktuelle Beiträge namhafter Autoren rund um die »Königin der Blumen«. Einmal im Jahr erscheint das Rosen-Jahrbuch. Regional ist der VDR in vielen Freundeskreisen organisiert. Dort finden in geselliger Runde Vorträge statt, werden Reisen geplant.

Des weiteren können Mitglieder am jährlich stattfindenden Rosenkongreß oder anderen Aktivitäten wie Rosenschnittkursen u. ä. teilnehmen. Die Studienreisen des VDR sind wegen ihrer exklusiven rosigen und kulturellen Angebote sehr beliebt.

Verein Deutscher Rosenfreunde
Waldseestr. 14
76532 Baden-Baden

Weitere Rosenvereine

Verein zur Förderung der Rosenkultur des Bergischen Landes Solingen e. V., gegründet 1877,
c/o Renate Graumann, Mastweg 21, 43249 Wuppertal-Cronenberg

Vereine im Ausland – eine Auswahl

Schweiz

Gesellschaft Schweizer Rosenfreunde, Bahnhofstraße 11, CH-8640 Rapperswil

Österreich

Österreichische Rosenfreunde, Parking 12/III 1, A-1010 Wien

Großbritannien

The Royal National Rose Society, Chiswell Green Lane, GB-St. Albans Hertfordshire AL 23 NR

Niederlande

Nedelandse Rozenvereniging, Kievitweg 5, NL-5752 PT Deurne

Italien

Associazione Italiana della Rosa, Villa Reale Corso Milano 30, I-20052 Monza

Frankreich

Société Française des Roses, Parc de la Tête d'Or, F-69459 Lyon, Cedex 3

Stichwortverzeichnis

Mit * gekennzeichnete
Seitenzahlen verweisen
auf Abbildungen.

'Aachener Dom' 57*, 58
Abdorner 142
Abies balsamea 106
'Abraham Darby' 21, 21*
Absenker 144
Acer shirasawanum 103
ADR-Prädikat 126
'Alba Meidiland' 43, 43*
'Albéric Barbier' 31
Alte Rosen 17
'Amber Queen' 51
Ampeln 88*
'Angela' 34
Anhäufeln 120
Apothekerrose 19
ADR-Rosen 126
'Aspirin-Rose' 43
'Astrid Lindgren' 34
Ausläufer 144
Aussaat 144

Baden-Baden 152*
'Ballade' 23, 23*
'Ballerina' 44, 44*, 95*
Balsam-Tanne,
    Niedrige 106
Bambus 108, 108*, 109
'Banzai '83' 58, 58*
'Barkarole' 58, 58*
Beetrosen 50, 136
'Bella Rosa' 51
'Bernstein Rose' 23
Bibernellrose 41
'Bingo Meidiland' 44
'Bischofsstadt Paderborn' 34, 34*
Blasenfuß 129
Blatt 11
Blattläuse 128*
Blaublühende Gehölze 103
Blaue Rosen 16
Blau-Fichte 107
Blauschwingel 109*
Blührhythmik 74
Blumenriegel, West-
    amerikanischer 103

Blumenzwiebeln 97
Blüte 10
Blutpflaume, Niedrige 104
'Bobbie James' 12, 26*, 31
Bodendeckerrosen 42
Bodenmüdigkeit 117
Bodenvorbereitung 118
'Bonica '82' 50, 51*
Bourbonrose 8
'Bourgogne' 34
Brühen 131
'Burgund '81' 58
Buschbambus 109
Buschrosen 136

'Celina' 44, 44*
'Centenaire de Lourdes' 33*,
    34, 34*
Chamaecyparis lawsoniana
    106
C. pisifera 106
'Charles Austin' 21
Chinaschilf 108*
Chinesische Goldrose 40
Chinesische Rose 8
Chlorose 123
'Chorus' 51, 51*
'Christl Flocke' 150*
'Christoph Columbus' 58
Clematis und Rosen 99
Clematis 'Étoile Violette' 99*
C. viticella 100
C.-Wildarten 100
Climber 27
'Colette' 23
'Constance Spry' 17, 21
Containerrosen 111
Cytisus nigricans 103

Damaszener-Rose 8
David Austin 21
Depotdünger 123
Deutzia gracilis 103
'Dirigent' 34, 35*
'Dornröschenschloß
    Sababurg' 35, 35*
'Dortmund' 28
Duft 77
Duft-Ginster 103
'Duftgold' 59, 59*
'Duftrausch' 59

Duftrosen 77
'Duftwolke' 51, 78*
Dünenrose 41
Düngen 122
Dünger 123
Dünger, Mineralischer 123
Dünger, Organischer 123
Düngung 85

Edelrosen 57, 136
'Edelweiß' 52, 52*
'Eden Rose '85' 24, 24*
Eidechsen 133
Einkauf 113
Eintopfen 84
Eisenmangel 123
'Elina' 59, 59*
Englische Rosen 17, 21
'Escapade' 52, 52*
Essigrose 39
Exochorda x *macrantha* 104

Farbenlehre 93
Farbwirkung 94
Fargesia murielae 109
Federbuschstrauch 104
'Ferdy' 35
Fiederblätter 11
Flächenrosen 42
'Flammentanz' 31, 32*
Florfliegen 133
Floribundarosen 50
'Focus' 52, 52*
'Fontaine' 35
Forsythia 104
Forsythie 104
Fothergilla major 104
'Friesia' 53, 53*
Frosthärte 76
Frostschutz 85
Frühjahrspflanzung 113
Frühjahrsschnitt 136
'Frühlingsgold' 35, 35*
Frühlingsrosen 74
Fuchsrose 8
Fußstämme 62

Gehölze, Blaublühende 103
'Gelbe Dagmar Hastrup' 49,
    49*
Gestalten mit Rosen 92

'Ghislaine de Feligonde' 18
Glanzrose 40
'Gloire de Dijon' 18, 18*
'Gloria Dei' 8, 59, 59*, 91*
Gnomen-Fichte 107
Gold-Ahorn 103
Gold-Bambus 109
'Golden Showers' 28, 28*
Goldglöckchen 104
Goldkäfer 73*
'Graham Thomas' 22, 22*
'Grandhotel' 36
Gräser 108
Gründüngung 118
'Gruß an Aachen' 18
Güteklassen 114

Haarzypresse 106
Hagebutte 79
Hagebutten 11, 11*, 48*, 79,
    79*, 80*
Halbstämme 62
Hanging Baskets 88
'Harlekin' 28
Hausmittel 131
Hechtrose 9*, 39
'Heideröslein Nozomi' 44
Heideröslein 42*
'Heidetraum' 45*, 72*, 86*
Herbstfärbung 82
Herbstpflanzung 112
'Heritage' 22, 22*
Hitzetolerante Rosen 67
Hochstämme 63
Hundsrose 8, 39

IGA '83 München' 36
Igel-Fichte 107
'Ilse Haberland' 36
'Ilse Krohn Superior' 28
Immergrüne Laubgehölze 103
Indocalamus tesselatus 109

'Jacques Cartier' 19
Japanische Zwerg-Lärche 107
Jauchen 132
Juniperus communis 106
J. media 106
J. squamata 106
J. virginiana 106

Kaiserin Joséphine 8
'Karl Heinz Hanisch' 60
Kaskadenrosen 65
Kaskadenstämme 65
Katzenminze 97
Kissen-Eibe 107
Kissen-Hemlocktanne 107, 107*
Kissenzypresse, Blaue 106
Kleinklima 116
Kleinstrauchrosen 42
Kletterrosen 26
Knossos 7
Kolkwitzia amabilis 104
Kompost 124
'Kordes' Brillant' 36
Krankheiten 130
Kriech-Wacholder 106
Kriechrose 39
Kübelerden 84
Kurzzeitdünger 123

L'Hay-les-Roses 154*
'La France' 17
'La Paloma '85' 53
'La Sevillana' 53, 126*
Langzeitdünger 123
Larix kaempferi 107
Laubgehölze 102
–, immergrüne 103
Laufkäfer 133
Lavendel 97
'Lavender Dream' 45*
'Lawinia' 28
Lebensbaum 107
'Leonardo da Vinci' 24, 70*
'Lichtkönigin Lucia' 36, 36*
'Louise Odier' 19, 19*
'Lovely Fairy' 45*

Maiblumenstrauch 103
'Maiden's Blush' 19, 19*
Mainau 153*
Mairose 40
Mandarinrose 40
'Marguerite Hilling' 36, 36*
'Maria Lisa' 29
'Mariandel' 53
Marienkäfer 132
Martin Schongauer 8
'Mary Rose' 22, 22*
Mehltau 130*
–, Echter 130
–, Falscher 130
'Mein schöner Garten' 37, 37*
'Michelangelo' 24

'Mildred Scheel' 60
'Mirato' 45, 45*
'Montana' 53, 53*
Moosrose 8, 19
Mops-Kiefer 107
'Morning Jewel' 29, 29*
Moschusrose 8
Mulchen 125
Mumienbildung 71
Muschelzypresse,
    Kleine 106

Nachbaukrankheit 117
Nadelgehölze 105, 106
'NDR 1 Radio Niedersachsen'
    54, 54*
Nematoden 117
Nest-Fichte 107
'New Dawn' 29, 29*
Niemöl 131
Noisette-Rosen 8
'Nostalgie' 24, 24*

Öfterblütigkeit 75
Ohrwürmer 133
Okulation 143
Okuliermesser 142, 142*
'Old Port' 24
Ölrose 21
'Orange Meillandina' 56
'Othello' 22

Paestum 7
Parfumrose 78
Parkrosen 33, 38
Patiorosen 55
'Paul Noël' 32
'Paul Ricard' 60
'Peach Meillandina' 56
Perlmuttstrauch 104
Petalen 10
Pflanzdichte 121
Pflanzen 119
Pflanzenschutz 85, 127
Pflanzenschutzmittel 131
Pflanzung 118
Pflanzzeiten 112
Phyllostachys aurea 109
Picea abies 107
P. glauca 107
P. pungens 107
'Pierette' 49
Pierre-Joseph Redouté 8
'Pink Meidiland' 46
'Pink Symphonie' 55*, 56

Pinus mugo 107
P. strobus 107
Pleioblastus pumilus 109
'Polarsonne' 49
'Polarstern' 60
'Polka '91' 25, 25*
Polyantharosen 50
Präsentierschere 142
Praxis 110
Provencerose 8
Prunkspiere 104
Prunus kurilensis 105
P. serrulata 105

Qualität 114

Raketen-Wacholder 106
Rambler 26, 31
'Ramira' 29
Ranunkelstrauch,
    Gefüllter 104
Rauhblättrige Rose 40
Raubmilben 133
'Raubritter' 25
'Raubritter'* 25
'Red Yesterday' 46, 46*
Rindenfleckenkrankheit 131
Rittersporn 92*, 97
Romantische Nostalgierosen 17,
    23
'Romanze' 37
Rosa Kissen-Spiere 105
Rosa arvensis 39, 39*
R. canina 8, 39
R. x centifolia 'Muscosa' 8, 19
R. chinensis 7
R. x damascena 6*, 7
R. foetida 8
R. gallica 7, 39
R. gallica 'Officinalis'
    7, 7*, 19
R. gallica 'Versicolor'
    8, 20, 20*
R. glauca 9*, 11, 39
R. hugonis 39*, 40
R. inermis 'Morletti' 69
R. jundzillii 40, 40*, 80
R. majalis 40
R. marginata 80
R. moschata 8
R. moyesii 40, 40*
R. multiflora 8
R. nitida 40, 40*
R. pimpinellifolia 41, 41*
R. rubiginosa 41

R. sericea f. pteracantha 10, 11*,
    41
R. wichuriana 8
Rosaceae 10
'Rosali '83' 54
Rosarien 145
Rosarium Dortmund 149*
'Rosarium Uetersen' 25, 76*, 99*
'Rose de Resht' 20, 20*
Rosen als Pollenspender 73
Rosen für Ampeln 88
Rosen für Gefäße 83
Rosen für halbschattige
    Lagen 69
Rosen für Hanglagen 72
Rosen für Kästen 88
Rosen für Kübel 86
Rosen für Tröge 87
Rosen für regenreiche
    Regionen 71
Rosen, beutelverpackte 111
–, sehr frostharte 76
–, verpackte 111
–, wurzelballierte 111
–, wurzelnackte 111
Rosenäpfel 129
Rosenblattlaus 128
Rosenblattrollwespe 128, 129*
Rosendünger 124
Rosengallwespe 129
Rosengärten 145
Rosengarten Baden-Baden 145*
Rosengarten Jensen 147*
Rosengarten Lahr 152*
Rosengarten Mainau 153*
Rosengrabgabel 143, 143*
Rosenhecken 81, 81*
Rosenkrankheiten 130
Rosennützlinge 132
'Rosenprofessor Sieber' 54, 54*
Rosenrost 130
Rosenschädlinge 128
Rosenschnitt 134
Rosenstämme 61, 101, 110*
Rosenzikade 129
Rosenzüchtung 13
Rosmarin '89' 56
Rote Spinne 128
'Royal Bassino' 46
Rugosa-Rosen 48, 48*, 80
'Rumba' 54

Salbei 97
'Salita' 30
'Santana' 30, 30*

Sappho 7
Sasa kurilensis 109
S. palmata var. *nebulosa* 109
'Satina' 46
Säulen-Zierkirsche 105
Schädlinge 128
Schattenbambus 109
Schirmbambus 109
Schlupfwespen 133
Schmierseifen Lösungen 132
'Schnee-Eule' 49, 49*
Schneeball, Winter- 105
'Schneeflocke' 54, 55*
'Schneewittchen' 37, 37*, 61*
Schnitt der Alten Rosen 138
– Beetrosen 136
– Edelrosen 136
– Englischen Rosen 138
– Flächenrosen 138
– Kaskadenrosen 139
– Kletterrosen 137
– Nostalgierosen 138
– Ramblerrosen 136
– Romantischen Nostalgierosen 138
– Stammrosen 138, 139
– Strauchrosen 138
– Wildrosen 138
– Zwergrosen 136
Schnittführung 135
Schnittrosen 89
Schottische Zaunrose 41

schwarze Rosen 16
Schwebfliegen 132, 133*
'Sebastian Kneipp' 25, 25*
Seidenrose 40
Selektion 16
Sepalen 10
Silberzypresse, Kleine 106
'Silver Jubilee' 60
'Sommerabend' 46, 46*
Sommerblumen und Rosen 101
'Sommermärchen' 47
'Sommermorgen' 55
Sommerpflanzung 113
Sommerschnitt 139
'Sommerwind' 47, 47*
'Sonnenkind' 56
'Sonnenschirm' 47, 47*
Sortenschutz 16
'Souvenir de la Malmaison' 8, 20, 20*
Spinnmilben 128, 128*
Spiraea japonica 105
Stacheldrahtrose 11*, 41
Stacheln 11
Stammrosen 61, 61*
Stammrosen pflanzen 121
Stammrosen, Winterschutz 142
Standort 115
Stauden und Rosen 95
Steckhölzer 144
Stecklinge 144
Steinfurther Rosenfest 151*

Stern-Magnolie 104
Stern-Wacholder, Blauer 106
Sternrußtau 130, 130*
Strauch-Wacholder, Gelber 106, 106*
Streichel-Kiefer 107
'Suaveolens' 20
Südlagen 67
'Super Dorothy' 32, 32*
'Super Excelsa' 33
'Swany' 47

Tagetes erecta 117
Taxus baccata 107
Teehybriden 57
Teppich-Wacholder, Blauer 106
'The Fairy' 48, 48*, 87*
'The McCartney Rose' 60, 60*
'The Queen Elizabeth Rose' 55
Thuja occidentalis 107
Thrips 129
Topfballen 112
Trauerstämme 65
Triebbohrer 129
'Trigintipetala' 21, 77*
Tsuga canadensis 107

Umlegen 142
Umpflanzen 143
Vasenrosen 90

'Venusta Pendula' 33
Veredlung 143
Veredlungsstelle 120
Vermehrung 143
Viburnum bodnantense 105
Vögel 133
'Vogelpark Walsrode' 37, 37*

W. Kordes' Söhne 16
Wacholder, Niedriger 106
Wachstumsgesetze 135
Wassergaben 124
Weinrose 41
Werkzeuge 142
'Westerland' 38, 38*
'White Meidiland' 48
'Wife of Bath' 23
Wildrosen 33, 38
Wildtriebe, Entfernen 140
Winterschutz 110*, 141
Wurzelälchen 129
wurzelechte Rosen 43
Wurzelnematoden 129

'Zéphirine Drouhin' 27*
Zierkirsche 'Brillant' 105
Zimtrose 40
Zuckerhut-Fichte 107
Zwergbambus 109
Zwergkönig '78' 56*, 57*
Zwergrosen 55, 136
Zwergstämme 62

Bildnachweis:

Archiv Garten & Pflanze/
Maethe: 22 M, 23, 53 re, 58 u, 59 M, 61 li, 81, 86, 87 u, 96 o, 103 u, 104 re, 104 li, 107, 108 o, 109, 124, 132, 138, 140 u, 142 li, 150 re
Bieker: 25 re o, 35 M, 46 o, 58 o, 92
Borstell: 1, 2/3, 12, 17, 20 M, 21, 27, 29 u, 29 o, 37 re u, 44 li, 50, 51 u, 69, 74, 77, 93, 95, 96 u, 97, 99, 100/101, 103 o, 106, 115, 128 li, 149, 153
Jensen: 147 li
Kordes: 20 li, 25 re u, 32 o, 37 li, 42, 53 li, 54 o, 56
Meilland - BKN Strobel: 49 M, 55 u, 57, 87 o
Noack: 44 re, 52 re
Pforr: 9, 11 u, 19 u, 22 li, 35 li, 36 o, 39 o, 40 li, 71, 73, 80,
128 re, 130 u, 130o
Reinhard: 6, 18, 19 o, 20 re, 22 re, 25 li, 28, 32 u, 33, 34, 36 u, 37 re o, 40 re o, 40 re u, 41 (Einklinker), 47 u, 47 o, 48 li, 48 re, 48 o (Einklinker), 54 u, 55 o, 59 li, 59 re, 60, 66, 67, 70, 72, 78, 79, 83, 88, 89, 91, 113, 125, 126, 131, 134, 145, 154
Romeis: 7, 152
Salomon: 110
Sammer: 11 o, 120, 129, 142 M
Seidl: 35 re, 38 o, 38/39
Tantau: 49 re

Alle anderen Bilder sind vom Autor.

Umschlagbilder: Vorderseite 'Rosarium Uetersen' (Ursel Borstell)
Rückseite: links *Rosa hugonis*, rechts 'Schneewittchen' (beide Manfred Pforr)

Die Deutsche Bibliothek – CIP-Einheitsaufnahme

Markley, Robert:
Rosen : der Praxis-Ratgeber ; Arten und Sorten, Verwendung, Gestaltung, Pflege / Robert Markley. – München ; Wien ; Zürich : BLV, 1999
ISBN 3-405-15568-1

BLV Verlagsgesellschaft mbH
München Wien Zürich
80797 München

© 1999 BLV Verlagsgesellschaft mbH, München

Umschlaggestaltung: Studio Schübel, München

Lektorat: Dr. Thomas Hagen
Layout und Satz:
Anton Walter, Gundelfingen

Herstellung: Hermann Maxant
Reproduktionen:
Repro Ludwig, Zell a. See
Druck und Bindung:
Druckerei Uhl, Radolfzell
Gedruckt auf chlorfrei gebleichtem Papier
Printed in Germany

ISBN 3-405-15568-1

Ideen,
die Ihren Garten
verzaubern

Robert Markley
Die BLV Rosen-Enzyklopädie
Das einzigartige Standardwerk, das in Inhalt und Ausstattung neue Maßstäbe setzt: das komplette Knowhow rund um die Rose mit einer Fülle von Beispielen
für die Gartengestaltung.

Ilse Höger-Orthner
Vom Zauber der Alten Rosen
Alte Rosen – Arten und Sorten, die etwa bis Mitte des
19. Jahrhunderts entstanden, heute aber wieder erhältlich sind: Sorten, Pflanzung, Pflege, Gestaltung.

Helga Urban
Ein Garten der Düfte
Duft und seine Bedeutung für den Garten, der
Zusammenhang zwischen Duft und Farbe, die Gestaltung der verschiedensten Gartenbereiche mit Duftpflanzen, die wichtigsten Duftpflanzen im Porträt, mit
Hinweisen zu Duftintensität und Duftcharakter bei
jeder Pflanze.

Martin Stangl
Stauden im Garten
Sonnen-, Schatten- und Prachtstauden, Gräser und
Steingartenstauden: alle wichtigen Arten und Sorten
mit Informationen zu Auswahl, Pflanzung und Pflege
sowie Pflanzplänen und Arbeitskalender.